此书系国家社科基金重大项目“岭南动植物农产史料集成汇考与综合研究”(16ZDA123)的阶段性成果。

民国农业调查报告辑刊 6

（广东卷·第一辑）

倪根金
陈志国 编

世界图书出版公司
广州·上海·西安·北京

图书在版编目（CIP）数据

民国农业调查报告辑刊（第一辑）/ 倪根金，陈志国编. -- 广州：世界图书出版广东有限公司，2018.12

ISBN 978-7-5192-5364-6

Ⅰ. ①民… Ⅱ. ①倪…②陈… Ⅲ. ①地方农业经济－调查报告－广东－民国 Ⅳ. ① F329.65

中国版本图书馆 CIP 数据核字（2018）第 284943 号

书　　名　民国农业调查报告辑刊（第一辑）
　　　　　MINGUO NONGYE DIAOCHA BAOGAO JIKAN (DIYIJI)
编　　者　倪根金　陈志国
责任编辑　程　静
装帧设计　苏　婷
责任技编　刘上锦
出版发行　世界图书出版广东有限公司
地　　址　广州市新港西路大江冲 25 号
邮　　编　510300
电　　话　020-84451969　84453623　84184026　84459579
网　　址　http://www.gdst.com.cn
邮　　箱　wpc_gdst@163.com
经　　销　各地新华书店
印　　刷　广州大洋图文数码快印有限公司
开　　本　787mm × 1092mm　1/16
印　　张　161.25
字　　数　2510 千字
版　　次　2018 年 12 月第 1 版　2018 年 12 月第 1 次印刷
国际书号　ISBN　978-7-5192-5364-6
定　　价　980.00 元（全 6 册）

咨询、投稿：020-84451258　gdstchj@126.com

目　录

综合编·甲　县域以上调查

综合编·乙　县域调查

综合编·丙　县域以下调查

國立中山大學法學院

學生畢業論文

題目東莞員溪農村社會之調查研究

學生姓名袁偉民

指導教授劉榘 審定

分數 88

中華民國三十六年八月

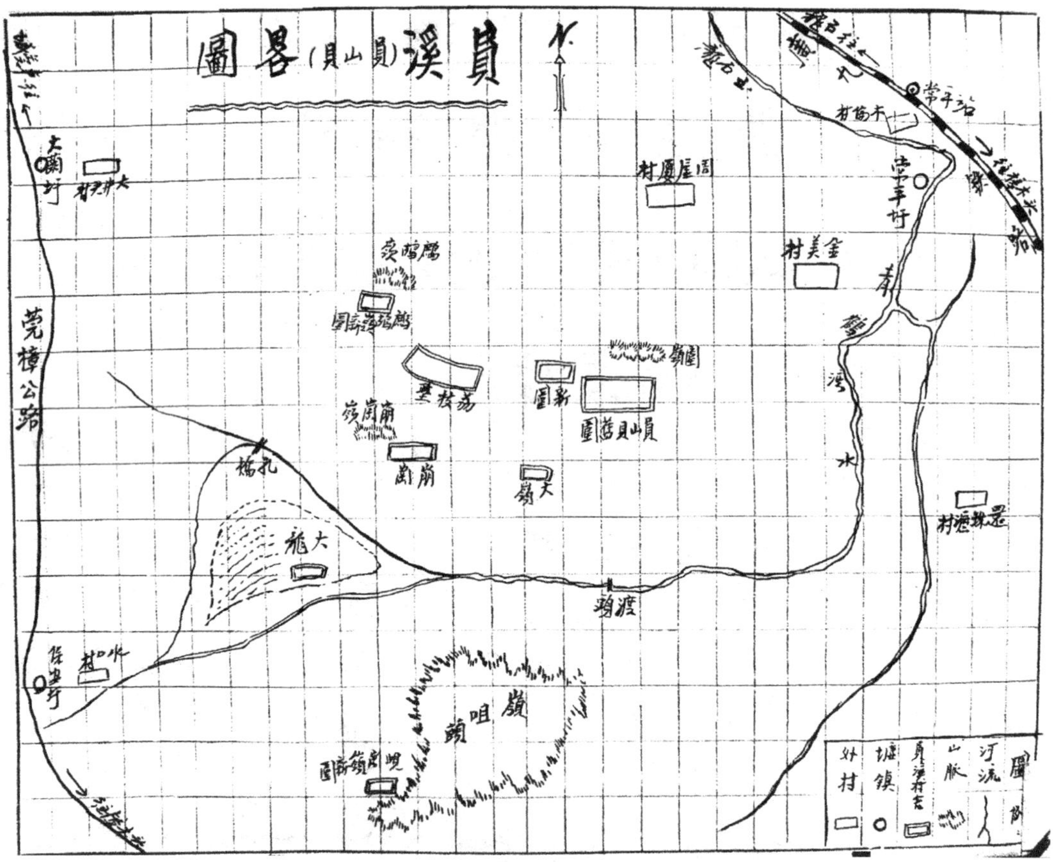
員溪（員山貝）畧圖
N.
莞樟公路

目錄

第一章 緒論

第一節 調查的動機

我生長在員溪的農村，一切農村社會的現象，如落後的生產技術，艱苦的農人生活，古老的風俗習慣，宗法的社會組織，這一切封建社会的遺留，引起我一種熟習的體驗的興趣。

在戰爭期中，中國農村多陷於硝煙破壞的痛苦中。員溪沒有例外，國軍退後，紅軍到來，日軍燒殺，僞軍劫掠，這種戰爭給予的災害，確是農村大衆的創傷。現在，勝利二年了，百事待擧，恢復農村增加生產，安定農民生活，這應是當前的急務。

要了解整個中國的農村社會，我就先做一個樣本的調查研究；要了解中國農村社會的急劇变化，首先要研究我親身眼見身聞的員溪農村的狀況。因此，這就是我的「員溪調查研究」之動機。

第二節 調查的方法与資料

社會調查在中國是一種新事業，就連社會中教育程度較高的人，亦少真能了解社會調查的意義的，何況知識簡單的村民，故被調查者往往对調查人的發問，發生種種懷疑與誤會，而不肯報告實情。這種困難，我生長農村，了解農民心理，深知是一定會遭遇的。因此，我在調查的過程中竭力避免人們的注意。

首先，我找到了村裡戶口册和田畝册的資料，但這些資料全是應付保甲制度及田賦徵收而設的，這是對付政府的調查報告，其虛填少報的結果，與實際情形相差很遠，只可做參考，不能做實據，為了增加戶口册和田畝册的確定性，我就把它們作為藍本，而採用直接訪問法與間接訪問法，来糾正虛填少報的缺陷。

直接訪問的用法，其對象須是一些較有智識的村民，而所問的性質又須屬一般性的，可公開的，譬如全村的人口總數，土地總積，及每一房支的男女總數，小支太公嘗產的數額等。

間接訪問的用法，則於飯後閒談時，接近一些上了年紀的村民，於有意無意中，用旁敲側擊的說法，問其某甲的家庭人口，或某乙的經濟狀況，總之，這是涉及私人關係的調查，不便於告訴別人的困难所採用的方法。

其次，我又採用觀察法來幫助，因為我生長在這裡，很多村裡的事情，我都眼見過，耳聞過，體驗過，這是有利於取用觀察法的。無論靜大量的觀察，或動大量的观察，時間的較長久是有利的前提。

最後，我也注意到文件記載的資料，因此，我搜集了户口冊田畝冊，鄉巡記錄及小學圖表等，所有這些都是宝貴的調查材料，而減少我很多困難。

第三節 員溪概況

(一)地理

員溪是東莞縣第三區的一條村落，它位置於廣九路常平站的西方十里許，村西六里又有莞樟(東莞城至樟木頭)公路通過，村邊一道河流由西南蜿蜒而來，流向東边的常平鎮，春夏水漲，可供運輸，所以，員溪在水陸交通上頗稱便利。

這裡的自然環境，有丘陵，臺地，田疇，河流，地少田多，出產有谷米，黃豆，甘薯，甘蔗，及荔枝等菓實。居屋散開，分為舊圍，大嶺，荔枝墩，崩崗，新圍五單位，形像梅花，其中有古道，田疇，菓林縱橫間隔。總之，從地形上說，員溪屬平原村，從事業分析，它是種植農作物為主的農村，從人口方面說，它是密居制的单姓農村，從歷史方面說，它是由宋末定居的舊村。

(二)歷史

員溪人口全是姓袁（指男丁言），據族譜記載，開村始祖是東陽公，他於宋末從本邑溫塘遷來，生下二子，雷時，員溪有刘，高，葉三姓土著，因互相內鬨，故東陽公得乘機繁殖。最初始祖到此後，四代單傳，至五世祖生四子始分房派。後來雜姓逐漸衰落，袁氏日漸繁衍，雜姓不堪壓迫，或迁移他去，或局部同化於袁氏而從其姓，到現在，員溪已是清一色的袁氏村落了。

因為這裡是单姓農村，地方觀念和宗族思想很深，故很易和鄰村雜姓發生械鬥，這在二十年前，差不多每年都會發生，現在，或由於文化的進步，宗族思想的減弱，械鬥很少發生了。

現在本村鋪户有五個雜貨店，二間小藥舖，二間釀酒店，二間手工業的大柴廠，二間未店，小學一所。

（三）治安　地方治安多由鄉巡維持，保甲制度形同虛設，所有盜竊犯罪，都由鄉巡負責防禦，逮捕及處罰。至於普通的小事，如爭田產及風水糾紛事件，則由村中紳耆開會共謀解決。遇有特殊重要事情，多由鄉公所調處解決。

第二章　經濟機構

第一節　土地制度

農村經濟的基礎，主要是在於土地關係上面。今天，在土地私有制度下農民貧乏，租佃制與小農經營對於農村經濟發展的阻碍，特殊社會關係下農業技術的衰落，副業在農村經濟的地位，與高利貸資本的發展，對於舊社會生產關係的破壞等諸問題，都是中國農村經濟機構中重要而顯著的因子，這一點，員溪的經濟機構也不例外，現在將調查所得列舉如下：

一、土地面積及種類　本村土地可分水田，旱地，菜園三種。其可耕地總積為三千一百三十六畝，連植松的山崗墓地及荒地共三千三百七十九畝。戰前稅額為一千五百三十元六角五分。上稅四百三十四畝五分，中稅九百二十四畝，下稅一千七百七十八畝，其水田，旱地及菜地之面積和耕作如下：

水田｜面積共一千七百八十四畝五分，以種稻為主，一年兩熟，稻在農曆清明後種秧，六月收割。尾路在七月種秧，十月收割。上稅田每路（即每一次收穫）出產四石谷，中稅三石谷，下稅二石谷。惟農田多屬低窪，每於夏潦濫溢時，田稻多遭淹沒，影響收穫甚大。秋收後，稻田可供種植甘薯，蔬菜，瓜類芋用，來年二月則可收穫。

旱地｜面積一千二百二十六畝六分，種甘蔗者，一年一熟。春耕開始，多種黃豆，六月收穫。跟着可種甘薯，或別種鴉青豆，十月收穫。再次，則展開冬耕，多種蕓薹，蔬菜，各類。

菜地｜面積一百二十五畝六分。菜地本屬旱地，但因其專種植荔枝，不如其他旱地之廣種農作物，故另成一類。荔枝屬常綠樹之一，婆娑濃蔭，團團如蓋，每當春夏之交，荔子纍纍，鮮紅可愛，是為本村有利農產之一。然以一年一熟，或間年一熟，或熟而不豐，是為其短，且菓產不能供雜糧之用，對本村耕不足自給之缺陷，無所補救之用。

荒地——這類荒地有二百餘畝，即陵山地，墳場墓地，和少數可耕而不易墾殖的磽瘠牧地。這些地方，唯一的利用就是植松，但以牛羣踐踏，及管理缺之專人，致無多大成績。

現據上述土地面積及類型表列如下：

第一表：可耕地分類面積表．（單位畝）

類別	面積	對總面積百分比
水田	一七八四．六	五七．〇〇
旱地	一二二六．七	三九．〇〇
菓地	一二五．六	四．〇〇
合計	三一三六．八	一〇〇．〇〇

我國南方多水田，北方及雲貴多旱地。本村在東莞可称山區，而水田却也較旱地多，從這表看來，又可証明南方水田較多了。

第二表：可耕地與荒地比較表（單位畝）

類別	面積	對總面積百分比
可耕地	三一三六·八	九三·〇〇
荒地	二四二·四	七·〇〇
合計	三三七九·二	一〇〇·〇〇

觀上表，可知本村未開墾的荒地只佔7%，地盡其利，差不多可以達到極限，固然，這是由於本村人口多，土地少，迫得盡力開墾，以增加生產的主因。

第三表：土地稅級面積表（單位畝）

類別	面積	對總面積百分比
上稅田	四三四·五	一三·九〇
中稅田	九二四·〇	二九·四〇

下稅田	一七七八·三	五六·七〇
合計	三一三六·八	一〇〇·〇〇

下稅田地，普通是磽瘠而易給水浸的低窪。觀上表，本村下稅田地却佔56%有奇，土地已少，而下稅又這麼的多，生產隨之減少，這種土地缺乏的問題，使本村人口相對過剩，是很嚴重的地理因素。

二、土地分配

中國南方的土地分配，零碎而狹小，這點在本村尤顯明，現分述之。

(甲)公私地之分配

中國土地的所有權，大概可分為二類：私有地和公有地。公有地又有幾種，但在本村公有地只族地或祖地這一種。茲將本村私有地和祖地表别如下：

第四表：員溪私有地和公有地比較表（單位畝）

類别	面積	對總面積百分比
私有地	二四二〇·四	七七·〇〇
公有地	七一六·四	二三·〇〇

合計	三一三六·八	一〇〇·〇〇

觀上表，公有地卻佔總積百分之二十三，這更促成私有地的減少，貧農的增加。查公有地的所有權，有屬開村的始祖，或分支派的小宗，甚至兩三代前的近祖，土地愈分愈碎，而其所有權轉移機会亦甚少者。這種族地或祖地，便是家族勢力下的產物，在廣東，祖田普通為先祖之遺產，祖祠之嘗業，所以備作春秋祭祀之用。這種公地，本是氏族公有制的遺留，其功用有二種：其一，同族的人都有享受這種公地的權利，同時，因為所有權轉移的不易，可限制土地逐漸集中於富豪的機會。其二，這種公地的生産之一部份，或為同族人公開票投祖佃，所付地租之一部份，作為崇拜祖先的費用，全是封建社會意識形態的反映。

關於管理這種公地公款數目的，在本村可算相當民主了，蓋採一年一度的輪值司理制，如祖公地，則由各支派小宗選其本支人出來輪理。支派祖地則由私家推選輪值。每逢年結交代，接理者例有稽核公款進支數目之有無糊塗，這種輪理制，減少豪紳操縱的機會。

不過，我以為這種公地，對窮苦農民是沒有多大利益的，因為在公開票投租佃的時候，一方面，競爭票投的結果，租額相當高，另方面，肥沃而面積較大的田地，貧農不易拿出現款來票投，這就富農乘機活動的對象。而且由租佃而來的公款，除一部份繳納田賦及無謂的春秋祭祀耗費外，其餘又不是用作社會保險或社會救濟的性質，而是用來生利的高利貸資本，再向農民剝削，其利息的積累，到相當時期，為了防制管理者的作弊，又轉向土地購買，當然，出賣土地的又是貧農。雖然，這種現象目前只局限於幾個有購買土地能力的大宗，但前途發展的結果，終底使農民更感到缺乏土地，遭受剝削的痛苦的。

現在，將這些公地的分配狀況表示如下：

第五表：員溪公地的分配狀況表

所有田畝階段	公地户數	對全公户數百分比
〇.一——一	三十	二十.〇〇

一·一—二	二十五	一七·三〇
二·一—三	二十一	一四·四〇
三·一—四	一十四	九·五〇
四·一—五	一十三	九·〇〇
五·一—十	三十一	二一·五〇
十·一—十五	四	二·七〇
十五·一—二十	三	二·〇五
二十·一—二十五	二	一·四〇
二十五·一—五十五	三	二·〇五
合計	一百四十六	一〇〇·〇〇

觀上表，五畝以下者，其公地户數為一〇三户，當中以一畝以下者為多，佔三十户。這些公地，除納稅及祭祀外，其剩餘实有限，但這種小規模的祖地，對貧農較大規模之祖地為有利，因為它們的所有權，多屬人數較少的私家小宗，票投競爭不明顯，故祖額較低。而且，由於它規模小，蓄積不易龐大，故每年剩餘

公款，或照男丁均分，或用作叙餐式之祭祀飲食，或分祭肉，這樣於貧農較有利也。

至於五畝至十畝的公地，為數較多，計三十一户，佔全公户百分之二一·五，這些大都是中宗的公地。十畝以上的公户只十二個，佔全公户百分之八·二，可以說，它們都是变相的地主。

公有地的性質與分配狀況已如上述，現將私有地的分配狀況，表列如下：

第六表：員溪私有地分配狀況表

所有田畝階段	户數	對總户數百分比
〇·一——一	七十二	一六·五
一·一——二	五十八	一三·二
二·一——三	四十五	一〇·四
三·一——四	四十二	九·六
四·一——五	四十五	一〇·四
五·一——十	一百一十九	二七·二

十·一—十五	三十二	七·三
十五·一—二十	一十	二·三
二十·一—二十五	十一	二·四
二十五·一—三十	二	〇·四五
四十—四十五	一	〇·二五
合計	四百三十七	一〇〇·〇〇

觀上表：一畝至五畝的戶數為二百六十二戶，其中以〇·一至一畝者居多，為七十二戶，由是可知本村土地分配的零碎，和貧農的普遍了。至於五畝至十畝的卻有一百一十九戶，在本村，這可算是中農階級了，其餘十畝以下，四十五畝以上的，不過五十六戶，他們最多也不過是富農，大地主還說不上呢。

(乙)農場面積與農佃分配　我國農場面積，每戶平均所佔畝數，折衷各項統計數字，大致每戶平均二十五畝之譜，但這一個統計的平均數，在本村卻相差得很遠，請看下表。

第七表：員溪農場面積表（單位畝）

土地総積	農户	每户平均面積	每户最高面積	每户最低面積
三一三六·八	四三七	七·二八	四一·五	〇·一

觀上表，本村農場的平均積不過七·一八畝，這與全國統計平均数相差三倍半。

又根据金陵大學調查江蘇江陰三七〇二農家農場面積情形為：四·九九市畝以下者佔農家百分比為四六·四，而五市畝至九·九九市畝者佔百分之二四·一，至於十市畝至十四·九九市畝者佔百分之十四〇但十五畝以上者，却佔百分之十五·三，這與第六表本村情形略有出入，茲將兩者比較如下：

第八表：員溪與江陰兩者農家農場面積分配比較表

江陰		員溪	
農場面積(市畝)	農家百分比	農場面積(畝)	農家百分比
〇·一——四·九九	四六·四	〇·一——五	六〇·一
五——九·九九	二四·一	五·一——十	三四·五
十——十四·九九	一四·〇	十·一——十五	七·三

十五以上	十五・三
十五以上	五・四

觀上表，有點可注意者，就是十五畝以上，江陰農家百分比卻超過本村三倍，這意味着北方的土地較南方為集中。

現在要說到農佃的情形，在本村，如果說某一農家一分土地也沒有，這是絕少的[redacted]，大概留在村中耕種的，都有自買的或承祖先遺下的一畝幾分，然後從公地租役或向富農租佃，這等人，我們可稱之為佃農，因為他們使用的土地，絕大部份是租佃而來的。至於半自耕農，因自有的土地，不足供自耕自給，而租佃別人小部份來從事耕作。最後就是自耕農，他們耕作的土地完全是自己，既不出租土地，又不僱人耕作，生活恰好維持，這是小土地的所有者，但這類型的農民在本村是極少的，茲將調查所得表列於后：

第九表：員溪佃農自耕農半自耕農比較表

農民類別	農民户數	對総户之百分比
佃農	二百一十七	四九・六

半自耕農	一百六十四	三七.五
自耕農	五十六	一九.九

本村佃農特别多的原因，固然，第一是由於先天的土地的缺之，但公地過多，佔全村面積百分之四十四，這也是一個重要的原因。據中央農業實驗所報告，全國分區農佃調查結果，南部區（雲南，貴州，浙江，福建，廣東，廣西）農佃分配狀況如下：

第十表：南部區農佃分配狀況表

農民類别	元年 %	二十二年 %
佃農	四〇.〇〇	四六.〇〇
半自耕農	二八.〇〇	二八.〇〇
自耕農	三二.〇〇	二六.〇〇

據一般調查結果，北方自耕農較多，南方佃農較多。這點，以本村看來甚為明顯，將第九第十兩表比較，則可知本村較普通南部區有如下的差别：即佃農及半自耕農本村較多，自耕農較少。

三、租佃制度

在土地私有制度之下，農民失去了土地，或土地不足自給，結果，便產生了普遍的租佃制度。租佃制是封建社会的特產；封建社會之生產關係和掠奪方法，主要的全由地租的形式表現出來。中國各地的租佃制度皆有差别，複雜異常，甚至租率之高，形式之多，有足驚人者，但此種租佃情形，在員溪似較為簡單而非像他處之苛征嚴索，茲述之如下：

(甲)租約種類　中國的租約，各地不同，大概可分為契約制，口約制，包佃制，永佃制，暫佃制五種。在本村，最普遍採用的只是口約制和暫佃制二種，前者是租約的手續，後者是租約的時間。

本村暫佃制，多是有定期的，战前有以五年或三年為期的，當時多是錢租。但战爭中，及战後，由於物價高漲，法幣不斷貶值的結果，錢租的形態伴着五年或三年的定期遂被廢除，而週期的論年制，乃被普遍的採用。這樣地主的地租不會因物價高漲及時局變遷而受極大的損失。

至於口約制，是由佃農與地主口頭決定。這種租約種類在本村很流行，因為一方面，佃農與地主大家都是親屬或同支同宗，互相可以信賴，無須採用簽字的契約式，而口頭一言，便是訂約。另一方面，因為租期多採暫佃制，尤其是論年制，時間短促，實無須備重隻字塊紙。

口約制固然也有短處，如中華全國基督教協進會，「廣東農民運動所載：「佃戶與業主以口頭說明租項，期限無定，租項亦無定，業主有權隨時取田（東莞頗盛）此種制度，令農民對於業主觀念薄弱，常常不願施灌肥料，以沃其土；恐田主之率爾取回，或隨便加租。所以土地生產力日弱，而農民失業之機會日多」。這在本村雖有這樣的情形，但其嚴重程度，也許因為有些親房關係，並不如一般的明顯與苛烈。

本村私人間的租約固然是採用口約制，甚至私人與公地間的租約，也是採用這一種，如某佃農眾投得公地某一段，或某一塊，馬上折谷價交款，或於收獲時交租穀，不用簽訂一字，這種信義作風，從未有糾紛發生。

（乙）納租方式　中國田租的形式，大概可分物租，錢租，力租三種，其中又以物租為普遍，這點在本村尤然。本來繳納物租的方法有三種：定租法，分租法，議分法，後二種在東莞其他各處，也有採行，惟本村僅採用前一種定租法。由於法幣不斷貶值，物價不斷高漲的結果，錢租的形態已被淘汰，而現物地租的定租法遂被更普遍的採用。雖然佃農每年規定每畝納租穀或其他農產物若干，但如荒年歉收，有時也可以斟酌情形，請求地主減租的。這種施恩，只行於私人間，如遇佃農與公地關係，則前者絕不能請求減租的，蓋因為公地是一群人的公產，意見則與利害不能盡同的緣故。

至於力租的形態，本村也有少部份人採用。採用這種田租形式的地主，普通是老年人，或寡婦。因為他（她）們吃飯和消費的人口少，毋須己任勞，毋須大量消費，祇須供給部份土地與佃農，而佃農則貢獻剩餘勞動替其耕作另一部份土地，也就夠了。

在本村，除正租外，並無其他附租的額外貢獻的苛例，這是佃農的一種幸運。

(丙)租額——租額是根據地價而定，地價高的肥沃田地其出產多，徵收地租當然高，反之，當然低。在本村，上中下稅的土地每路每畝出產谷量為四石，三石，二石。故租額每年每畝：上稅田二石五斗左右，中稅田二石左右，下稅田一石五斗左右，地的租額有以豆或糖來繳納，其標準大約為出產量百分之三十，根據吳尚鷹的土地法中主張租率不能超越$\frac{375}{1000}$，這點，在本村，租額已算是在該百分率之下了。

第二節 農村副業

「所有地愈小，要得副業的動機愈大，副業愈占重要的地位」。中國農村副業的普遍與重要，全由普遍的小農經營及租佃制度所造成。

在貝溪，由於耕地的不足，佃農的貧乏，副業顯得也佔相當重要的地位。在戰前，或戰前十餘年，副業之較著者，為育蠶與織布。但近十餘年，由於中國蠶絲在國際競爭的失敗，及資本主義的商品大量向中國推銷的結果，這種萌芽的脆弱的家庭副業，便遭着淘汰的命運。

目前，本村頸的農村副業可有下列幾種：

一、僱工與畜牧　一般佃農或少數無產者，他們於耕作自己土地，或空閒無事的時候，都選上了僱工的副業，僱工可以分為短工（日工）和長工（年工），前者多為佃農所採，後者多為極少數的無產者，或貧農的子弟所採。他們出賣剩餘勞動的報酬——工資，短工多是現金式，長工多是代金式。戰前日工每日二角，長工每年四十元左右，最高不過五十元，或乾穀八石至十石，這要視僱傭者的年齡與體力而定。此種僱工性別，多屬男性，女性可謂極少。至於童工大都牧牛，僱主供給長工及童工以膳食，甚至有每年津貼一兩套衣服者。長工與童工，不盡為本村所僱，也有被僱於隣村者。短工多為本村僱主所僱，因其時間短促，且易於互相同意的緣故。茲將調查所得，以表列之。

第十一表　員溪僱工狀況表

類別	人數	平均年齡	工作時間單位	工資形式	工資
短工	一百一十二	三十	日	現金式	約四升谷的現金
長工	十八	二十六	年	代金式	十石至十五石穀
童工	二十五	一十四	年	代金式	二石穀左右

觀上表，短工多是上了年紀的人，因這種農民，有了部份田地及家庭的牽累，自然不宜於遠出做長工，故其多在本村做短工。至於長工，則多為年富力強，無多大家室之累的農民，宜於遠出做長工。童工當然是貧農的子弟，他們無法維持生活，迫得剝奪其就學的機會，而受僱於人牧牛，這是經濟的社会環境，造成多數文盲的癥結。

說到畜牧那是一種農村普徧的副業，其中以畜養牛，猪，鷄為顯著。耕牛除自用於犁耕外，又可以貸與別人，這叫做「捏牛脚」，每年每畝可得貸穀二斗左右。至於猪，差不多每家都有畜養，因為一方面牠可以吃家庭剩餘的糟粕或餕餘，另方面牠的糞可供施肥之用，而且在目前猪價昂貴，貧農每年豢養一隻，則可得六十多萬的收入。鷄更是一種普徧豢養的家禽，牠不用多的成本，不用多的人工，每家貧農平均可有二十萬的收入。總之，畜牧在員溪，是一種普徧的農村副業。茲將去年冬鄉巡紀錄猪，牛（因農家要繳猪，牛費與鄉巡）數列表如下：

第十二表　員溪家畜狀況表

農户類別	耕牛數	猪數
自耕農	四五	九七
半自耕農	五七	一八二
佃農	三九	一九六
合計	一四一	四七五

牛猪的調查統計，從上表看出，佃農耕牛少，而猪卻較多者，蓋因耕牛價高難買，而猪則易從牠屬乳猪時買養的緣故。至於鷄鵝鴨等，因不易調查，故難表列。

二、火柴廠與釀酒業

在戰爭來臨，各地日用品不易流通，工廠難在城市開工的時候，很多規模較小的手工業，都轉移到農村裡樹立根基。員溪的二間火柴廠就是在這樣的客觀環境下建立的。

該二間手工業的火柴廠，股東有小部份是外股，大部份是內股，即本村股份，他們都是有多少積蓄的中農，在其找尋副業的時候，卻看中了這種本地急需的火柴工業，最大的那一間叫大明廠，有五年的歷史，它擁有男女童工和年老的婦人百餘工，因為它是手工業，所以有利於農村的貧農子女，和老婦們。

廠內部的工作可分：A. 種枝和拔枝——工人們在一塊塊的長方形木板上，把火柴枝向密如網眼的小孔裡種入，計每板八百餘孔，隨貨出錢，熟練的工人每天可插三四十板，每板工資五十九元左右，一天不過得一千餘元，在米價五萬元的時候，這些被學校遺棄的孩子，一天也可賺得白米二升，幫助家庭很大，現在，米價飛漲，超過廿萬元的時候，工資卻似牛皮的增加，童工們也不能自給呢。拔枝就是等滿了枝的木板，給配藥工人塗上了燐質後，烘乾了，才拔出來的。要知道，拔枝工資少得可憐，只等於插枝三分之一，這因它工作容易的緣故。

b. 製盒和裝枝——製盒工作，相當精巧，熟練工人，每天可製一千個，也是隨貨出錢，每天可賺四五千元。裝枝就是把配藥烘乾了柴枝，裝入盒子、而最後完成了火柴的手工過程。至於配藥和烘枝是廠方特僱工人從事的。

C. 運輸——火柴一盒盒，一箱箱的裝成了，每天廠方都要僱十餘人挑往鎮交給批客。

第二間火柴廠叫先先，較小一點，只能收容工人四五十名。

從這二間火柴廠看來，本村的貧農子弟，已被吸收了百五十人左右，這樣的本村副業，也值得一提的。

其次要說的就是釀酒業，前年酒業最盛的時候，曾有四間，近來，酒業發展受限制，只剩餘兩間，它能為少數貧苦人家副業的，就是僱工從市鎮挑谷回來，和僱工舂米，煮酒飯和運酒外賣等。它的規模小，分工不複雜，故只能斷續零碎的僱用十餘人。

三、趁墟與擺市——本村有一早市，為晨早買賣魚菜及其他雜物的地方，普通擺賣鹹魚，鹽，葱蒜，蔬菜等多是本村貧農的副業。

本村的東西有二市鎮：常平墟，大蓢墟，前者墟期為一、四、七，後者墟期為二、五、八，每逢墟期，貧農以其農品，如豆，薯，芋薯苗，蔬菜等物，出售於市場，或從遠處買來日用品，趁墟擺售，這成了小販為副業。

總之，上述三種農村副業，本村營之者，多是佃農的貧民，佔他們同階層的百分之八十，雖然工資和收入很微薄，但這在土地缺乏，食糧不足的僻壤裏，也算彌補其低生活程度不少。

第三節　農村借貸

農村借貸，多是一種高利貸的形式，高利貸資本活動的主要範圍，是在生產落後的貧農群中，他們的貧乏，給予了高利貸使入的機會。在員溪，由於佃農的普遍貧乏，正好是高利貸的對象。現在，將本村的借貸概況述之如下：

一.借貸的手續　由於經濟不安定的演變，本村的借貸手續也有些變化。

a.由簽押至信用——在戰前，本村借貸，債權人必須負債簽立契約，以田地抵押；即使不需抵押，大部仍需親友的担保。但戰後可不同了，因為借貸的多是貧農，如果斤斤於抵押簽約，這就局限了高利貸資本的活動性。本村一個最負剝削盛名的富人，他就看清了這點，根本取消了簽押的手續，而採用口頭信用。只要貧農一開，錢就可以到手，這樣，於是擴大了他剝削的範圍，和高利貸資本的活動性。跟着，其他有高利貸資本蓄積的富農，也多競效。貧農們為了保持信用，和以後急需時的有求必應，也絕不肯賴債的。

b.由通貨至實物——戰前借貸普通是借錢還錢的。但戰後因法幣的不斷貶值，若利息與本銀仍收法幣，則債主必得不償失，大大吃虧，故現在無論借時是現金，或是實物，都多数規定歸還時，償还实物（多是穀類）若干。

C.由長期至短期——戰前借款，普通在簽約上規定：「月利若干，每年清利，幾年為期等」。但到戰後，法幣的日日貶值，迫使較長的期限，縮至較短的期限，普通為「月利若干，月月清利，逾期不清，將利疊本」等規定。

二.借貸的方式　借貸方式，可有二種：有利借貸與無利借貸，後者多屬親友的義氣幫助，不取利息的借貸，前者是普通的借貸，又可分三種：

a.私人間借貸——即貧農逕向富人借貸。

b.票投公款的借貸——即當太公嘗產積得現金時候，向其票投若干，以月利計，一年為期。

c.組織錢會的借貸——即貧農召集若干債主，借得相同款項，然後按期償還。債主間則互相投利，互相先後償还。在戰前，本村的錢會，多為一年兩季的償還，開会時，会主（即負債者）於價遂某一股母本外，又須以利息為資，宴請諸會友（即各債主）。但在戰後，一年兩季的錢會已趕不上物價的高漲，故產生了月會的組織，每月開投，廢止飲讌。

三、利率的程度與貧農群　戰前的利率普通為一分或一分五釐，三分利率已是一種很高的利率，是招人攻擊的。但戰後，利率逐漸提高，現在月利十五分至二十分已是一種很普遍的慣例，無人非議，也無人限制了。

現在，我以調查所得，把瘦於負債的貧農群表列出來。

第十三表，員溪農戶借貸成分表

類別	戶數	負債者戶數	對戶數的%	對總戶數的%
自耕農	五六	七	一二·五〇	一·六〇〇
半自耕農	一六四	六二	三七·八〇	一四·二〇〇
佃農	二一七	一四八	六八·二〇	三三·八〇〇
合計	四三七	二一七	四九·六〇	—

觀上表，自耕農負債者也有七戶，其他農戶經濟枯竭也可知

了。他們借貸的原因或用途，普通是為了施肥，糧食，婚姻喪終，醫藥等。大概貧農借貸的用途多是施肥與糧食，而自耕農借貸的原因，多是凶吉大事，或從事投機。而借貸的數目，以現在情形看，大部份是十萬元的債務。其中最大的，要算百十餘萬的負債。在本村二百多的負債貧農中，有三分一是屬於同債主的，這債主夫妻，用盡了千方百計，誘惑無知的貧農，嚴寬並用，恩威並施，勞苦貧農從未敢賴其一文債務，這是本村借貸史一個值得研究的「奇突富人」。

四、高利貸的個案

袁照是一個賦性勤樸，忠實溫良的貧農家子，村人皆稱之。他三十歲左右，家有老母，弟，妹，妻各一，五口之家，袁照全負生活責任。他僅有瘠土一二畝，雖力耕亦不足自給，故須租人田地，以補所缺。自戰事發生後，地主因物價飛漲，或提高地租，或索回田地自耕，這樣袁照便得投入高利貸者的陷阱去。由於他的誠實，故諸債主也都信賴他。

民國三十三年村有富人宗古，乘袁照困迫時，以借貸方式，貸售母鴨百餘給他，言明鴨價為四十石穀。當時袁照先交十石，尚欠卅石；繼續行算，每月利穀三石。三月後，袁照有破產的象徵，宗古乃迫袁照補簽債約，其內容有：「……其餘三十石，每月以三石利穀行算（當時算最高）至明年七月為期限。全部本利谷價之確定，須以來年（即卅四年）二三月間最高之市價為標準。」

查蓄母鴨者，若在夏秋收獲二季，因鴨可啄田裡餘粒，則一天可不費粒穀。但袁照却在十一月間承售鴨群，其時至來年二三月間，田裡水涸，魚蝦等水中生物極少，故該鴨群每天需餵穀五斗。五個月間，袁照借貸買谷餵鴨共耗去七十石。

袁照承售母鴨時，穀價每石七百元左右。詎料到了前年三四月間，谷價一石竟漲至四千餘元。宗古乘此最高市價機會，迫袁照履行条約。並想先自騎耕其田地，且封佔其住屋。消息一傳出後，袁照廿餘債權人紛紛登門索逋，統計結果，袁照負債達八十萬之鉅，債權人爭論結果；瓜分袁照全部財產，依本均分。一個溫良忠厚，勤勞儉樸之貧農，至此乃宣告其破產之命運！

第三章　家庭與人口

第一節　家庭的大小與親屬關係

在中國農村家庭組織諸問題中，最主要的是家庭人口問題。普通有一種傳統的臆說，便是中國各地流行的是大家庭制度；家庭人數過多，而生產者少，致釀成中國農民一般的窮乏。但實際上事實已不是如此，我们於其他的調查資料已得証明，而於本村的調查中也得証明。

在本村調查的四二一家中，有血统及經濟關係者共計一九八八人，平均每家四·七二人。就中，五口的家庭最多，佔百分之二〇·九，四口者次之，佔百分之一九；三口者又次之，佔百分之一八；六口者又次之，佔百分之一三·三；二口者再又次之，佔百分之一〇·八（見十四表）而一口者，僅佔百分之一·五；七口至十二口者僅佔百分之一六·五。現列表如下。

第十四表 員溪家庭大小表

每家人口數	家數	百分比
1	7	1.50
2	46	10.8
3	76	18.0
4	80	19.0
5	88	20.9
6	56	13.3
7	28	16.59
8	17	
9	11	
10	2	
11	6	
12	4	

現將本村家庭的大小與別種調查比較一下，在一九二三年清華學校的學生曾在北平郊外的成府村調查了八四家，每家平均人數為四•九人，在一九二二年北京華洋義賑總會在河北，山東，江蘇，浙江四省調查了二四〇個農村，包括七〇九七家，每家平均五•二四人。在一九二二年南京金陵大學農科調查了安徽蕪湖附近的農户一〇二家，每家平均五•四人。（見北平郊外之鄉村家庭由以上的調查看，中國農村家庭的人數，大概是五人左右。而本村平均數為四•七二，卻在五人以下，這原因，是土地問題所限制，因為耕地不足，破壞了大家庭存在的經濟基礎，農民各自為謀，兒子结婚後，父母迫得要和他分食，小家庭以之發達。同時，因地耕不足，出外謀生的人頗多，人口的统計也不容易：這遂造成了

員溪家庭人口平均降在五人以下的現象。

若把中國家庭的大小與美國的家庭比較亦不算過大。在一九一八與一九一九年時美國勞工統計局在九二個城市中調查了一二〇九六個工人的家庭，平均每家為四.九人，又康南爾大學農事管理科在一九二一年紐約省調查了三九六家，平均每家為四.八人，這與中國家庭的大小差不多。我們可以說大約中國的家庭祇限於少數富有的家庭，普通的人家並不很大。

現在，我要說到本村家庭的親屬關係。在西洋社会的家裡除去夫妻及子女外少有甚他人口。中國的家庭雖不甚大，但同居的人口關係，與西方社會的家庭比較很有分別。我們且看下表：

第十五表：員溪家庭親屬關係表

人口關係	人數	%
男家主……	395	19.90
女家主……	6	0.30
妻……	324	16.50
子……	492	24.80
女……	238	11.90
其他：		
媳……	104	5.20
父……	4	0.20
母……	112	5.60
孫……	86	4.30
侄……	20	1.00
弟……	87	4.40
兄……	2	0.10
孫女……	28	1.40
嫂……	1	0.05
姊……	6	0.30
妹……	24	1.30
弟婦……	24	1.30
女侄……	5	0.25
妾……	3	0.15
孫媳……	5	0.25
妾媳……	3	0.15
祖母……	6	0.30
伯父……	3	0.15
伯母……	2	0.10
女曾孫……	1	0.05
男曾孫……	3	0.15
侄孫……	1	0.05
婢女……	3	0.15
總合	1988	100.00

自這表中可以看出，在一九八八人中，男女家主，妻與子女共計一四五五人，佔百分之七三·四；其他親屬共計五三三佔百分之二六·六。

在這表中，我們也可以看出，子和女的相差數很遠，前者有四九二人，後者只二三八人，差一倍有奇。這原因，第一男多於女已是中國的普遍現象，第二子大娶妻後，在一個相當時期，還可與父母同居，而女大後則須嫁出，有這二因，所以兩者在表中相差很遠。

其次，我們也可從這表中看出父與母，兄與弟兩者數目也相差很遠，如父四人，母二二人；兄二人，弟八七人，這因父親和兒子分居，母必隨父；但父親死後，則又須依賴兒子（即男家主）奉養。同樣的，弟如娶妻生子作為家主時，則其兄亦必先已娶妻生子，而另起爐灶，何必依弟而為附屬，故表中兄數甚少。至於弟則不然，因其年齡多為幼小，當父母逝世，而自己還未長大成人，成家立室時，他須要依兄（男家主）而生活，故在這表中，弟數特多。

、最後，我們在這表中，看不出有五代同堂的家庭，因為它沒有高祖玄孫的關係，充其量，只有一家人是四代同堂。由此我們可知大家庭實在已日漸衰落，促成它衰落的原因，是由於農業經濟基礎的動搖，而使得與歐西一樣的核小家庭制度。

第二節 人口的年齡與性別

在貢溪調查人口所得，男子一〇九八人，女子八九〇人，性比例平均為一二四·六(即每一百個女子當一二四·六個男子)男子較女子為多的差額是相當驚人的，現將其人口年齡與性別分配示表如下：

第十六表：貢溪人口的年齡與性別表

男數	女數	性比例
155	88	176.1
123	87	141.3
136	74	183.7
122	90	135.5
100	83	120.4
88	88	100
77	57	135.0
65	91	71.4
47	53	88.6
66	50	132.0
33	36	91.6
27	45	60.0
21	25	84.0
22	12	183.3
16	11	145.4
1098	890	124.6

年齡組	男女數	百分比
1-5	244	12.3
6-10	210	10.5
11-15	210	10.5
16-20	212	10.6
21-25	183	9.2
26-30	176	8.9
31-35	134	6.7
36-40	156	7.8
41-45	100	5.0
46-50	116	5.8
51-55	69	3.5
56-60	72	3.6
61-65	46	2.5
66-70	34	1.8
70以上	27	1.3
總合	1988	100

觀上表，我們可以得到幾個概念：

(甲)三十六歲以前，是男多於女；三十六歲以後，女子就有超過男子的趨勢；自一般言之，男子固較女子為多。

本村男多於女的情形，尤以二十歲以前為明顯而劇烈，我們一看性比例欄，就可知道。蓋十一至十五歲之性比例為一八三·七，其次一至五歲的為一七六·一。這種性別差的畸形發展，當然有其社會背景的。本來，男多於女的現象，在中國已屬普通的人口現象了。其原因，據吳景超先生的假設，約有四種：第一就是中國人的鄉居，大約與中國的男多於女的現象有關。蓋根據歐美的統計，鄉居者所生的子女，男多於女的程度，較城居者為深，而中國又以農村人口佔最多數。第二，中國人的早婚，大約與中國男多於女一現象有關，蓋早婚的夫妻生男較生女為多云。第三，大概由於溺女。第四，由於重男輕女的態度。這些解釋，對本村男多於女的現象，只是一種淺近的部份的說明，我以為其原因还有：

第一男的在生產上比較女的有用而可靠。蓋本村以貧農佔多數，他們在中年時候，希望有兒子來幫忙田工，或出外營生，賺錢歸助家計。至於土地的缺乏，家庭的貧困，更使為父母者易於接受「養兒防老」的觀念。這二點任務是不能望女兒來負起的，因此重男輕女的態度，和溺女的習慣於以養成了。這樣，所謂「賠錢貨」者，偶遇疾病，農家的父母，也不大加以調理，而讓之順其自然的病下去，幸運的病痊，不幸的死亡，於是女嬰的死亡率也就特別大，而性比就相差很遠了。

第二，女大當嫁。早婚的觀念，在本村女子方面尤為明顯。蓋為女者遲早終須嫁人，再加以經濟困難，早日出嫁不但女的本身方面，免致有「老女之嫌」，而其父母往往可減輕生活費的負担。所以，本村女子，普通於二十歲之前，已出嫁去了。至於男子則不然，富者方面，固然可以抱孫心切，早為兒子完婚，但多數貧者方面，則由於養生之不足，欲為兒子早娶，實憂乎其難。故本村男子於二十歲以前，則大部未娶也。這樣兩者比較起來，性比例就相差的很明顯了。

關於女子多於男子的趨勢，在中國普通是四十五歲以後起，但在本村，這情形却有些提前了，就是在三十六歲以後，女子已有一種增加的趨勢，這原因，大概是：

第一·經濟環境。因為中年時候，男子的家庭負担特別重，他們疲於應付，加促其精力衰弱，易於死亡；其次，因為耕地不足，經濟壓迫，流亡於外，久客不歸。至於女子則不然，因其四十以後，生產危險期已經沒有，生活大都可依賴於其子女，加以生理上，她們对疾病的抵抗力，普通較男子為強，死亡率自低。

第二·守寡觀念的影響。本來，在封建的意識濃厚底下，守寡的現象是普徧的存在，這點，在中年喪夫的情形下，守寡的女人更多了。因為那時候，她們已有了幾個兒女，帶去改嫁麼？這不成。棄之如遺，然後改嫁麼？這又很難過。同時，這時候，她們的兒女差不多已備成人，自己大可以自食其力，且可以養母，於是寡婦便樂得守下去了。這點，我們看下面鰥寡表更清楚。

（乙）二十歲以前的人口佔最大的百分數，蓋一九八八人中，二十歲以下的男女卻有八七五人，佔總數百分之四四·〇一。

這現象說明什麼呢？那就是兒童多於成人，這表示本村農民的貧乏，先天不足，後天缺乏營養，致成年人口的死亡率過大。這現象在女子方面，往往是生產期前後，工作與營養問題，加促她們的死亡，至於男子，則多因經濟壓迫，多流亡於外，或不勝辛勞工作，而殞其生。而兒童則於父母卵翼之下，除癘疫外，其死亡率則較低的。

根据華洋義賑會的調查，東部農村一萬人中，二十歲以前之男女有四四二八人，佔總數百分之四四·二八；北部農村的則佔百分之四〇·七七，至於瑞典標準人口的年齡分配，十九歲以前的人口佔總數百分之四二·三五，由這三種情形看來，和本村比較也差不多的。

第三節 人口的婚姻狀況

一般來說，早婚在中國是很盛行的，但這情形在本村，除卻少數富家外，早婚可說是很少。普通男子結婚多在二十至二十五這幾年，而女子則多在十六至廿二這期間，十五歲以下的男女婚期是百不見一的。以常情來說，富農的子女結婚較早，因為如此，一則可以顯示其富有，早作阿姑阿翁；二則对生產上也有幫助。至於貧農的兒子，則非拖至二十五左右，也不躊躇準備的，經濟的壓迫，驅使他要這樣遲啊，現在，我們且看下表，便可略見了。

第十七表：員溪十五歲以上未婚男女人數表

年齡組	未婚人數 男	女
十五至十九	一百卅八	六十七
二十至廿四	六十	六
二十五至廿九	一十	二
卅至卅四	一十	0
卅五至卅九	三	0
總計	二百廿一	七十五

據第十六表所示，十六歲以上的女子共六三一人，而十五歲以上未婚的女子卻佔七五人，即佔百分之一一.八，這與李景漢調查北平郊外之掛甲屯村差不多是相同的，因其調查十四歲以上的未嫁女子佔百分之一二也。至於未結婚的男子，在十五歲以上的卻有二二一人，而據第十六表所示，十六歲以上男子有六八四人，即未婚的佔百分三二.三，這與掛甲屯村十四歲以上未結婚的男子佔百分之一九者相差很大，然這正反映着本村的農家子多患貧之了。

未婚的女子中，年齡最高的個為二十九歲，這因為她的父母都死了，遺下了幾個弟妹給她照料，結果，她寧願犧牲自己的青春，而扶養弟妹的成人。不然，廿九歲的老處女在鄉村是惹人談笑的。至於未婚的男子，最高年齡的一個也達卅九，這因經濟不足，無力娶妻的緣故，鄉間人對之也不以為奇的。

本村四四八個結婚的男子中，比妻子年齡大者佔百分之八一.二，與妻子年齡相同的佔百分之一二.七而比妻子年齡小的佔百分之六·一（見第十八表）。平均計算夫長於妻的年齡為四·四歲，夫長於妻最高者為四一歲，夫幼於妻者最大差額不過三歲。

第十八表　員溪夫妻年齡關係表

類別	年數	數目	百分比
夫長於妻	1	41	34.1
	2	61	
	3	51	
	4	30	22.1
	5	52	
	6	17	
	7	14	10.7
	8	18	
	9	16	
	10	16	14.3
	11	10	
	12	7	
	13	2	
	14	3	
	15	5	
	16上	21	
夫妻相等		57	12.7
夫幼於妻	1	10	6.1
	2	12	
	3	5	
總合	437	448	100.0

由上表觀之，可知夫妻年齡關係，以夫長於妻一年至三年為最普通，夫幼於妻的數目很少，蓋本村人有許多不大喜歡給其兒子娶年齡較長的女子。至於夫長妻十六歲以上者，多為娶繼室也。

在本章第二節裡，我曾說過，守寡現象在本村是相當多的。再醮去的多是哪些年青而沒有兒女的寡婦，村人對她們並不加以阻撓。而對再醮入本村的，村人也不加以歧視。至於喪偶的男子，如果他的兒女還沒有長大，沒有婚娶的，則他易娶繼室村人是很同情的，因其觀點是站在「家務須要女人主持」的正統思想之上。如果喪偶的男子，他的兒子已經有室了，他却要想另娶繼室，那就很易惹人談笑的。這是一般村人對鰥寡的態度。

第十九表　員溪鰥寡年齡數目表

年齡	鰥夫	寡婦
十五至廿五		1
廿六至三十	3	2
卅一至卅五		6
卅六至四十	3	11
四一至五十	8	31
五一至六十	6	38
六一至七十	11	23
七十以上	6	9

鰥夫數只三九人，而寡婦却多至一二一人，兩者相差三倍，十五至廿五的年青寡婦僅一人，廿六至卅的只二人，於此可見沒有兒女的貧農寡婦是相當难於遵從舊禮教的。

第四節　人口的職業種類

本村以屬農村，故人口職業當以農業為主，然又以本身土地先天地缺乏，故又須多營其他副業。

在民國廿年前，蠶業興盛的時候，本村農民除以農業為基本外，紛紛從事養蠶，獲利倍蓰。跟着蠶業而來的，還有摘桑、拈蠶上箔、綑繭、繅絲等工作，多由婦孺担任，於是村中大部份婦孺都能有所收益，以補家計之不足。其次蠶業興盛的時期，手工的織布機也跟着在農家中發達地興起來，這樣又養活了很多婦人。

可是，好景不常，中國絲業在國際貿易上競爭失敗了，從而，農村的蠶業便紛紛停頓，一蹶不振。農民因失去一筆厚利的收入，而婦孺也失却了可維家用的副業了。從此，本村的農民，都迫上了貧乏綫上，而走出外洋日漸多了。

抗戰到來了，這裡的副業又起變化了，一般的農民，他在農隙裡，便籌了些款，冒險往省港走貨。那時曲江，老隆等內地城市的商人，向淪陷區搶購物資的，多集中惠州。而惠州商人又多採之於常平墟，常平墟是廣九綫上的一個中站，在員溪東北七里許，因此，刺激了常平墟附近的農民，而往省港運貨，回來這墟場脫售。或資本較大的，則親自跑上惠州買賣。本村的農民，那時也找緊了這机会的。

後来，民國三十二年秋，整條廣九線失陷了，敵偽不惜推行其毒化政策，任農人廣種鴉片。這是一種極有利的收穫，因此，本村每於冬季，朔風刺来時，千紅萬紫的罌粟花，開徧了原野。成熟時，在朝露未乾，太陽未出之際，一群一群的村人，大的小的，男的女的，都跑向罌粟叢中採膠了。那時，村人的收入，足抵一年来的辛苦工資。

抗戰勝利了，帶給這裡農民的只是失業（指副業言）與貧乏。而現在的副業已述之於第二章第二節裡，茲不贅述。至於本村的農業，還是停留在犁耕的階段，茲也從畧了。

現將本村人口職業表列如下，要注意表中這些職業者幾全是男子，因女子除幫助田工及管理家務外，很少其他職業也。

第二十表　員溪人口職業表（十五歲以上）

職業類別	人數
在村務農	三六。
圬匠	六

在省港工商	九六
南洋及美洲	八一
傭工	二二
小販	一二
木匠	九
軍界	六
漁業	五
教育	四
医生	四
政界	二
巫覡	四

出外洋謀生的，本村相當多，甚至有全家出洋者，故人口調查時，甚難統計，多有遺漏。往南洋及美洲的八十一人中，在南洋的有五十一個，美洲的有三十個。大抵往美洲的全是男子，往南洋的十分之三是婦人，以新嘉坡及安南為多。抗战期中，他(她)們久斷家書，僑滙斷絕，現有積蓄的，正紛紛準備作歸計。

在這職業群中，其血緣關係頗深。如出外洋者，多為在外洋的自己父兄叔伯或親戚介紹過去，一到目的地，職業就有着落。而那種職業，多屬其親屬親戚等所經營之菜園，商店或其他業務。至於在省港合股經商者，輒為同房支的親人。先親而後人的家族觀念，加深了職業的血緣性。而木匠，泥匠等職業，又是父傳子，兄教弟的技術傳授。甚至某種臨時合股，隨時散股的商業性經營，也非集結自己親屬或戚友不可。從這種職業的血緣關係看來，可窺家族結合強度之一斑了。

第四章　社會組織

第一節　家族關係

家族觀念之在中國，普遍的相當濃厚，這點在封建的農村的員溪，更表現得明顯。現分述之如下：

一、史的敘述　在第一章緒論裡，我已經說過，員溪的開村始祖是東陽公，他於宋末從縣境中的溫塘遷來，後來發展到五世祖承祖公，始開房派。蓋承祖生長子恭福，次子恭發，三四兩子失傳，分為兩大房。分支發展，前者稱長房，後者稱二房，這兩大房就構成了今天本村的兩大宗族。長房分逸夫祖和道夫祖；二房分悅喬祖和令人祖，這四個房派，互相安處，則是員溪的安全發展；倘小有利害衝突，則大大影響全村的安寧問題了。由於家族的血緣關係，同房派的人多聚居一角一處，如長房子孫多住在新圍，崩岡，鷓鴣嶺；二房子孫則多住於藍圍，大嶺，荔枝墩。其耕作土地的分佈亦隨房派關係，而集中於某一區，或偏向於某一段，這原因一方面是始祖析產時候，每一房派的先祖，都已造成了這種集中與偏向的分配；而各自的子孫亦如是繼續在原有祖宗的所得地上分下去。另方面土地與家族的親疏亦有關係，蓋村中土地買賣的習例，是「先親而後人」，即是說，土地脫售者須先問求親族承買，由近而遠的徵求開去，才算合乎村中的「不成文法」；否則，一種爭執和糾紛往往會發生的。我們看這裡的賣田地契上所載：「先問親屬人等，無人承買」，便可知道這種土地的轉移過程了。因此，貧者出售土地的結果，大都是賣給親近的家族的，這樣便造成了第二種房派土地集中或偏向的原因。

總之，從本村家族的發展史方面看，由血緣而分成大宗小支，遠屬近親的關係，由此關係而造成了住宅的分配房派化，土地的分配集中化與偏向化。這些現象，已具体地表示了本村家族關係的程度了。

二、家族結合的根據　大凡某一種社会制度的存在，一定有其根据的條件或基礎，中國的家族制度，當然是封建的農業社會的反映，茲就員溪的家族研究，找出它底結合的二点根据：

（甲）血緣的——首先，我們得承認家族的形成是由血統關係。在農村，大凡同一家族的人，房屋多是聚結一處，朝暮相見，出入互知。生活的接近，滲透和交流了感情的因素；農村人最重感情的，加上了血緣的關係，於是一種傳統的祖親觀念，如「先親而後人」，「手指屈內不屈外」，及「打火不離親兄弟」等口頭禪，普遍而深入的存在於村人的腦中，大的小的家族，便在這種血緣關係下牢牢結合了。

（乙）經濟的——經濟的關係是家族重要的結合根據。在本村，這種家族結合經濟關係，表現爲蒸嘗的問題。嘗業是氏族公有利的遺留，同族的人都有享受它的權利，由此而產生密切的結合。同時，這種嘗業每年提出生產的一部份，作為崇拜祖先的費用，全体族人在祭祀時候，更加强了「一家人」的家族意識。

三、家族關係的表現

一個家族裡的成員，除了他們少數偶或彼此間有了某種衝突外，大都能彼此和協相處的，茲舉例如下：

(甲)祭祀——家族關係最具体而有全体性的，要推在祭祀的時候了。在本村，當清明，重陽兩節，同一家族的成員，都集体到山岡上祖墳前面，行祭掃礼。大的家族，嘗業豐富的，其成員則在掃墓後，跟着在山上聚餐及「分祭肉」。小的家族，嘗業較少的，其成員則於掃墓後，只分祭肉。至於聚餐時的白飯，例由嘗業供給，餸菜有時各人自備，有時由嘗業供給，這要看太公嘗產的厚薄而定了。

(乙)慶喪——凡某家有喜慶事，如婚嫁，生子，或其他喜事，同一家族的男女，普通都被請宴的，尤其是结婚喜事，多有連致二天的。所有來飲的家族成員，都很樂意幫助主人做所有喜慶要办的各項工作。至於有凶喪發生，則族人互相幫忙，如叫仵工，擇墓地，及其他繁瑣的喪事。從這種慶喪的互助中，充份表現了家族關係的精神。

(丙)職業——本村職業的血緣性，在第三章第四節裡，我已經說過。家族關係是血緣的表現，無論何種職業，普通是以家族內的成員來合股或介紹的。譬如本村在常平圩開設一間大華煙庄，其股東全是悅喬祖的子孫。禎祥興當鋪的股東，也完全是今人祖屬下創周公的子孫。至於在香港開設的二間金山庄；一間老招牌達盛，另間新興的永華，其股東也是以家族基礎來結合。前者是創周祖的家族，後者是悅喬祖的家族和一些鄰村外股。其他職業甚至在村農耕的，也大都以家族人為互助對象的。

第二節 男女團体——「妹間」與「添香会」

在封建的農村社会中，所有的團体組織，差不多全以感情為出發，沒有明確的綱領與宗旨，也沒有嚴密的組織，更不知如何去發展。原始的感情，直覺的思想，決定了，或者說內心默定了結合的目的。本村男女團体的組合，就說明了這点。

本村的男女團体，主要是「妹間」與「添香会」，這兩者深深地表現了封建社會的精神，茲述之如下：

一、名称的解释 (a)「妹間」——是一種女子的宿舍。那些結合「妹間」的女子，普通是十歲以下的未婚女子。「妹間」設有「間主」，她普通是上了年紀的婦人，來管理「間」內的女子。每一間約容十人左右，她們多是同一家族，或住宅相近的女子。而「妹間」的地址又多是設在她們住居附近。到了十歲左右的女子，她需要過女子的團体生活，來學習她所需要的常識的時候，她就自動的加入「妹間」，換句話說，她在晚上，須到「妹間」裡寄宿了。「妹間」裡年長的女子出嫁了，又有十歲左右的女子加入來，這樣的新陳代謝，使「妹間」有永久性的存在。

(B)「添香會」——是一種男子組合的團体，它普通是由八個或十個十五歲左右而尚未結婚的男子開始組成，可以继续到老年為止。

為什麼這種團体叫「添香会」呢？因為它的成立，是在除夕那高興而熱鬧的晚上，會友們於那晚十二點後，便集合去村中各廟添香拜神，表示宣告他們的結合，將來患難相扶，喜慶相助。而以後每逢除夕及元旦的一清早，都例須集體添香的，所以叫做「添香会」。

「添香会」不同於「妹間」者，前者是有名称（普通定名為□□堂）的男子組織，而後者是例無名称的女子組合。又前者雖有会址，但不一定要寄宿，後者則有「間主」來管理。前者的人數不能增加，只有因死亡而減少，有時可以新会員來填補死去的會友，但這很少。而後者則因新陳代謝作用，人數並不固定。這是兩者形式上不同之點，關於兩者的内容和動態在下段分述。

二、傳統的習例　由於性別的關係，「妹間」與「添香会」的傳統習例是不同的，前者是偏於婦道的準備；後者是注重情誼的聯繫。茲分述之：

(甲)「妹間」的習趣——在「妹間」裡，「間主」是頗有權威的，她可管督諸女子的行為，並得父母的同意，而替女子放「年庚」，從中作媒，介紹和拉攏婚事的成功。平時尤注意指導女子關於婦道的學習。而諸女伴又於閒時及晚上互相集体學習與模仿，其趣有下列各種。

a. 婚喪歌曲的學習——女子出閣的前數夕，和出閣時在花轎中，例須向家人哭別，而其哭唱的歌曲，差不多有一定的格調，其內容大都是祝福家屬之辭，由頌祝親近起而哭祝到遠親去，反覆循環，哭唱幾遍才止。這些歌曲的學習是從「妹間」中練懂的。至於母家或夫家有長輩死喪，在哭靈及扶柩出殯時，女子也要哭唱的，其哭唱的歌辭是因被哭的對象（死者）而有異的，其內容大都是悼痛死者，和希求其靈魂在冥冥中福祐家人之意。這些追悼歌曲，也是從「妹間」中學得來的。

b. 性衛生的傳授——在封建意識濃厚的農村中，對於性問題的公開談笑，是被認為有傷風化的。但在「妹間」裡，「間主」可以將性衛生須注意的常識，講給諸女子聽的，譬如「撞紅」，「夾色」諸性病及產前產後的注意事項，「間主」都會教以傳統的粗淺的見解與方法的。

c. 婚禮的演習——在常平附近，近今還盛行舊式婚禮。在新娘方面，尤覺麻煩，新婚之夕，要行「拜公礼」，明天行「臺角礼」，所謂「拜公禮」，就是參於「拜祖先後，則由夫家的親屬女孩子們，在堂上的地氈或草蓆上，跟着氈蓆的四角，新娘和一個女孩子，雙方都打扮得娉婷鮮艷，各走對角的行揖敬礼。每個女孩子都依樣的和新娘輪流揖下去。「臺角禮」也是這樣，不過，以一張長方形的紅臺，走对角揖礼，来戲弄新娘，不同氈蓆平鋪在地下吧了。所有這兩種婚礼，做新娘的都是在「妹間」裡和諸女伴演習得來的。

d. 時節與「餞行」——農村的女子，唯一集体聯誼敘餐的機会，就是在中秋和除夕的二天晚上，或於某女伴出閣時的「餞行」。在中秋之夜，「妹間」裡的全体女伴都釀資賞月，除夕晚上，又釀資消夜，玩紙牌，喫東西，縱情娛樂。至於有某女伴出嫁時，諸女伴則輪流以午餐餞別，叫做「餞行」，全体同食，以表別意。

(乙)「添香会」的習趣——「添香會」的習趣，比之「妹間」的較簡單。会友的組合，是基於情感和自動自願的。他們有簡單的會規，如結婚與添丁的會友須出公雞幾斤，以為除夕的聚讌。同時，當某一会友結婚時，其餘会友須釀資賀礼，並須到來幫忙，而送房客多是他們扮演的。至於有某一會友不幸死亡時，其餘会友都須助其家人料理喪事，並執紼誌哀。

因男子是一個経済的負責者，故会友間有時不盡同居村中，或因職業而離鄉，致聚集機会很少，但到了除夕新年的時候，他們紛紛回鄉过年，除夕作通宵的飲讌娛樂，元旦又整天賭博，飲讌，這是会友們最快樂的日子。

三、組合的原因

「妹間」與「添耆會」的男女團体，是農業社会的產物。因為農村人口普通是户外工作，一天疲劳回來，年青的男女們，須要找一個適當的環境休息與娛樂，在枯燥的靜態的農村裡，他(她)們所可能找到的，只有一羣同年紀同性别的伙伴，物以類聚，談笑自由。在女的方面，因為年長關係，不便於和父母弟妹等同宿狹隘的農舍，同時，為了適應舊社会，便利婦道的學習，於是加入了「妹間」。至於年輕的男子們，在和同羣少年相交的結果，日久漸增情感，同時為了時節的集体讌娛樂，調劑枯燥生活；及將来喜慶凶喪時得別人的幫忙，於是感覺有組合添香会之必要。

這兩種團体的易於結合，以社會學的術語說，因為它們的成員是同質的，如言語，信仰，意見，風俗，行為，模型等都大致相同，故易於結合。至於這兩種團体的能夠有持久性者，蓋因農村人口的社會移動較少，社會交接較單純，故其社交關係能表現為有永久的堅固的持續的團體關係也。

除上述二種團体外，本村男子的團體，还有一種新興的智識份子的会社，如迅雷隊，海嘯社，新生社等。不過此種組織只注重籃球的練習，都缺乏学術性的与農村建設性的工作和内容，对固有的社会組織影响还少呢。一個舊社会本質未曾根本改革的時候，智識份子对農村的改進運動，是有限度的。

第三節 自衛組織

本村的自衛組織，叫做鄉巡，或叫巡丁，它是負責村中治安的，巡丁普通由村中壯丁自由組股，競相票投而出任組織的。其人數為十人左右，因族房派閥關係，本村現分新圍巡丁和舊圍巡丁兩股，前者八人，後者十人。各就地設立巡丁館，以為集会及办事的地方。亦將此種組織的性質述之如下。

一．組織的權限與經費　一般來說，村中的民事糾紛是由紳耆調處，而刑事懲罰，則由鄉巡負責，故可以說，鄉巡是刑事執行的机関。凡村中犯盜竊罪，有傷風化罪，及違犯規章業等行為，概由鄉巡執行處罰。惟重大案件，罰款較重者，則須經紳耆公議，始能執行，蓋以此可控制鄉巡之恣意勒索犯罪者也。具体的權限，即懲罰的对象，在下段條約中述之。而其積極的職責，乃在於保護村中公私屋宇內之財物，野外之農作物，及維持風化等。

至於鄉巡的經費，支出的部份，當然要算票投時，交给村中公衆的一筆款為鉅。至其來源，則徵之於村人，及罰款等。徵之於村人的手續，依紳耆與鄉巡訂立的條約，為：

第十條：不論黃牛水牛，每隻每年徵收一千元。

第十一條：……大猪賣後，須向鄉巡登記，每萬元徵收三十元。……

第十二條：……田地每年分兩季徵收，每季每畝五百元。……

第十三條：……住屋每年每間徵收二百五十元，牛房，柴間，閒屋，厠所等每年每間徵收一百五十元。……

上述的鄉巡費，普通分兩季徵收，逾期不交者，則加倍徵收，如鄉巡對屋宇財物及田地農作物保護不力，致被偷窃者，失主可依條約向鄉巡索賠，賠款則為失物百分之幾值。鄉巡一年的收入，除村人繳納鄉巡費外，还有罚款收入，此等罚款有時多至數十萬元，尤以暗罚之款為鉅，蓋犯盗窃罪及有傷風化罪者主角，在村中為維持面子起見，有時寧願暗裡多被罚款，而囑鄉巡保持秘密也。

二.組織的立法機關　古代社會長老政治的遺留，在本村中也相當明顯。大凡村中公共福利問題，或私人間糾紛事件，多由各小宗推选一年高德重之老人，出来会商調處；而與鄉約訂立的約法，也是由這些紳耆長老會商擬訂的。故可以說，紳耆長老会議，是鄉約組織的立法機關。

訂鄉約條約，叫做「打合同」，鄉約存一份，耆老存一份；鄉約執行任務，須依法而行。又根據第卅一條約法所載：「……如罰款超過二萬元以上者，須召集紳耆公議處罰」。這樣，耆老就有控制鄉約的潛力。最後，如條文未有載明之案件，須由鄉約召集耆老公議，酌奪執行。

長老政治，是家族制度的產物。因為一家族中，幼輩多对長輩尊敬和服從，這樣，長老遂甚權威易於推行村政。同時，因他們多屬有閒階級，有充份時間來办眾事。至於年青有為之智識份子，則多出外工作，而留在村中的，多屬智識低下之農民，故易由長老出負村政責任也。

三、鄉約條約的內容　本村鄉約條約，繁雜瑣碎，缺乏系統性，除「緝捕匪犯之鄉約」、死者由公眾撫卹；傷者由公眾医治之撫邨條例，及徵收屋舍，家畜，田地等費用條例略而不述外，茲將其內容作系統的敘述。

(甲)關於盜竊罪——凡條文內所載盜竊罪，多指公私屋宇內之財物，牛豬牲畜，及野外各種農作物而言。

依一般情形來說，盜竊家財罪，罰款最重。然此種案件，在本村很少發生。盜竊牛豬罪，罰款也相當重，此種案件多發生於冬季夜間，因其時，貧窮而為竊匪者，不堪年尾錢之壓迫，且冬夜格外黑暗而靜寂，正一盜竊牛豬之機會也。至於偷竊野外之各種農作物，普通為黃豆，甘薯，蔬菜，甘蔗，稻穀及各種菓實，其中尤以偷竊黃豆，甘薯兩者為多，因貧無以飽之農民有時迫其出於偷竊該種植物，以充腹飢也。惟此種犯罪較輕，罰款不重。

(乙)關於風化罪——通姦與強姦，罰款甚重，在農村裡原不足為奇。惟可笑者，村人賣婢，孀婦改嫁，外來寄嫁者，亦要罰以「花紅」之例。茲錄其條文於后：

第四條：男女通姦被捉，有確証者，男女各罰花红弍拾萬元，另捉手得男女各拾萬元，衆人（即全村男丁）則得男女各罰豬肉壹佰斤正，若屬強姦，經女子出首指名者照上罰款外，另女子得賠醜銀弍拾萬元，概歸強姦人所出，與被姦者無涉。

第廿九條：凡有賣婢妾者，巡丁收花红五千元。孀婦出嫁，或女子來父母處再嫁，亦得收花红壹萬元。若外來寄嫁者，收花红壹萬伍千元，內交耆老一半。

關於通姦與強姦案件，在本村很少發生。因同一家族的人，多住在一處，無形的監視頗嚴；而舊道德觀念又相當濃厚，鄉村性慾的刺激又少，同時，農村生活，又非豫逸飽暖，疲勞的工作，營養的不良，削弱了男女性慾的旺盛程度。

至於第廿九條以花红為罰款之變相者，蓋因村人迷信，以賣婢，孀婦改嫁，及外來寄嫁等事情為不祥，故須徵收與花红銀。這與封建意識重男輕女之原因有關。

（丙）關於犯規罪——犯規罪，在條文罰款中算最輕的一種。

a.行為犯規：凡藉勢誣捏者反坐。不報或少報屋宇，牛豬，田地雉數者罰款。在自己菸地撒菸，走過別人菸地吹嚼者罰款。

b.家畜犯規：耕牛出入不套嘴笼（防其耗嚼農作物），牽牛在田塍地埂，牛豬耗食農作物，鸡鵝鴨下田耗谷，皆家畜犯規，主人皆須被罰。

此種犯規罪，以家畜犯規為最多，罰款雖輕，但最易因犯被罰，故鄉巡關於此項罰款的收入，亦不少也。

四、懲罰方式

一宗罪案如果具備了人證（本村叫做捉手）和物證（普通所謂贓物），那麼懲罰的方式跟着就用得着了。本村鄉巡採用的傳統懲罰的方式有下列數種：

A.罰款——普通較輕的盜竊罪及犯規罪，總以依法罰款了事。罰款自然交鄉巡所得，但有時盜竊者為旁人（捉手）告發，則賠款內須撥百分之幾與捉手。

B.上吊——此種刑法，普通用之重大的盜竊案，而被捕窃匪又不肯直供其他逃脱之匪党者。這樣示众，兼以迫供也。

C.出祠——出祠，在本村叫做「革胙」，即革除其分太公胙肉之意。此種懲罰，用之於累犯，而無力賠償失主及被罰款者。出祠賊匪，須由鄉巡押解呈官。

D.遊刑——此種懲罰，多用之於與我村有惡感的鄰村賊匪，遊刑示众，一則可以使众認識該匪面目；二則採報復主義可以侮辱匪村之声譽也。

五.二個犯罪個案

儘管自衛組織的嚴密，懲罰方式的嚴酷，但法律是有時而窮，這已超過了法律的範疇，而暴露出社會制度的問題了。下列所举的兩個犯罪個案，就說明了這一点。

(甲)盜窃個案——袁廣，是一個五十多歲的男子，身材中等，頗健壯，目光有些兇銳，但面部不甚猙獰可怕。他有一妻幾個子女，大的兒子有二十多歲了。他沒有多的恒產，磽瘠的田地有一兩畝吧，但哪裡夠一家數口的溫飽呢？出外營生？又無特殊的技能和資本，甚至川資也籌不起，人窮是六親斷絕的，借貸無門。在村傭工嗎？也許他為人利害一点，永遠是株守着，在年壯的時候是如此，在年老（但仍有些氣力）的今日也是如此。但一家救口的衣食怎樣維持下來呢？人既走到这世界來，應就有在这世界生存的權利，為了和不合理的社会制度所給予他的飢餓作鬥爭，袁盧所採用的生存鬥爭的武器，就是盜竊！在年富力強的時候，他曾幹過打家劫舍的勾當，和偷竊野外農作物的聖手。雖然給捕獲幾次，罰款幾次，但他还是一晚晚的，一月月的，一年一年的運用他的手段，頑強地生存下來。上了四十以後，他不幹打家劫舍了，只在本村或鄰村的野外，實行其收穫政策。捕不勝捕，罰不勝罰，鄉地們也怕了他，假如發覺他在夜裡或日間偷竊農作物，只佯作不見，側面而過。因為他們很清楚，這種勾當是袁盧生存的武器，除了這，他確沒辦法的。爸爸這樣幹，兒子也得跟着學習和幫助了。這是一件公開的秘密，這是袁盧的生存職業，數十年的貧困，克服不了他的生存勇氣，他眼看过千千万万的貧窮懦弱的一群，給不合理的社会制度推下溝壑去，他傲然地笑了。

誰使他這樣幹呢？假如把他送到錢的主人翁的世界去，他的生存武器会放棄麼？

(乙)風化個案——袁喜的妻子李氏，是一個中年的婦人，軀体頗壯健。她已生過三個孩子了。袁喜本是一個不長進的呆漢；一個伶俐的妻子，对他當然是不滿意的。所以李氏曾幾度偷漢子，幾次被罰。但這不能阻壓她的性慾。袁喜死了！她更肆無忌憚，雖然她还有一個風燭殘年，笨伯一樣的家翁，但她还一樣的勇敢去糾纏她的对象——他也是本村的一個青年，家境很貧窮，雖和姦婦幾度被罰鉅款，但全由後者負担的。鄉人是暗裏捉姦，暗裡罰款，各得其所。為什麼李氏這樣的猖狂？這樣的有錢被罰？原來她家裡有十畝肥沃的田地，每年出產千多萬，所以她無須改嫁，亦且不願改嫁。她的家翁為什麼不驅逐她呢？因為她只有一個兒子——袁喜——而且已死了，剩下了三個弱小的兒子，老年人最關心的就是後嗣問題，假如李氏出走了，遺下的孩子怎樣成人呢？家務誰主持呢？田地会不会給親屬霸佔了呢？這一連串的問題，使得老人家只好裝聾作啞了，反正他自己快要跑近墳墓去的。李氏的猖狂和勇氣，就是在這種環境下產生的。她每年要化百多萬元給鄉巡，也要化些款給姦夫，性的問題就可隨便解決了。姦夫本來已經娶妻了，但這個猖狂的女人，居然敢在姦夫的妻子面前一樣的玩弄人家的丈夫。有時，她会和姦夫發生因財打架的，甚至有一次給姦夫控訴，捉到鄉公所去，結果由她的家屬保囬，結果也一樣糊塗的鬧下去。任你鄉巡怎樣處罰（沒有明罰過），任村人怎樣嘖有煩言，但她还是一樣的去找尋刺激，而姦夫也一樣的去接受她的愛。怕什麼，錢可以通神呢？

上述二個案，都是勇敢地衝破法律和礼教的圈套的，前者是為了「食」而頑強地犯了盜竊的罪名。後者是為了「性」而勇敢地蒙受了有傷風化的醜行。兩者的背景都具着經濟因素。假如袁盧有充份恒產，他就不会有這樣的勇氣去幹犯法的行為；假如李氏沒有豐裕的家產，一方面養生不暇，一方面無力賠款就沒有勇氣去發展地的性慹。法律与礼教維着這種情形是有时而窮的。但這已暴露出嚴重的社会問題了。

六、犯罪与家族

鄉法不同國法，前者因家族關係，增加了執行者的困难，而減低了「法」的效用。在村中，譬如有一強家族的成員犯了盗窃罪，則鄉巡对他的懲罰不無存着多少顧慮的；但如对待弱家族的成員犯罪，那就可大刀濶斧的宰割了。前年就有一宗盗窃罪没有處罰，因令人祖和悦喬祖兩大家族，勢均力敵，積不相容，令人祖有一人犯了盗窃罪，悦喬祖的鄉巡硬主張依法懲罰，而令人祖認為有辱彼族，極力駁斥否認，相持起来，幾乎釀成械鬪，結果不罰了事。又如最近有一弱族成員某君，其鄰地白薯被窃，窃匪棄掉薯藤於野外，某君拾得，種於自己薯地，以便薯藤繁殖，遂給鄉巡誤認為失主的賍物，罰去某君一筆鉅款。這二種情形往往会發生於家族制盛行的農村的。

第五章 教育與民俗

第一節 教育概况

農村教育的發展，有待於農村経济的改進。脱離了經济因素，而漫談促進教育者，似乎是一種直覺主義。從本村教育的落後來說，正好是一個農経济落後及破碎的反映。

一、舊教育觀念的遺留——農業社会，是一個静態的社会，由於交通的隔膜，未得風氣之先，農民的保守性更加深其程度。因此对新的教育，新的智識，採用一種輕視和拒絶的態度。舊的社会環境，舊的人物頭腦，是舊教育潛伏与滋長的温床。本村情形就是這樣。

由於農村生活簡单，社交絶少，農民所需的智識和技能，就只有傳统的農業経驗，腐朽的慶丧礼儀的常識，粗淺的書信閱讀，和買賣的珠算學習，私塾制度也就負起了這种農業的，自私的舊教育任務。但是，冬烘先生所製出来的學生，会閱写家書，買賣会計的百不一見呢。

二、新教育觀的擴大

隨着社會的变動，舊教育已呈動搖，新教育来的興起。在本村，由於土地的不足，絲業的破産，農民離村現象頻繁，而受都市新文化洗礼的村人多了，同時新智識份子增加，兩者配合，對新教育的推動是有助力的，這是內因。其次，由於战事的影响，經濟的波動，無論出外謀生，和在村耕作的，現実要求他們接纳的智識，都太多了。而他們本身固有的舊教育智识，應付実現，應付生活太貧乏，太幼稚了，於是中年以下的村民都覺得新教育的重要，這樣，新的教育觀擴大了。这是外鑠。

新教育觀擴大的具体表現，在於村中小學的建立。本村小學，名称有執，它遠在民國三年已開办了，但因环境与時代仍是舊教育的温床，故旋即停办，而讓位於私塾。到了民國十八年重办，連續五六年，成績頗佳，是黄金時代，現在本村的一群智识份子，就是那時期的產物。但由於战爭的影响，小學又停办了好幾年，這期间，私塾又林立起来。今年，又復办了，這是經過一番智识份子的努力，以政治压力，摧毁了这教育的堡垒，而取得成功的。但，战後瘡痍，學校經費支絀，加以一般貧農，养生不暇，对此新教育不感热心，致小學奄無生氣，殊為可惜。

三、人口的教育程度——本村的人口教育程度，是教育概况的表尺，兹表列如下：

第二十一表 員溪人口教育程度表（全年小學生不在内）

程度别	人數	对全人數百分比
大學畢業	二	〇.一〇
曾在大學肄業	二	〇.一〇
高中畢業	三	〇.一五
曾在高中肄業	四	〇.二〇
初中畢業	五	〇.二五
曾在初中肄業	二十	一.〇〇
小學畢業	二二	一.一〇
曾在小學肄業	一四四	七.二〇

私塾教育	四九六	二四•四0
識字女人	七二	三•六0
學齡兒童	三三六	一六•八0
文盲	八八三	四五•六0
統計	一九八八	一00•00

在三三六個的學齡兒童中，今年在小學念書的有一百零一人。而在高中肄業的一人，初中三人。在高初中曾經肄業的有二個身爲本村婦人的女子。本村三十多個中等學校以上的智識份子，絕大部份是華僑子弟。

現並將村中小學的學生性別，年齡及家庭職業等表列如下以見一班。

第二十二表 有執小學學生年齡分配表（民卅六年）

年齡	人數	年齡	人數
八	一	十二	十五
九	四	十三	十五

十	八	十四	十六
十一	十八	十五	十八

第二十三表 有執小學學生家庭職業表（民卅六年）

職業	人數	職業	人數
軍	一	農	三八
醫	二	商	三六
政	四	自由	二〇

全校人數一〇一名，其中男生九三名，女生只佔八名，但还有一間女校私塾，採半新舊教授法，有廿多人，這是適應环境的要求。至於小學生中家庭職業，務農的佔只百分之三八，於此可見農民子弟失學問題的嚴重性了。

第二節 宗教信仰

在上一节裡，我們從教育程度表中，可以看出本村存着旧意識的人还很多。文盲固不足論，而私塾教育的村人，也具着一充满神鬼迷信的頭腦的。至於所謂識字的女人，也一樣的向神道的方面走。这三者的數目合起来，卻佔着百分之七三•六。加以本村还是一個十足的農業封建社会，於是反科學的宗教信仰便普遍的表現。亦將具体的宗教色彩分述之。

一、多神教　文化低下的民族只曉得少數「守護神」。文化漸複雜，漸趋於多神教。種種不同的職業和社会地位生出種種不同的神靈。因男女的性格和職業的不同，女子也有其特殊的女神。本村多神教就有这種情形，現將其所信仰的神怪種類劃分如下：

(甲)人格化的自然物或自然力——a.雷神；雷電交加，声震屋宇時，女人多係者，向雷神祷拜。b.灶君；每家灶頭設一神祇，叫灶君，相傳灶君司聽人家善惡，每於腊月二十四夕上天，向玉皇言善惡。每家是夕祀灶送之，謂之小年晚。c.土神：每於村境出入的路口，都設有土神，叫做土地，也叫社壇。它的責任是呵禁不祥鬼物的入村，和司主豐年云。d.床頭婆：相傳有一女神，专向小孩作祟，叫做床頭婆，每家時節飲讌，例須奉祀之。

(乙)人類認成的神——民族中已死的「聖者」，英雄，烈女节，由於生時的行為，与死後的威灵，也成普通的崇拜对象。本村女人所崇拜的女神有a.觀音：每年二月十九和六月十九日為觀音誕。b.金花夫人：四月十七日為金花夫人誕，女人所組的神会也於此日祭奉。c.地母：十月初一為地母誕，神会祭奉。d.七聖娘：八月十五祭之，其神会為亭岡会，因其塑像設於鄰村亭岡也。

至於男神則有a.文昌帝：為封建時代士階級的崇拜者，我们舉其对聯象徵他的威靈可知，如：奎壁流輝，永發儒林之秀；文明赫奕，常亨士類之途。b.武帝：這是崇拜關雲長的英雄忠義，神之威灵在東莞民间者最红他，婦孺無不曉得他的名字。在本村他常和文昌合庙，叫文武庙。c.洪聖宮：即廣利王，其生平不詳，為本村人主視上所爭取來袒護本村的神。可笑者，相傳每与鄰村械鬥，該神与觀音則在戰場顯灵祐助本村。他与觀音合庙，稱為二聖宮，故祭於出戰，必寫於上「為二聖宮袁菩」字樣，而於每年元月十四，五二天，例擡該二神賽会，熱鬧非常。

総計本村神廟有地母廟兩座。白廟一座，中奉觀音，関帝，洪聖，保壽爺，財帛星君，太歲，楊五爺，地方神等。新廟一座，即二聖宮，中奉觀音，洪聖，和十二奶娘等。文武廟一座，中奉文武二帝。每逢時節，神誕，初一，十五村婦例往各廟奉祀。

二、敬祖先 崇拜祖先的觀念，在農村中特別明顯。蓋因農民多生於斯，長於斯，而其社会移動性很少，他們日常所經驗的，接觸的，大都屬於村內的事情，尤其家族關係，當田耕理，祖墳祠宇，祖先傳說，在在使其眼視耳聞，因而加深了崇拜祖宗的心理。茲述本村崇敬祖先的具体事实如下：

(甲)祭祠掃墓——本村大小祖祠有七座，祠中奉以祖先的神主，在春分和秋分，則由耆老全体入祠主祭，其仪式簡单，祭畢，例行飲讌，費用出自公款。至清明，重九則男丁大小都往祖墳掃墓，叫做「拜山」，又叫「掛紙」。詳情已述於第四章第一節家族関係中了。

(乙)生辰忌辰——自高曾祖以下的先人，每逢生辰忌辰，其子孫不管貧富与否，都入祠祭奉。本村叫做「燒忌」。

(丙)墓碑神主的題款——本村不論士庶貴賤之家，婦碑及神主皆題「孺人」，男人多題「袁公」。如「幾世祖考某某袁公神位」，及「幾世祖妣某氏孺人神位」，至於未婚而喪者，則稱為「英君」，如「故男某某英君之神位」。

三.其他宗教性　本村迷信，具有宗教性者頗多，茲选三種於后，

(甲)占卜——这是一般農婦，对禍福命運，絕無信心的反映。其種類有；a.問盲占卜，b.入庙求簽，c.占木杓卦：即出門向某方走去，聽途人無意之言，以驗休咎的識意。d.問杯法：庙裡的神台上，設有二塊竹製的，形像半月的，五寸長的鴛鴦版，有陰陽兩面，占休咎者，取之擲於地上，覌其反正結合的形式以定休咎。一陰一陽者叫勝杯，最好；二版陽面向上者叫陽杯，中等；兩版陰面向上者叫寶杯，不好。連擲三下，若三次勝杯者，兆大吉；若第一次則為宝杯者，凶兆，俗謂「擱頭宝最不好」。

（乙）圖騰——原始民族的圖騰迷信，在本村及附近还有遺留。如本村被稱蟇蟆（按此屬蛙類之一），身体肥笨，雨天則羣相鳴和，此唱彼應，其幼虫為蝌蚪。韓愈蝦蟆詩：「鳴声相呼和，無理祇取鬧」，相信即此類也）。村人对這種虫類，不忍伤害。尤与鄰村械鬥（時）為然，蓋一般心理以蟇蟆為自己之圖騰也。又附近諸村圖騰：水口為甘薯，全美村為牛，屋廈村為鲇魚，橫枝瀝為豺狗，土地坑為蠏，沙埗村為水魚，用意皆同。

（丙）魔術——魔術力的发生，只在姿势、動作、材料、咒語等，而不関於人的本身。茲舉本村有関魔術者述之：

A. 迷仙魔術　女人迷三姑，男子迷八仙，小孩迷蟾蜍。大都在八月中秋節前後举行。用催眠術一類的方法。女人迷三姑時令主迷者（三四人不等）坐在地上，两膝屈起，两肘交貼膝上，頭部枕肘，瞌眼作睡態，在旁助手把香向主迷者面前来往摇幌，並反覆念咒曲，若迷成了，那入迷的女子普通唱歌。小孩迷蟾蜍者，其儀式和迷三姑差不多，迷成則隨地乱跳。縱之其声調，動作，技術並非入迷者本人所素習。玩畢，旁观者以水洒主迷者頭面，後者則可清醒過来。

至於迷八仙者，其儀式為：主迷者躺在鋪於地上的蓆裡，蓆的四角各添香三枝。然後，一群男子們，手牽手，作環形，繞着蓆子旋轉，一齊唱咒曲，反覆朗誦，一直至主迷者由無聲的靜態，至動手舒腳的起来——迷成了為止。入迷者普通玩音樂，或表演技擊。總之，其声調，技能也並非他的稟賦与習得。

附錄迷仙咒曲如下：(A)迷三姑咒曲——「三姑姐，三姑娘，人人侍姐好名香。三姑落陰手擺臂，莫擺臂，落陰司。陰司因果地，因果地堂尋。尋着親人問口講，講真說话轉还魂。小蓮妹，大蓮姑，蓮姑蓮妹妹，今年蓮妹初三歲，请起你，请你浮来做生理。八月秋，姊妹齊全来趁秋。姊妹同心十一二個，兄弟同心十個来。帶得来時帶得去，帶返同心瞭(遊)玩意天台。人话天台真好瞭，條條(花街)行過轉回鄉。手又泱(顫慄意)，腳又泱，慢慢過了哩道鳥沙掌；手又搖，腳又搖，慢慢過了哩座奈何橋……

(B)迷八仙咒曲——「一请玉皇天大帝，二请慈悲观世音，三请虚空神過往，眾位靈神听事張。凡間有八位仙童子，想来天上瞭浮雲。未知何處尋仙路，煩眾靈神帶到此方。又请日月星辰照水底，照着龍王殿上聽端詳。龍王即把差公子，你今去请佛爺王。佛爺即把差徒弟，你今去请八仙郎。師徒前往清宫見，望見八仙同着棋。

第一位，漢鍾離，崑崙山上念阿弥。荷仙姑，藍采和，韓湘子，及吕洞宾同着棋。第一蝦精無道理，國舅含烟噴水滔。水龍王，上天奏玉帝，家臣凛凛齋。齋请到，曹國舅，張果老，鉄拐李，手執火葫蘆，一燒燒到底，二燒燒到泥，鱼精蝦卒变成泥。蛇龍在草地，草地眾蛇龍：：：降仙先降已，斬竹圍園迷降仙，問你竹長和竹短，問你竹牆和竹樹，長師短師，七十二歲為老師」。

(C)迷蟾蜍咒曲——「蟾蜍仔，蟾蜍王，出来跳地堂，跳過碎碎嘣跳得起，是君子；跳唔起，引笑人。燈盞切向薄對薄，泥沙泥法化為塵。」

從上述迷仙咒曲的內容看來，完全充滿神鬼觀的。完是利用人類迷信神鬼的脆弱心理，施以催眠術的作用，而迷得手舞足蹈。普通一個較愚蠢，較迷信的男女特別容易迷得成功；但碰着較聰明，有智識的人，是絕少迷成功的。由於村人的新智識日趨普徧，迷信心理日漸減少，故迷仙的風習，近來很少舉行，年青的一輩，甚至各種咒曲也不會念了。

B.普通魔術　普通魔術的施行，必根感應律，象徵律和反抗律三種原則，本村的迷信有魔術性者，也可根據此原則而分為三類。

I.感應類　以為凡曾經互相接觸過的兩物，離開後也能互相感應的。例如村中婦人，她們每當家人（尤其小孩）有病，以為其靈魂飄留於外，便在門外，在土地廟，或在病者受驚生病的地方，拿病者的衣，焚香秉燭，喃喃念咒語，隨念隨擺衣撒米，直至念到：「……同年歸來，唔駛驚，唔駛狂（驚慌意）。撒米簌簌，同年歸到屋；撒米堂堂，同年歸到床。歸家為山，以衣覆病者，以剪放衣頭，這樣叫做喊同年。同年是靈魂的意思，愚蠢的婦女們以為衣和靈魂曾在病人身上接觸過，故持衣念咒辭，則可招回失去的靈魂，而病者就會痊愈的。

2. 象徵類　這是模做的魔術，可分二種：(子)同類相生——例如本村婦人以為丈夫或兒子之沉迷嫖賭，必有小人誘惑，或魔鬼家人有病，以為魔鬼作祟。於是作紙人或草人，以象徵小人魔鬼，在神廟裡，焚香告神，念不規則的咒語，以破鞋擊之，跟着焚之，或送往三岔路口。她們以為這樣，就可擊走小人魔鬼，使沉迷嫖賭或患病者，精神即可恢復正常。(丑)同類相治——例如小孩為犬或人所嚇病，則取該犬毛貼於小孩衣袖上；或取該人口液和水令小孩飲之，則病可愈云。

3. 反抗類　這是一種以較高的力，制服較低的力的魔術。如村人新屋落成，或遷居，恐有魔鬼潛留屋內，則延巫念咒，燃爆竹，貼符籙，以驅鬼怪，這叫做出耗，耗是鬼怪凶煞的意思云。

第三節 風俗與習慣

風俗與習慣是一種傳習的民俗學，由於農業社會的停滯性，和由此而生的農民保守性，它們在農村特別易於保留的。茲述本村諸風習如下：

一、婚姻 媒妁婚姻與買賣婚姻在這裡還頑強地保留着。婚姻的過程普通經過這樣的手續。a.送年庚—普通由作媒者拿女方的年庚送給男方，後者經占卜後認為可配偶者，叫「合要」；又經過問接「查親」後，則行相攸。 b.相攸—男家往看女子的容貌者，叫「睇新抱」（媳婦叫新抱）；女家往看男子者，叫「睇女婿」或「睇家事」，這是注重視察男子的經濟情形的。 c.聘禮—叫大小聘，也叫「行茶」，因其用檳榔茶果及餅類之屬為禮也。女家則將男家送來之餅類分派親友。受餅者則於女子嫁時，送物餞別，叫「送手巾」。 d.報日—又稱送日，即男家擬擇吉日迎娶，遣媒預告女家，徵其同意也。

E.婚期—普通為三天。第一日男家開始作各種迎娶工作，叫「開廚」，是日並以豬肉喜酒禮物送於女家，叫「贈廚」。女家當以該種食物讌親屬，叫「食落閒」。次日為娶日，早上女家搬嫁奩至男家，然後男家隨以鼓樂花轎往娶，惟新郎例不親迎。須備「掩門錢」一封，交女村耆老，以示請其放行云。（六）巫術——男子冠禮，行於娶日的一清早，叫「上頭」，也叫「脫鍵」。意謂孩子的時候，要受父母約束，從今婚後，就是成人，可以自由了。這種儀式的舉行，要新郎跪在地上，由巫師主持。新婦歸來，花轎暫停門外，也由巫師向她行「解穢」或「驅邪」的儀式。至於婚夕的拜祖，先由新郎与主婚者經過行禮後，始由新婦出堂謁拜祖先，惟無新郎新婦交拜及合巹這禮。

統觀本村婚姻儀式，實屬繁縟，積重难返，改革不易。而新式结婚者迄今無一。向之例須飲遍親屬，動輒百人以上，增加婚费不少。幸自戰後，以物價高漲影响，此例已除，减輕结婚者負担不少。至於通婚，多行於和睦的鄰村。如与園屋廈，蔡边，大蔚莘村為多；若与本村素有仇隙之外村，如水口，金美，还不珠瀝等村，則通婚很少。

二、凶喪　繁褥之凶喪儀式，普通行之於已結婚而死者。夭亡者則簡單埋葬。

人死未入殮前，服孝者例去河边，投錢於河，然後取水（叫買水）回來洗死者的面，意即洗滌塵世污濁。跟着入殮出殯，（停柩較久者甚少）召巫師開路安魂，並請鼓樂，用日本鼓吹，幾過洋樂送喪。設靈於公共陰廳（間有設於家內者），七日必奠，至五七則化靈（即燒神像）送神主入祠為止

関於東莞送喪，皆用日本鼓吹，幾過洋樂者，實起於李用。據東莞縣志：「……（宋末）德祐二年，（李）用使其壻熊飛起兵勤王，而身浮海至日本，以詩書教授日本人，多被其化，稱曰夫子，年八十一卒。日本人以鼓吹一部，送喪返里，至今莞人送喪鼓吹，幾過洋樂，樂人皆倭衣倭帽以像之」

過洋樂声調淒越，相傳從前廣州曾舉行一次玩奏樂器比賽，冠軍為某縣樂手所得，正欲奪錦歸去。東莞樂手落选，嫉妬之餘，乃吹過洋樂喪曲以送之，音調絶妙，諸評賞者皆感動擊手節，乃

即以某縣冠軍轉换東莞樂手云。

又石龍在淪陷期间，有一隊日軍看守石龍鉄橋。一天，有一隊東莞樂手經過，日軍令其吹奏娛聽，其中一樂手素恨日軍，乃吹過洋樂，表示送日軍死亡；殊不知此樂来自日本，日軍已聽切悟，大怒之下，痛打該樂手一頓。由此可証明過洋樂確係自日本也。

三、節日　農村的節日，也富宗教或神道色彩。茲將本村一年中所過的節日列后：

1.過年—元旦的熱烈狂，是一般的習俗。那日，村中男女老幼，穿紅帶綠，互慶新年，大家不能以凶兆不吉之成語談說。初二為「開年」，初七為「人日」（相傳上帝造人的日子）都很熱鬧。

2.元宵—正月十四五兩天，為本村賽会，抬洪聖和觀音出遊，紅男綠女，奇物異宝，鼓樂喧天，人山人海，並演木偶戲助慶，極形熱鬧。

3.土地誕—正月二十為土地誕，是日延巫奏樂，以祝豐年，並食艾糕，以辟邪災云。

4、清明—家家製鬆糕紅糰為祭品。掃墓詳情已見第四章第一節。

5、佛誕会—四月八日本為佛誕会。本村多製水糕水糰為節品，以慶插秧農事完成。

6、端陽節—此節正當青黃不接之時，農家叫它「窮節」，但仍裹粽殺家禽作慶。婦女並以五色絲線織「臭丸囊」，給小孩佩帶，謂可辟邪云。

7、乞巧日—此節除「姊妹間」的女子作乞巧活動外，村人對之不甚高慶。

8、田了節—七月十四為田了節，因夏造已收穫，做糕設饌，頗高慶。又因是日本為盂蘭節，為超度無主孤魂的日子，故各支大族，例入祠奉祭，叫「祭無祀」。

9、中秋節—此節高慶与各處同。兒童提籠賞月，叫「遊耍檮」。相傳是夜備幾枝烏杭入廁吃了，便可不怕鬼云。

10、重陽—也製鬆糕紅糰為祭品，並燒豬往祭，叫「燒金豬」。情形已見前。

11、冬至—叫「做冬」，晚禾已收穫，村人慶祝此節頗隆重，飲讌頌豐。從前私塾，例以此日為結業期。

12、酹神—此節普遍於臘底舉行，以酹謝一年來之「神恩」，多製年糕年餅，並殺鷄以祭。

13、小年晚—十二月二十四夕，設糖、蔗、酒等物祀灶，以送灶神上天云。

14、除夕—家人聚飲團年与別處同，惟小孩们則拿熟卵，隨行遊歌，叫「賣懶」，亦取賣去懶惰之意。

由上述各時節看來，實無一不与「神」的觀念有關，蓋在農業社會裡，人們所關心者惟豐收与禍福，這些命運，無知農民以為都操縱於神，也就不能不乞靈於神，從而生出了各種神道性的時節了。

第六章 結論

中國農村社會，自給資本主義侵入，影響而呈崩潰態勢後，許多研究農村經濟，和農村社會的學者或機關，都作過了不少的農村調查研究。他們大多數自封於社會現象的一種表列，不嘗深入了解社會結構的本身。或調查側重了生產，而忽了生產關係。因此，他們把許多農村現象，視為促進農村腐解的重要問題，而把握不住最後的根本原因，社会組織基点的原因。

今日中國農村社會的問題，並不是自然的，靜的技術問題，而是人為的，動的社會關係，這種社會關係，是以農村土地經濟為內容的。它決定整個農村社會的諸現象。我經過作這篇調查研究後，更証明了這觀点的重要。

本文的經濟機構裡，員溪由於土地私有制的存在，少量的土地也分得零碎，遂促成小農經營，造成農業資本的缺乏；促成了租佃制度，產生了大量佃農，生活困難；這給予了高利貸資本活動的機會。反過來又加深了農村經濟的危機。可以說，土地私有制实是中國農村社会改進的唯一阻碍。員溪的情形也就说明了這一点。

農村家庭組織的大小，受耕地面積的多少所決定；換言之，農村中的経済因子決定農村家庭的形態。而且，農民的離村現象，甚至婚姻状况，也是由它来決定的。這点，在本文的家庭与人口的研究中，也都充份証明了。

農村社會組織是建基於農村経済之上。在員溪來说，假如破坏或消滅了嘗産制度的存在，家族関係就失去了强度維繫的中心。農村経济如改善，則男女團躰的組織与活動，由於教育的影响，當有新的形式与内容。自衛組織的企圖，是保護土地私有制下的農產，来壓抑貧農的饑饿行為的。

農村教育是依附於實際社會基礎，農村経済的发展，也就影響於農村教育之盛衰。員溪的教育状况也証明了這一点。

至於農村的宗教与風俗習慣，也是附麗於農業経济基礎的。

因此可以说，農村経济是貫穿一切農村社会現象。欲解決農村诸问题，非從農村经济着手不可。

（出自中山大学法学院毕业论文，一九四七年）

肇慶黃江之農事調查

肇慶城東門福音堂梁寶森來稿

黃江乃肇城下游基圍。。沿基以下。。烟戶甚多。。黃江之內。。鄉村亦甚稠密。。該處四面皆山。。村民向習耕作以爲生活。。而農業情形。。因地而殊。。卽其鄉村亦因地而異。。其鄉村可分爲三種。。其一基圍之村。。其二瑯村。其三山村。峽上海邊之沙坦。。地土肥美。。俱植桑蔴。。故黃江以下之村。。多數以桑蠶爲業。。隔桑地稍遠之村民。。則藝菜圃。。其地之廣。。可謂平疇相望。田連千陌。凡日用通常之蔬菜。按時種植無一不豐收者。。四五月則以粟米白豆爲大宗。秋冬以潮洲芥菜。。黃芽白爲大宗。。有小部份種青蒟。。五月下種。。週年均有收穫。。以黃江覃渡頭等處爲最。。附近有菜墟二處。。每晨一般村民便挑蔬菜到墟地出售。。日用生活均賴此焉。。近山一帶。。如七星巖等村。。不見桑蔴等植物。只禾田芋田。暇時男則養鴨。女則採柴。鴨羣多在溪邊水濱。以粗飯和粗糠爲飼料。牧鴨家云七十日可出市。此等山村生計最苦。因連年歉收。缺衣乏食。未曉當用何法以補之耳。三者之中。尤以桑蠶之業爲得利。觀土人耕作。大都本其經驗所得。守其舊法。並未有何種改良新法。鄉村農業。想比比皆是矣。再者近處軍屯。前曾辦過農林試驗場。弟曾親到該處參觀數次。其面積甚廣。交通便宜。鄰近皆桑地菜地。今則遍地荒寂不見有人料理。未曉何故停辦。弟所到地方甚多。少見女子耕作者。而本處犂田鋤地及一切田工。女人居其多數。此亦肇慶與別處不同之點也。常見農家多養猪隻。取薯藤茜草和米羹粥飼之。少有用糠。肇慶風俗。每喜慶事必用鵝。故養鵝至多。聞水坑鵝仔較肇城鵝仔成績更好。故水坑產的每隻價高一二毫以上。此爲本處農事情形。陳述多不週到之處。祈爲見諒。

（出自《农事月刊》第三卷第四期，一九二四年）

國立中山大學法　學院

學生畢業論文

題目 龍村社會調查

學生姓名 林　緯

一九四八年

指導教授 劉　棨　審定

分數 90

中華民國　　年　　月

四 婚姻

五 喪葬

六 坐月

七 疾病之治療

第五節 村民之娛樂

一 定期之娛樂

二 不定期娛樂

第六節 宗教

一 神

二 鬼

表目

第十三表，龍村人口每五歲分組性別年齡分配表。

第十四表，龍村十歲分組人口年齡與各地農村比較表。

第十五表，龍村人口按家[illegible]伯[illegible]美多數之年齡分配表。

第十六表，龍村人口依性別分組之年齡分配表，

第十七表，龍村村民婚姻概況分配表，

第十八表，龍村初婚年齡結婚率分配表，

第十九表，龍村村民結婚年齡分配表，

第二十表，龍村人口平均結婚年齡與各地農村比較表，

第二十一表，龍村夫妻年齡關係表

第二十二表，龍村村民離村年齡分配表，

第二十三表，龍村[illegible]村村民家庭關係分配表

第二十四表，龍村村民離村職業分配表。

第二十五表，龍村親族家庭世代分配表

第二十六表，龍村親族家庭人口親屬關係表

第二十七表，龍村親族分支人口表分配表，

第二十八表，龍村親族家庭大小與各地農村比較表，

第二十九表，龍村經濟家庭人口數分配表，

第三十表，龍村民教育程度分配表，

第三十一表，龍村職業者與各地農村比較表，

第三十二表，龍村村民職業地位與職業介入表之關係表，

第三十三表，龍村家族組織系統表，

圖目

第一圖，龍村地位圖

第二圖，龍村形勢圖

第三圖，龍村以前各土著部族分佈圖

第四圖，龍村人口年齡之金字塔圖

第五圖，龍村村民妻室出生地分佈圖，

第六圖，黑紅護盟勢力分佈圖。

緒論

(一) 調查之目的與範圍

新近二十餘年來，農村社會已漸漸引起了一般國人的注意與研究興趣，一般中外學者於各地農村中先後也作過了不少零碎片斷的調查，但這些調查，多半是偏重於農村經濟方面，對農村之社會調查，則仍甚少見，雖然農村經濟是農村社會的基礎，是研究農村社會的重要部门，但我们如欲對我國的農村社會得到一個全面的了解，則除了經濟之外，對於農村社會組織，社會關係，社會控制等，亦不能忽視，從這些研究中至少可以使我们對於中國社會之性質，及其發展途径的問題，得到一個更清楚的認識。

我國自五四運動以後，反封建之思潮日高一日，改良農村生產方法，生產關係之倡議亦日益普遍，然大部份農村仍是停滯在封建形態中，農村生產方法，仍是沿襲古老的方式，地主與佃農間的不合理關係仍是保留着，同時自民國以來全國農村，外受帝國主義之侵略，內受軍閥內戰及八年抗戰直至現在，一連串長期之諸捐雜税，加之政治之黑暗，貪官污吏之殘酷剝削，及历年來之水災、旱災、風災、虫災、疾病等之要情襲擊，更使整個農村經濟頻於破產，農民的生活完全陷於水火之中，並農村社會之封建形態，仍屹立不動，即有變化仍甚微弱。此究是什麼原因呢？當亟明瞭這些原因，必須農村能獨有之社會組織，社會關係，社會控制等諸方面去研究探討。

作者這篇論文，雖然係對龍村社會作一般的調查，但作者乃從社會學之觀點出發，對材料之蒐集，與內容之敘述，均偏重於社會組織，社會關係，社會控制，村與村間之關係，及村民生活狀況等四各方面。故在篇中第六章龍村之社會關係，第七章龍村之社會控制，第八章村與村間之關係，第九章風俗習慣娛樂與宗教等各章較為着重，而對龍村之地理與歷史，經濟，人口組織，家庭，及教育等各章，都較列為次要，作者之意只把這些項目當作輔助之研究，藉以更明瞭龍村社會之概況而已。

二 調查的方法與經過。

這篇論文的材料，是作者於民國卅六年暑期回鄉村家鄉調查的結果，雖然在現在大多數農村的農民中，仍是富有保守性，此外性，與多疑的心理，對外來的人，往往保持着相當闊大的社會距離，而每每給予農村工作者最大的困難，但作者與龍村村民是屬於同一的社會集團，由於通過這層關係，故頗能縮短作者與村民之社會距離，而使調查的工作進行較為順利。

當作者剛抵家鄉農閒調查工作時，適逢是村民農忙時期，故對調查工作不得不暫時受到停擱，於這段時間，作者都利用來做宣傳與聯絡村民感情的工作，於此時期中作者每時隨着一般村民落田工作，與村民作閒劇談話，以探問幾年來家鄉發生的事件及一般的情形，同時又參加南北二社的拳館及音樂社，與他們共同學習拳術與戲曲，並代他們設法籌集經費，做起他們之顧問，通常又在自己的祖祠中，設立了臨時的住址，供給來祠笑談的村民之烟茶等應酬品，以聯絡一般村民的感情，同時又時於祖祠中傳設留聲機一架，於每晚間公開演唱曲片，或請南北二社的音樂社或學習拳術的村民，輪流演唱戲曲，或表演拳術，藉以博得更多的村民來想聽閱覽談，藉以此更縮短了作者與他們之社會距離」從而得到了些重要的材料，並得以乘機向他們宣傳了調查的目的，

當調查工作進行時，作者依全村血緣之遠近把之分成若干親屬團體，於每日中午及晚間二段農暇時間，攜備調查表親至各親族團體日常集合地點之祖祠，作個別訪問，並邀請每一親族團體中老、少、壯三種年齡的村民，共同代其親族團體內的人口、家庭及份子之年齡，依調查表各項作答案，這雖然多數是於間接的調查，但這樣間接調查所得之答案，較之直接調查，是同樣的有正確性，因為在龍村社會中，其人口之變動較安定，同時在同親族團體中，其各份子彼此都互有種種之權利與義務，致對彼此之情形都互為熟悉，尤其是同年輩的人彼此更能互相明瞭，致他們對其他親族團體內各份子所代答之答案，較之被調查者直接作答案都同樣具有正確性，甚當然。

作者於調查時，為避免引起村民之多疑心理，使之起了恐怖之防禦起見，故於調查開始時，先把自己親族團体內各份，及參加參館及音樂社社員先作調查之對象，以樹立調查之範模、同時遇有村民各業不忠實時，即公開指出其錯誤，識之者膽都消，而獎勵坦白者，當對每一親族團体於調查開始時，常先將此兩種人之相比較，作為談笑之資料，藉以引起他们發生興趣，抑壓他们之意懦心，發揚其坦白之勇氣，以防止、減少、他们對各業欺詐之成份。當調查中，作者因個人的時間與能力有限，故邀請南北二社二位曾受過中學教育程度，而熟悉村情，同時於同年曾同申請農貸而作過人口登記之堂叔族侄協助調查，使此調查之村料增加了不少的正確性，

於各項之調查村料中，如在村民之社會関係，社會控制，風俗習慣娛樂與宗教，等各項之調查，作者因是屬於龍村村民之份子，故對各個業之調查都是親眼所親見，耳所親聞，自所親受之事，故村料較富有正確性與妥當性，至於村民之人口年齡，婚姻，親屬

関係，親友，教育等各項之調查頗有正確性與妥當性之成分。但對於村民之經濟調查時，尤其是村民之耕地面積調查都無法進行，這因為從前共自給的龍村社會中，村民之生活威脅托在耕地上面，在一般村民的心目中，耕地無異是他們的第二條性命，在其歷代相傳之經驗中，擁有耕地者往往是被貪官污吏剝削的對象，尤其是在八年抗戰中，擁有耕地的農民，受到一般的剝削更屬苦，故使一般農民對其耕地之數量極力保守秘密，避免招致種種不利的事，非其至親之子女不得知其確實之數量，故作者只得把政府耕地清丈冊與村中舊圖之耕地冊作為根據，雖然這些材料有不正確之嫌，然作者對村民耕地面積只不過當作明瞭龍村社會補助，故雖有不正確之嫌，亦可蒙大諒呀。

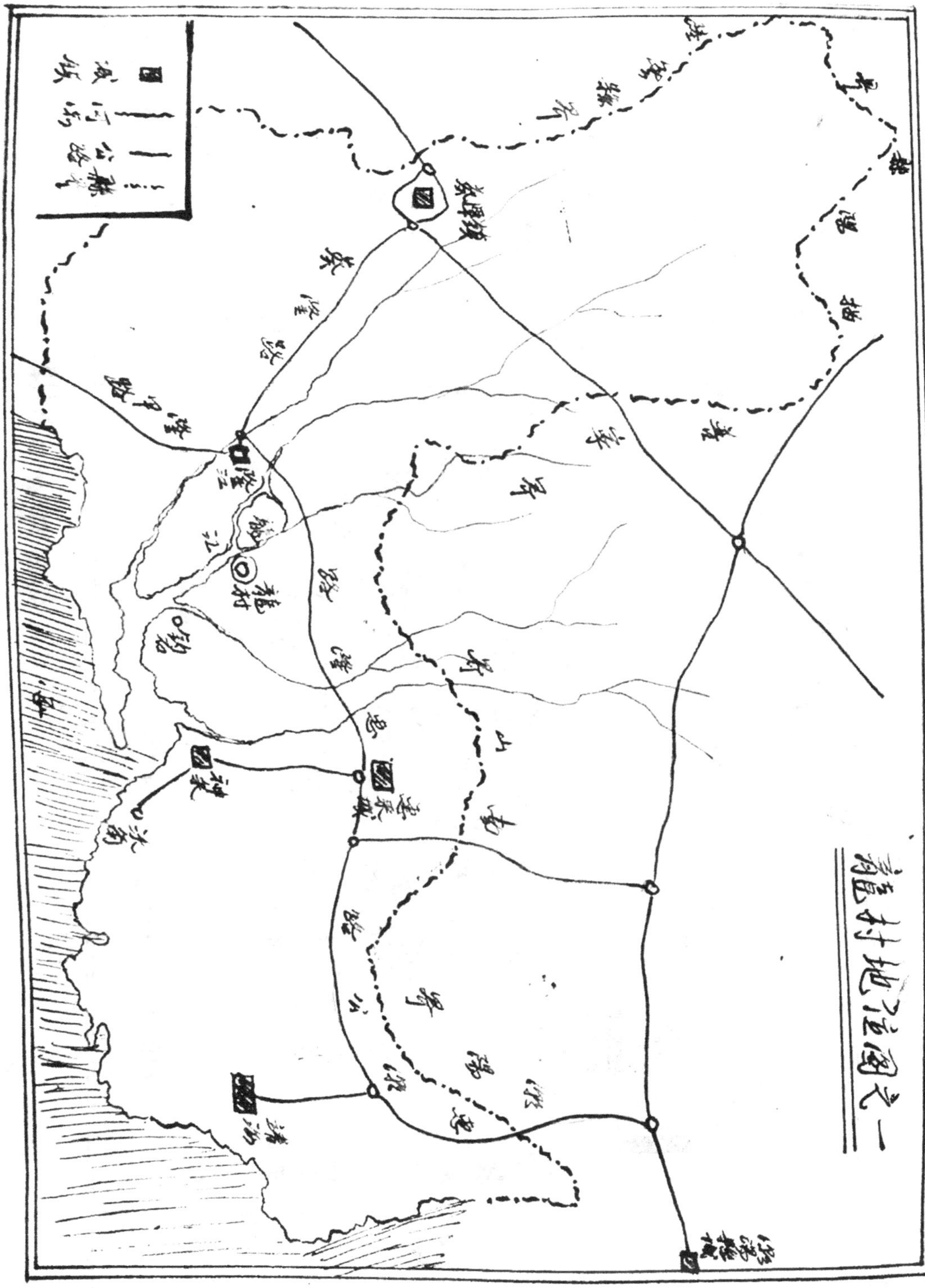
龍村地位圖之一
龍村

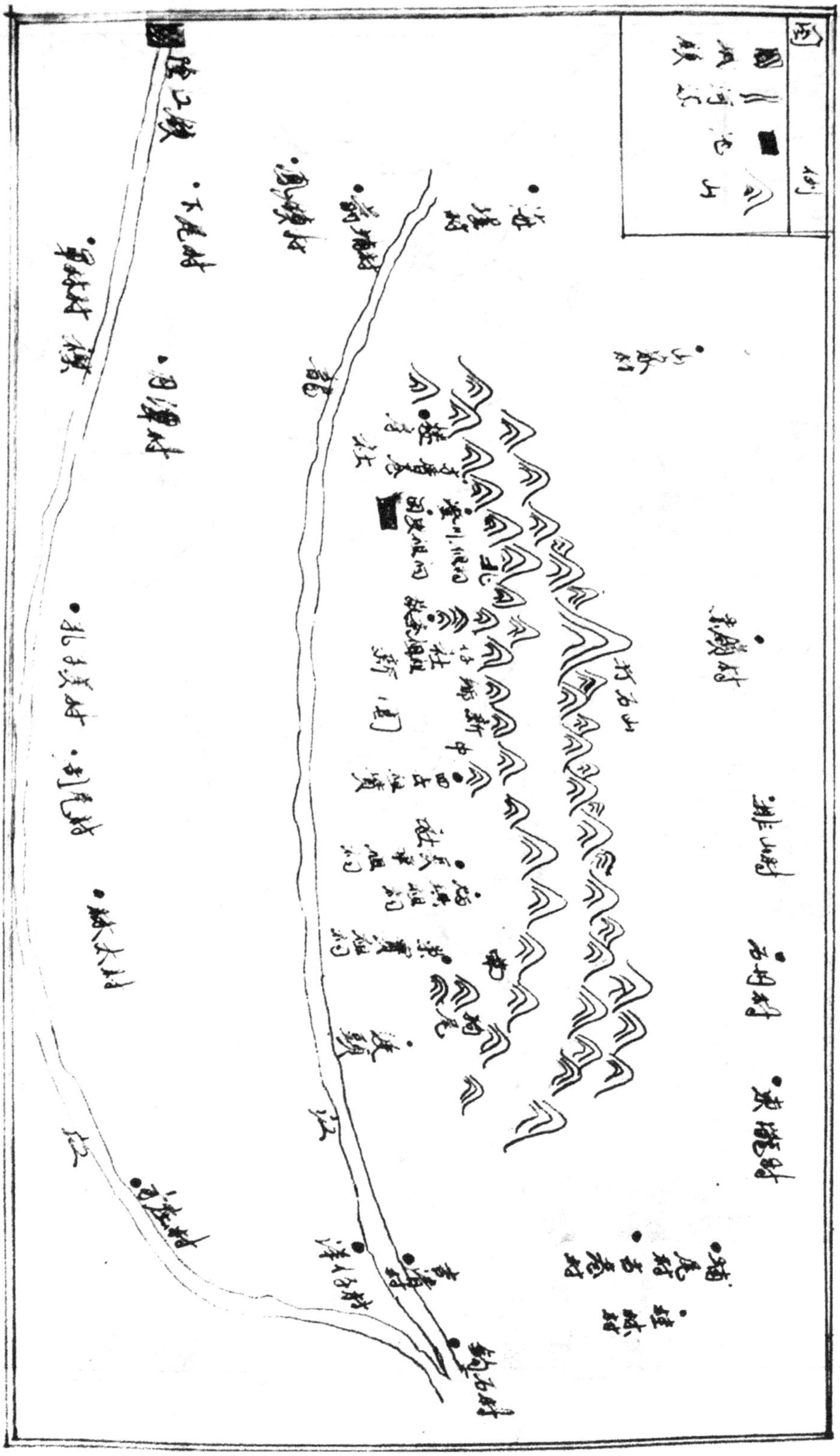
龍村形勢圖之(二)
圖例
山
池
河流
打石山
陸江鎮
下尾村
龍
江

第一章 龍村之地理與歷史

第一節 龍村之地理形勢

龍村位於粵省之東南惠來縣之西南，約處於北緯二十三度一分，東經一百一十六度三十五分，地當南嶺餘脈與緦鋪平原之接觸點，全村依山構築，勢若弓形，境內多邱陵，高低不一，依地勢可分為：南、北、中三社，背山面水，山多森林，風景優美，村後有大山曰打石山，登頂峰，可為瞰，惠城及縣屬之隆江鎮與神泉港之全境，形勢險要，淪陷時日寇曾於上構築碉堡等防衛工事，企防止盟軍於神泉港登陸，及控制游擊隊之活動，村前有龍江及潆江橫流而過，灌溉便，且擁有兩江之沖積平原，土壤肥沃，農產頗豐，惜河流曲屈，河床過淺，出海之處過狹隘，致每年於春夏兩季之時釀成洪水為災，農作物之受害不淺，交通頗有舟楫之便。

第二節 龍村宗族之來源及其移入之時段

龍村的居民有三百六十四戶，一千六百九十二人，全村除二户為方姓之外，餘皆係同出一元同一祖先之林姓，可稱為一姓村落。龍村居民之移入係於宋紹興元年，村民之來源，據林氏族譜所載，居民係由福建莆田移來，其族譜曾有如下之記載云：「五李之末，宋受周禪未混一統，福建省屬南唐李煜，廣東省屬南漢劉鋹，時閩寇知作亂僭號稱王，入閩騷動，始祖通玄公與元齊玄達玄避亂入潮。謀奠厥居。」又云「通玄公卜居潮陽縣忠來都即今惠來縣塘邊鄉尋移居桂林村至四世祖南恩州推官，分居龍村。」由上之記載可知村民係來之福建莆田而其移入是於紹興元年。

第三節　龍村村民未入居前土著部族分居狀況

於宋紹興元年之前，龍村現在居民未入居之特，龍村係一雜姓村，由各不相同之姓氏聚族而居，依據仍有事實可考，跡象可尋者，當時居民的姓氏，有方姓、汪姓、李姓、拱姓、陳姓、洪姓、黃姓、廖姓、八族姓，方姓是住在北社之方居巷，汪姓是居於北社之汪居巷，李姓是聚居於北社之山背桂竹林，拱姓聚居於南社的榕樹腳，陳姓聚居於南社之走園，洪姓聚居於南社之旗福尾，黃姓聚居於村

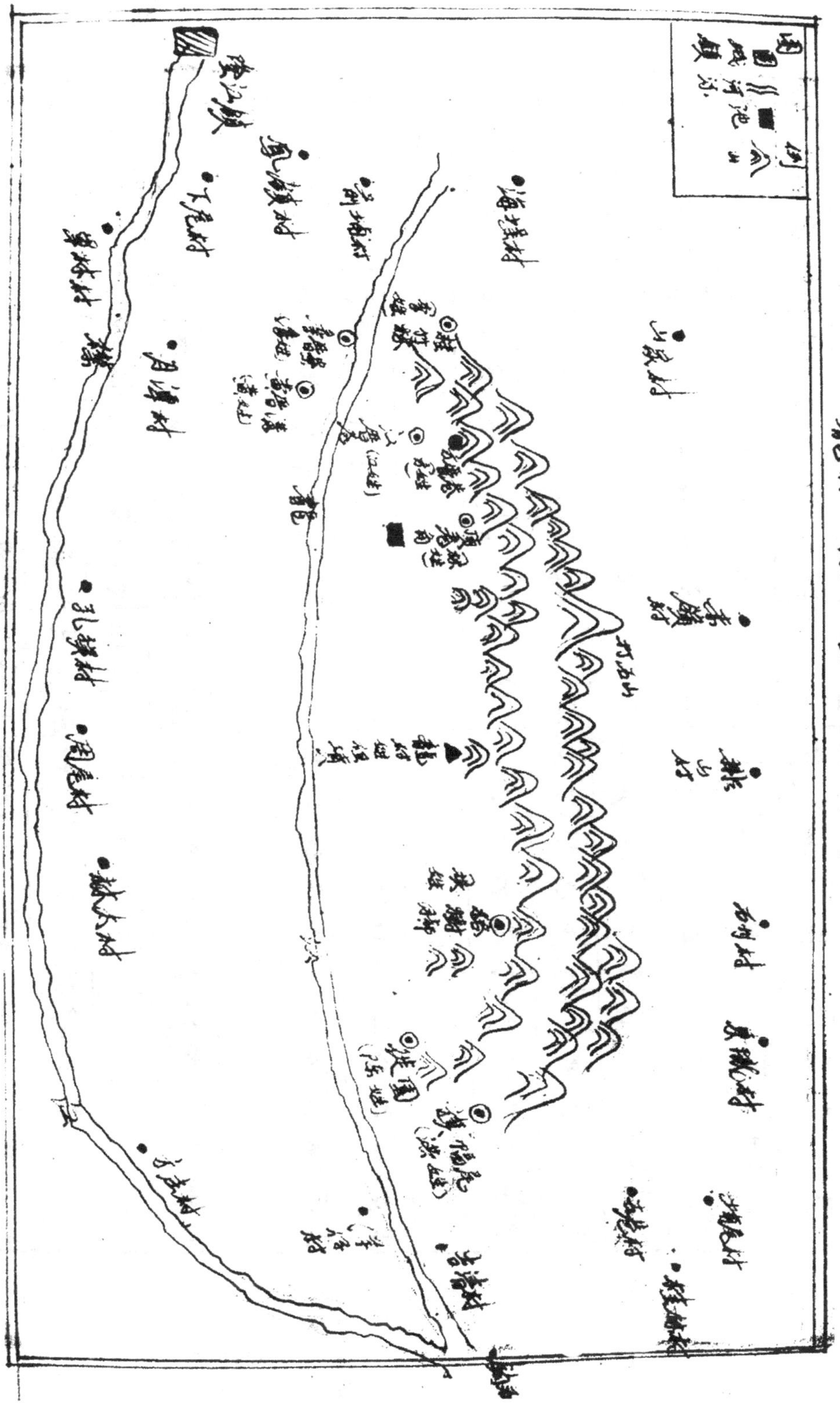

前之黃屋潽，廖姓聚居於現在村前之廖屋寮，當時各姓之中以方姓爲最強，現此八姓族中除方姓仍有數人之外，其餘咸歸消滅。茲將龍村以前各族分佈情形繪圖如下：（見第三圖）

第四節 從社會學的觀點上觀察龍村居民的興起與各族衰亡之原因

龍村現在的居民在以前各族中是後來者之客人，但以後卻成爲後來居上，取各族地位而代之，反客爲主，甚至更將各族消滅，形成現在一族之天下。

本來在每一個團体之間，各其生活而自尊，對外來之勢力總有排外性與不可入性之兩重性質，但現在龍村的居民，自從宋紹興元年移入直至現在不外數百年，但於此數百年中卻把生活於自供自給而甚少交化的，各族完全消滅，此基於甚麼原因呢？依目前一般村民所說；咸認此係其祖先建築祠宇先善擇風水，能得龍脈儀美之佳地，使其後子孫受山川秀氣所鍾，故瓜瓞綿綿，歷代久而子孫日益昌熾，反之其他各族都沒有龍氣的儀美之祠宇與之競爭，故终趋於衰亡。此都全会根据滑稽迷信之说，大凡事物之发生经过都有其因果法则，龙村现在居民所以能为盛此公族之衰亡者，亦应有其因果法则，试从龙村现在居民族谱世系上及其迁居之经过作一考证与探讨：龙村现在居民的祖先，初是居於驩村来七华里之桂林村，至其四世祖始移居龙村，据村民之传说云：四世祖擶公曾宦游南恩州推官，於赋闲家居时，喜山水、善钓矣，因爱龙村之风景，故谋奠厥居，由此可知龙村林姓之始祖系有关游缀之统治者，然复从其世系上考，现在居民之始祖，四世祖擶其父（即三世祖即宗祥宗时之进仕，宦迁大理寺评事，其祖父即二世宦为秘书丞，其子即五世祖宦游雷州参军，其孙（即六世祖）系南宋进仕，宦迁秘书正字，其曾孙（即七世祖）翼龙亦系南宋进仕，宦游秘书正字，其玄孙（即八世祖）系元朝进仕，以官之池州总管，由此亦可知，小独村民之始祖系当时社会之统治者，同时上至其叔父，下及其玄孙，历七代之久，亦当系一连串之统治者。由於龙村民之风光自明成百年之余，始入居龙村，至於及以前之大著数奇迹以非反抗，雖有俯首聽命，遂告回無願起，反並告入無想止，在這历五在代之久的統治過程中，終於使現在之村民很快滋長壯大起來。終於取以前各族之地位而代之。而成為現在之主人翁，反之在各土著部族中，屈於一連串無限期之被統治與剝削之下，終不得不歸之衰亡而消滅，由此可知，龍村現在之居民能以有今日之地位當、歸功於其優良之社會習慣，與社會條件所形成。

第五節 自民國以來龍村之變動

建立在自供自給之龍村社會中，其變動本是相當遲慢。然自民國以來，龍村之人无部無日不生活在苦難中；他們是時時受到天災人禍與兵禍之迫害，使良善之村民終日沐浴於血淚苦海之中使昔日富饒風景優美之鄉村，日日趨向於殘破與貧窮，而幾乎每年變來

變動較重要，事件表述之如次：

(一)民國七年武村受縣城地痞之洗劫。

龍村之居民因受祖先之餘蔭，於雄於周圍一帶村落之間，且又擁有村前一先之廣大沖積平原，較他村為富有，故時為一般宵

小之猶如潼迤，民國初年時，惠來縣之強有力之地痞流氓，乘當全國政治混亂局面中，各獨樹一幟，巧立名目，於鄉曲之間，橫征暴斂，任性勒索，民國七年，縣城地痞有方特養者，與獨霸龍村地主欺凌民，發生意見衝突，乃竟棄其小仇，以復嫂之其也民進龍村，將全村所有劫載而去。

(二)遭共產黨之焚殺劫掠——民國戊辰年共黨彭湃，起義於海陸豐一帶，後蔓延至惠來全縣，斯時共黨因信用李立三，錯誤之路線，用殘酷劇烈暴動之手段，以達其革命之目的。龍村村民因得先人之餘勢，且人口較周圍各鄉村眾多，村民亦較其他村落之人民富有，因之獨霸一方，尤其為周圍一帶鄉村黑旗盟之主動者，故為紅旗盟之村落暴橫不能消滅之仇恨，當時共黨進攻惠來城時，龍村因當其衝，最先被陷。斯時紅旗盟主要鄉村鳳鎮朱村有壞蛋者，為共黨黨人，遂乘機率村民至龍村大行劫掠焚燒唐殿，據陳氏族譜之記載，計當時被焚燒祠宇民房屋共九十六間，受難者十六人，男女老幼散於村野歷年餘方得歸還。

(三)民國三十二春飢饉與虎列拉病之流行

民國三十二年春，潮汕一帶因氣候乾燥，久旱不雨，田園龜裂，春耕無法施種，且於抗戰期間，沿海具被日寇封鎖，外來接濟斷絕，形成糧食奇缺，乃釀成空前之大飢饉，龍村係一向供自給之村落，其平日雖尚稱富饒，糧食仍可供給他村，並於抗戰之時，農民對政府負担過重，且於民國三十一年秋收不佳，致於斯時大部份之村民，糧食無不告罄，貸借無門，濟援具絕，乃不得不烟草採取草根與樹葉相雜開水而食，因是而致死者甚眾，據村民不正確之估計，全村村民死於飢饉者，其人數約有二百餘人之多。飢饉之後，相繼接踵而來者，是急性霍亂之流行，村民居多不關衛生常識，且乏醫藥之設備，故一經染疫，則唯有束手待斃，故是當時疫勢之流行益烈，死亡的人數更益增多，據一般村民不正確之估計，當時死亡於疫病之村民，其人數約有三百餘人之多，村中自經斯役，在飢饉與疫病交侵之下，死亡之人數共約有五百餘人之多。以龍村仟餘人口之居民，竟發生如此巨大之死以表日，其死亡率之高，诚足以惊人，其损失之巨，较之任何灾乱更大，人以疫病之害更烈，由此可知欲改良农村者，对於农村之卫生应宜先予以注意。

(四)沦陷期间之残破，

民国三十三年残暦岁末，继三十二年大饥馑与残烈疫病之後，使吾侖瑞之惨痛与残破，日寇进攻惠来县城，龙村因地处於惠来县城，隆江镇，及神泉港，三主要市镇之中心，且地势险要，可控制路海与内陆之安全，乃成为日寇驻扎之目的地，日寇更驻龙村时，力迫村民供其军粮，及一切日用品，且跟随日寇而来的无耻汉奸，更大肆作恶，乘日寇将崩溃之时大肆搜刮村民之财产，日寇当时为防上盟军於神港登陆，及避免受内地游击队之突擊，乃日夜於村背後之高山，打石山及大坪山构筑防御工事，压迫村民无代价的供给劳力，且拆除民房作为工事之材料，斯时全村之村民，不堪苦於给役，与上迫剥削，曾大[illegible]离弃村他逃，把全村耕地，[illegible]因村中[illegible]散村民，村民代季给困难，生活无清解决，乃时常劝村民忍耐与维护旧业，保护亲属坟墓与财产之安全，至该年五月以后，日寇全部西撤惠阳，该村幸得以保存，然经此役之后，全村到处弥满颓垣败墙，瓦砾满地，触目悽凉，亦村田是复陷于残破之现象中，而村民之生活，亦因之而沦于贫困之中。

上面所述之四种祸大事件，不过是最荦荦之大者，其于其他如贪官吏之剥削，军警之骚扰，盗贼之劫掠，灾害之交侵，等等不幸事件之发生，更是繁多不胜枚举，由此可知龙村村民自民国成立以来，在兵荒马乱，天灾疾病，诸灾害交侵之下，是过着多么痛苦之生活啊！！！

第二章 龙村之经济

概说。

龙村之经济，是以农业经济为主，最大多数的村民都从事于农业。村民之生活寄托在耕地上面，村民毕生之时间亦咸消耗在耕地上面，村民生活之优劣是决定于农作物收获之好坏，龍村田地位處於西嶺餘脈與龍鋪洋北平原之啣接處，擁有襟江與龍江西江之沖積平原，耕地肥沃，農產品豐富，故在以前滿清時曾被周圍一帶之村落目為富有之鄉村，以前村中所出產之農作物除供村民需用之外，是可大量供應其他之鄉村，但自新近數年來，每年兩季對農作物之收穫，都時受水災旱災風災及虫災等諸災害之影響，都告失收，加之為末因抗戰、內戰不斷的戰爭負担增重，且政治黑暗貪污風行，村民受剝削更甚厲害，在此種種因素交侵之下，給於促使了龍村經濟走向破產之途徑，使大多數之村民陷於無可訴告之苦痛中，而使自耕農不斷的淪為佃農，使衰日退化降低減少，而全無耕地或缺少耕地之佃農與半自耕農的村民不斷的增加着，貧窮的現象遍佈於全村之每角落，大多數的村民是沉陷於飢餓之中。

第一節 耕地之面積：

(一)調查之困難，龍村村民是以業農為主，村民全部之生命財產，[illegible]以耕地之上，耕地佔一般村民[illegible]

而，成為村民第二條生命，自民國以來國家處於動亂中，到處貪污風行，一切官吏對人民之剝削，多數以農民為目標，尤其自抗戰以來對農民之剝削更至慘酷，而擁有耕地者之農民受剝削更為慘痛。故一般農民從經驗中体驗到向人家說出耕地數目，對有自己是有害而無益。故咸係守秘密不隨便告訴他人。故欲作確實調查全村耕地，實難進行。

(二)村料缺乏妥當性：作者因感到對全村耕地面積之調查無法進行，乃不得不以政府所清查丈耕地面積之材料，及龍村守舊派對村民耕地登記之材料為根據，但這兩方面之材料都有乏妥當性的地方。第一政府對龍村耕地之清丈是在民國二十年，時間距離過長久不能隨耕地之變動而變動。第二所有耕地之清丈都不正確，斯時政府所派出之清丈員多係貪污之徒，村民得從中賄倩人員要求把自己的耕地遺漏不要清丈，或者把面積減少，故全村耕地面積於當時已不能得到正確的數目。第三龍村守舊派對村民耕地之登記是也於民國初年，雖現在已有三十餘年之久。其中國農田不斷的更易，故登記之面積只有逐年減少並增加，直至現在民政府耕地冊裏登記數目更少，而更不正確。雖然這些材料陳舊而欠確實，但由此亦可看出全村總耕地概數。

第二節 耕地種類及面積

龍村之耕地大体可分為四種——

一、水田：是龍村村民最主要之耕地，每年可有二次至三次之收獲。這一類耕地面積根據政府清丈冊之記載，最初清丈時有一千二百畝，但現在因買賣負擔，屢經變動，數目日見減少。此多係住民為逃避受種種剝削之故。例如村民甲把耕地典與乙，或已典賣至鄰村，則甲把此耕地呈報保長把耕地取消，但乙則未向保長補登記。其次龍村保長時為大地主把持，其為自身利益起見，暗中做此把自己的耕地從耕地冊中取銷，故至現在全村水田耕地面積只存有九百陸拾二畝五分，但據一般村民不精密之估計全村之水田耕地面積大約有二千畝之多。

二、菜田：是龍村村民次要的耕地，每年只能一次收獲，其面樣村中守菁隊曾調查之登記，約有五十石七斗五升九分種（每二斗種折合一畝），若以畝計算有一百一十五畝之多。

3、旱地：此類耕地大半在山地中，時受氣候的影響，似屬懸殊性質，故未曾有任何之登記，故面積無從根據。

4、草田：此類地（耕）處於江邊中，專門種植蘆葦，全村每年之出產有一千五百担之多（每十担可折合一斗種每二斗種可折合一畝）。故以畝計面積約有七十五畝之多。

一 第三節 農（作）之活動與勞力之利用

(一) 農作之活動：龍村因耕地複雜，農作品物繁多，農作期參差不一，故龍村村民農作活動甚為繁忙，龍村農作物之種類都以米蕃薯為主，其次者為大麥、小麥、黑豆、綠豆、黃豆、花生、芋、蘿蔔、蔴及蘆葦等等，各種農作物之農作期，都是受季候所限制參差不一，村民之農作活動亦隨四季節不同而有忙暇之分，每年於立春之時，村民利用冬田之閒，散而種植黑豆、黃豆等豆類，同時並施以（肥料於）前年霜降時或立冬時所種植蕃茄。春分後即開始播早稻種籽，同時又播旱地中種植花生與各種蔬菜，至清明以後，村中開始引水灌田，並做犁田鬆土工作，同時又須從龍江支流搭河堤以增加田土，準備插秧工作，至谷雨時又開始播撒田種籽，至立夏時則是為要黃豆、蕃薯之收穫期，同時又須犁田插秧（早稻），小滿後村民又忙於耘田草，除旱地耕地豆草，並於旱地空着的耕地種植蕃薯，至芒種時即在耙犁深田田土開始插秧。達夏至時又須播晚稻種籽，小暑後快熟早稻即可登塲（普通早稻成熟的時節大約八十天），同時又是花生的收穫節，至大暑時全部水田早稻皆已成熟，為早稻的收穫期，此時村民甚為忙碌，他們把早禾收穫以後，又再開始犁田鬆土，再插下晚稻秋，至立秋前後三日內，是此項工作最忙碌的時候，處暑後又開始耘田草，同時此時又是旱田耕地蕃草之收穫節，村民忙於刈蕃草稻草等勞碌之工作，白露秋分後是晚稻秋生長最快之時節，村民於此時候即施肥以助其成長，同時此時將旱地之蕃薯已達收穫節，收穫後即開始種蘿蔔及其他之蔬菜等等工作，至寒露霜降後，晚稻即開始結穗，村民有些會又予允培植蕃薯茎於水田裡，準備晚冬登場後即做冬耕工作，同時又須種草田之草籽。立冬後便是晚稻而保田稻成熟之收獲期，秋收後即中開始整理預先培植於水田之番薯苗的工作，冬至後到開始種麥，同時又是蘿蔔的收獲期，村民又忙於切蘿蔔絲與曬乾的工作，大寒小寒兩季節後，村民除須耕耘草田之外，其餘的工作大体都告結束。農暇即從此開始。終年勞碌之農民於這時才可得到喘息的機会。

在上行述各季節之農作活動期，不過是舉其大概而已。村民最忙碌的時期是從春分播早稻秧直至寒露為止，這段長久時期是村民工作最緊張之時期，這一段時期中，如果遇到旱天的話，村民不獨整天在田下工作，同時每夜晚上又須伺候水庫水灌田的工作，其農作實甚頻忙，在村中曾流傳一句俗語云「神仙難究龍村工作」，從此俗語中便可以看出龍村村民忙碌的狀態

茲將各農作物之活動時期列成一表如下：

龍村農作物歷表之（一）

國曆	節季	農作活動時期
二月	立春	黑豆黄豆之播種及插番薯作物之肥料
	雨水	
三月	驚蟄	插種早稻種籽用時又於旱地耕地種花生
	春分	及蕉果苗
四月	清明	引水灌田犁田耙土準備早稻之作
	谷雨	插秧深田秧種籽並插早稻秧的時期
五月	立夏	黑豆黄豆番薯之收穫期及耕早秋的時期
	小滿	耘田草及除去旱地之花生草並種植番薯作物
六月	芒種	插深田秧
	夏至	播晚稻種籽
七月	小暑	早稻快熟收穫期及花生之收穫期
	大暑	早稻收穫期晚稻插秧期
八月	立秋	晚稻耕秧期
	處暑	耘田草及旱地耕地番薯的收穫期
九月	白露	施稻作物的肥料及旱地耕地旱草之收穫期
	秋分	種蘿蔔及冬種蔬菜
十月	寒露	培植番薯於水田耕地中及培植旱田耕地之
	霜降	草苗
十一月	立冬	水田耕地及深田耕地播穀試培時期
	小雪	蘿蔔收穫期並整理番薯作物及施肥
十二月	冬至	種麥
	大雪	耘草田耕地之新草
一月	小寒	仝上
	大寒	

農作物長成之過程

- 豆類的成長期約九十餘天。
- 花生之成長期約百餘天。
- 晚稻秧成長期約四十五天。
- 番薯之成長至收穫期約有百拾餘天。
- 早稻秧苗成長期約四十五天。
- 深田秧之成長期約四十五天。
- 早谷之收穫期約九十天。
- 早稻作物之成長期約[illegible]天（九十天）。
- 深田耕地稻成長期約百四十餘天
- 晚稻成長期約九十天
- 蘿蔔成長期約四十五天

註：表示勞力缺乏幾乎家神牌亦要搬出來

（二）勞力之利用：龍村之勞動力於平時是有自供自給之可能性但龍村勞力之利用是追隨著農作活動，而農作之活動是追隨著農作物之生長過程，而農作物之生長過程是一定要與適宜之氣候相配合，故勞力之利用又是隨著節季而變動，雖然龍村之勞動力於平時是呈自供自給之現象，但有時都是過剩，有時都感缺乏不足，例如從舊歲未入寒時開始直至明年歲首，這時期是村民唯一農閑時期，在一般村民中除少數村民勤於生計販鹽趕墟集或耘草田雜草以外，大部份是閑著無事。但一至七八月大暑而交秋之間，尤其是立秋前三天而秋後四天中，此段短促時間村民一方面是忙搶收獲早谷，同時又是晚稻插秧最適宜之氣候，在這兩農作期繁遽著交登之時期中，是全村一年一次勞動力最感缺乏之時期，此時全村男女老少地主佃農咸需務田工作，非常忙力碌，故村中俗語云〃：六月早稻忙，家中神牌搬出來。註（一）因為此時之中，勞動力是很缺乏的。例如今天剛刈完早稻，明天便要犁田鬆土施肥拔秧插晚稻。大家此時都怕过了這立秋的節季，因為插晚稻一过了這季節時，將来晚稻的谷穗一定結得很少，影响將来的收獲。在這一時節中，不獨龍村的農田需要如此，就是在周圍一帶村落亦是這樣。故对於不足之勞動力又会得補充，所以在這時節中，若需用勞動的人，須於農忙期前一月預先僱定，若到這時是不能僱到的，又有把插晚秋的工作當到處暑時才去完成。在這時候一般無力僱用勞動力的佃農所需要勞力來幫他完成耕地工作者，他們則事先與其他的農人互相換工（或稱調換工制）。例如甲家先向人刈稻十天，即等甲家的稻穀已熟需要收獲，同時又需插晚秋時，則必有十人來幫助他工作，在這時節中除了人的勞動力缺乏之外，对牲畜的勞動力亦是感到非常缺乏。全村可耕的耕牛，大約只有五十餘頭，每頭牛的工作效率每日只能犁及耙田一斗種（折合兩畝）。全村以二千畝田計，需要二十日以上方能犁耙完全部耕地，在這百物騰貴之今日，牛每頭價值約三千餘萬元之多，幾乎等於每一村民之全部財產，故他們对於自己的耕牛是非常寶貴，不輕易讓自己的耕牛給鄰村使炎炎的夏天整日工作，除承負需要犁田之外，多不受外人借用或僱用，故在這短促的農作物交換替時中，牛亦是村民最感到十分缺少的勞動力，由於牛的缺乏，故促成人的勞動與牛作不等價的交換，例如甲家用牛一頭代乙家犁田一日，乙家需要代甲家做工八日，即以擁有耕牛的農人在這農作最忙的時節中，是不怕缺工人的。

村民勞力對於男女工與童工並沒有明顯的劃分，日常男女做的工作女工亦是同樣的做，但就普通而言，若男女工合作時，男工的工作較為繁重，而女工則較輕易，例如於割稻時，男工是管擔谷，搬運谷等工作，而女工與童工則是管割稻，搬稻禾等工作，於挿秧拔秧時，多半女男工與童工合作，而女工多是從事料理，接谷及家務等工作，但於挿早稻秧時，女工與童工是從事拔秧苗，而男工是從事挿秧，但這樣的分工是指勞動力可以自供自給的農家而言。至於勞動力缺乏的農家，男女的工作是沒有什麼區別的。

第四節 耕地的轉移

在土地私有制度之下，耕地的所有權是隨時不斷的變易着。

龍村耕地的轉移每年都有一定的時間，即是在每年冬至開始，至清明前後，是全村耕地的轉移最盛的時期。於這時期之中，若你一走到村中錢家地主的家裡，常往往碰着很多的佃農在那裏討論着贖回耕地與買賣耕地的問題，在這普通一般的村民中，對於耕地往往是認為比他們生命更貴重的東西，因為農家的經濟可以維持的話，他們是不輕易把耕地讓給別人，其所以把耕地讓給別人者，其主要原因多半是為償還債務，為結婚，喪事，或子弟中了壯丁簽僱人算頂代，或是為人告[illegible]訟事，犯民罪等，自抗戰八年以來，農民對政府之負担日益繁重，農村經濟破產，到將不可收拾的今日，農人不得不拿出他們為性命一樣的耕地忍痛去賣，以償還對一切之負担，此外另有一方面是在抗戰以來貨幣日見慘跌，耕地價值日益增加，一般村民往往把以前已典當的耕地，另易地主以求再多一筆收入，跟着為此便造成了現在耕地轉移極盛之風氣。

在抗戰前幣值變動少的時候，一般佃農以典出耕地，往往累累以不能贖回，使地主們可以長時等待利息而造成了土地集中現象，但自抗戰以來，由於惡性通貨膨脹的結果，反使一般地主吃了虧，尤其一班新興地主損失更加慘重，例如民國二十六年，地主向佃農買到肥沃的上等土地，當時所有權一次價格是四百萬元，但到了三十七年，貨幣量則漲至四仟萬元，這時期佃農若仍以典出時四百萬元之款項向地主贖回，則無形中地主損失了三仟六百萬元，雖然在這一年中地主能從耕地中得到利息，但一年的利息最多不外二担半谷，依三七年谷價每担不外四百五十萬元，二担半谷最多可換回一仟二百餘萬元，若再加多四百萬之本錢，此四百萬元之本錢依龍村之鄉例規定每元須以四元贖之，故以四倍對之，不過有一仟陸佰萬元，即指去歲由佃農典入耕地一畝至今年底收贖回時，則地主損去四分之一以上的資本，故此使村中一些小地主不斷的亦宣告破產，例如村中有林江池者，家僅三口，平時勤儉，於民國三十二年，曾置有租谷七十石，即三十五担，但到現在只存下租谷三石，由此可看見龍村的經濟是普遍的破產崩，佃戶一般自耕農其他農民陷於絕境，即一般小資本產者亦在不断的破产中。

第五节 耕地转移之形式及契约之种类

(一)、耕地转移之形式：龙村村民是生活在经济耕地上面，即非逼于不得已时，决不轻易的把耕地转移给别人，使生活失所依凭，若逼于不得已需转移耕地，并不是一下子就把耕地所有权永久出卖，而是一步一步的先把耕地典当，典当期满以后仍希望赎回，至若不能赎回而又再需用款时，仍可向受典人再添出典价若干，添典价以后若再需用款时方把耕地所有权永久出卖，在耕地所有权完全出卖后，仍可向买主取出一笔微量之现款，名曰「耕地所有权之洗贴卖」，意即卖者与耕地所有权之关系完全洗刷干净，于卖者要出卖绝其耕地所有权之时，买主需于卖者交来田契的时候请他食饭一餐，又于交洗贴契的时候亦需再请他食一餐。

(二)契约之种类：龙村耕地契约之种类大体上可分为、1、典契 2、杜绝卖断契 3、洗贴断契三种，兹将其方式分述於下：

1、典契式：

立典契人△△鄉△△人承父遺有已份下粮額拾一田，大小△坵，坐落土名△△，客種△斗△升，今因家務乏用，情願出典，先招至親不就，後托中招到△△鄉△△前來就頭承典，全中三面言議，依口出得典田價銀國幣△△元正，其銀即日全中親交完訖，其田即付△△前去管業耕種，以補利息，期至三週年（或期不遠近）備足原價續回，以來仍照契管業，中間並無來歷不明，如有不明等情，[illegible]係△△自當，不干△△之事，口恐無憑，立典契存照。

計開

內帶上手契△張

中人△△（指摸）

立典契人△△（指摸）

中華民國△年△月△日。

乙、杜絕賣斷契式：

立杜絕賣斷契人△△鄉△△，承祖父遺有已份下粮額歸一田，大小△坵，坐落土名△△，客種△斗，今因家務乏用，情願出賣，先招至親不就，後托中招到△△前來就頭承買，全中三面言議，依口出得賣斷田價銀國幣△△元正，其銀即日全中親交完訖，其田即交△△前去永远受业耕作，一卖千休，永断葛藤，此系甘心情愿，买卖无异悔，中间来历分明，倘有不明者△△自当，不干△△之事，口恐无凭，立杜绝卖断契存照。

计开 中人△△（指模）

立杜绝断契人△△（指模）

中华民国△年△月△日。

立此贴断契式：

立此贴断契人△△，乡△△承祖父遗有已份下粮质坵一田，大小△坵，坐落土名△△，客粮△斗△米，前经托中卖断与△△为己业，本已一卖千休，焉敢再言之理，因思虑有加一贴之例，再托原中向△△恳贴出价银国币△△正，其银即日仝中亲交完讫，一贴千休，永断葛藤，口恐无凭，立此贴契存照。

计开 中人△△（指模）

立此贴契人△△（指模）

中华民国△年△月△日。

第六節　租佃之關係

在土地私有制度之下，大多數農民失去了土地，同時又因舊力役購買土地，使產生普遍的租佃剝削，龍村村民自抗戰以來，对國家負担日益繁多，另一方面受到貪官污吏之剝削又日益慘烈，兼之數年來屢受水旱災之禍害，使整個龍村農業經濟日趨於崩潰，村民的生活日陷於痛苦中，為村民謀生活之解決，唯一的辦法是寄托在耕地上面，但大多數之農民是缺乏着耕地，故不得不向地主想辦法，因之地主之耕地變成了供不應求之現象，故地主得以選擇忠誠勤善與其本身較有關係的良善佃農，而一般佃農們因向地主租地困難，所以能租得耕地之佃農，咸認為係地主的恩惠，是幫助他們解決生活困難的恩人，所以在地主與佃農之關係存留着一層主善意與友誼之關係，故地主若因事故需要人幫助時，各佃農常去之自動的不取代價的幫助他們，龍村除了個人地主之外，仍有團體地主，所謂團体地主，就是各祠堂祖宗遺下來的產業，這些產業都是祠堂族下的子孫記其份的，村中團体地主資產較多的有劉堂祖、杨璞祖、西亭祖、宗德祖、忠中祖、椿有祖、澄川祖、長華祖、長盛祖、风腾祖等十個团体。最著者是南隻祖、杨璞祖、西亭祖、宗德祖、及忠中祖四個团体，各团体地主之祖個形式微有不同，有的以此有之耕地按年给团体中各份子輪流耕種，輪流耕種祖田的人每年中有春秋二季经理拜理祀其祖先事務，同時於祭祀後又需照規定以一定量之米、奥、猪等物請同一团体内在十八歲以上的男人飲酒，名曰食酧，如宗德祖祖個形式便是這樣。其次是以团体地主所有耕地分给予团体内各份子耕種，每年以一定数量之租額納還於团体之理事，如西亭祖與忠中祖等，有的是以团体中所有之耕地批給村中的農民，其批投之方式與地在各地所行向政府批投公共事業或地方税捐同樣，以價高者得，批投得耕地的農民需照其批投之数目，給予团体管理事，那還作為押金，每年於農作收穫時，仍須以一定之租額納還团体地主的理事，而遇之凶年收穫坏不能依照規定租額納租時，則可以聲請該团体的理事就其耕地酌分，此為南隻祖所環祖等當初地，後者之形式是較近四年来才有發現，這是由於大多數的佃農缺乏耕地的結果，這種方式的形成是逐漸演變而來的，其最初村中團体地主的耕地，大多是由理事指佃耕種，但後來因缺乏耕地的佃農，日多同時團体地主所有的耕地多數是比較肥沃，故企爭取領得耕地的農人甚多，故各富有團体中較有地位之份子及團体地主的理事等往往發生徇私的種種弊端到後來才改為用錢租之方式批投給佃農，但這種方式後來因受通貨膨脹影響，團体地主多半吃虧，且此投得的錢租多半得給予理事所利用，發生假公營私之弊端，因此乃改為上述之方式，在這種方式中，團体地主不致能待到一筆現款之收入，同時還可於每年稻谷登場時候得到家獨之收入，增加了不少的利益，但在佃農方面都大大的吃虧，因為一般佃農雖然領得了耕地，但其事先需付出了全年利息的一筆現款，同時於每年中稻谷登場時，又需出一定租量納谷，而且其佃權只有二年，他們所付出現款，雖然於兩年後佃權期滿時可向地主取回，但在幣值日貶之今日，二年前之現款至二年後收來錢票已成為廢紙，這樣無形中多加了一層損失，例如村民有林止春者，於民國卅四年冬至，向團體地主批得耕地二畝之分，斯時批得之按租全是二萬一仟元，該款貸之於村中地主林江輝，議明每年納谷一石以補其利息，其時他認為所批得的耕地甚為肥沃，每年應納還團體租谷規定只有十二石，他若於耕種時多施點肥料，每年穫谷至少可得三十五石以上，除還地主的租谷兼及償債主之利息一石外，自己至少可得谷二十二石，但在耕種兩年中，早稻都受洪水浸地，晚谷則受旱災之害，收穫過差，不能達納租數量，故不得不請求團體地主理事臨田均分，不獨不能得其所預算之盈利，甚且虧蝕了一石利息谷，由此可以看出龍村之佃農，雖整年勞碌，但是窘於這種重剝削中，想把其生活弄得好一點，都是為虎的田雞啊！

第七節　龍村的租佃制

龍村租佃制，自租額的形式而言：有無限額租佃，有限額租佃及永佃三種。從繳租的方式而言：有分租及定租二種。從租約而言：有文約與口約二種。

（一）租約：龍村租佃期限普通有下列三種：

1.無限期租佃：在龍村之租佃期中以無限期租佃佔多數，蓋適於一般地主們不願為他們的佃戶忠實可靠，同時耕種又是勤力，則任其永遠耕種。若有時認為佃戶有不妥當時，或自己需要耕地時，則可隨時另佃別耕（或收回自耕），大體上退佃或撤佃時多在秋季稻谷登場後行之。

2.有限期租佃：有限期租佃其租權大率以一年至三年為限，此即佃户向團體地主指撥佃權時，所指撥之耕地，即當繳納一定押租金，屆期則由地主收回佃權另行指撥，此種有限期租佃其租數較無限期租佃低。

3.永佃權：永佃權係地主保有土地所有權，而佃户則永久保持土地之使用權，此種永佃制在龍村中為數甚少，其所以形成永佃權之原因大約有二：①已荒蕪之耕地經佃户獨力開墾，且佃户曾付出相當的代價，因之而取得此種佃權。②貧窮的佃農因經濟窘迫，以低價出賣其耕地但仍保留其永久耕種權，俗謂之，業主兼耕」。地主不得因佃意召佃别耕。

（二）納租的方式：龍村佃農納租的方式大体上可以分為二種：

1.分租法：分租法的方式，乃是其租額没有規定，佃户按每造收獲時將其生產品與地主作五五的均分，有時雖有租數的規定，但其租數往往過高，佃户若欲依租數納租時須破蕩當年，但當年在龍村頗少見，故主佃雙方通常是行着分租法的多。

2.定租法：定租法通俗所謂「鐵租」即每年規定佃户須納一定數量額之租谷，無論當年荒歉年其租數不得减少。但其租數較分租為低。

（三）租約：龍村主佃雙方之租約大率上亦可分為兩種：

1.口約：龍村之租約大体上以口約佔多數，因為在龍村中一般地主都是有勢力者，他們的意見佃户永遠是不敢拂逆的，至有違約者，多數是地主的單獨行為，如果地主違約的時，那便是佃户之晦氣，佃户是無法可以反抗的，在佃户方面為維持繼續其佃權，更是不敢有變更原約之事，遂之口約租約其租約多半是無定額租，其期租方式多是分租法，在主佃雙方總是維持着一層友誼，甚少違約之事發生。

三、契約：在龍村主佃雙方的租約，所以需要契約者，多半是佃户於固体地主，於投佃撥時，所批得的耕地，而當付押出一定之租押金，為催實並保障租佃户在一定時間内之佃撥，并繳納之押租金之安全，普通是由地主立一批耕田約交佃户存執，其契約之形式如下：

立批耕田契約人○○，自置於粮田大○○○坵，坐落土名○○處，客種○升，今有○鄉○○，親自登門前來領耕，當面言議每年納租干燥净谷○石，其谷按週年早晚二冬完納，不許拖欠，如有拖欠，該田任憑另佃別耕，不得藉詞阻，口恐無憑，立批耕存照。

註明：該田批耕期○年，屆期另行商約，雙方同意，再行換約，否則作為廢紙，有帶進手银○○元，如若拖欠租谷，許將進手银抵償，撥佃另行招佃別耕照。

中華民國○○年○○月○○日 立批耕田約人○○（指模）

第八節　村民对政府的负担

村民对政府的负担最主要的有三种：即田赋，征兵，及地方政府之经费，兹分述之如次：

(一)田赋：田赋在龍村村民可（中）算是一种更重要的负担，依照政府耕地册之登记，全村有田玖佰陆拾陆亩之多，依政府的规定每亩所需纳的田赋：上田是一元，下田是七角。我们取其两端中取出一中数，试定全村之田赋，每亩皆纳八角五分，则全村应缴纳之田赋需（约）八百零二十元，依政府的规定每元之田赋应缴纳谷六斗），则全村每年应纳谷四仟九百二十六斗——惠来县政府斗一〇

(二)征兵：龍村从民国三十五年到三十六年七月止，全村曾征兵二次，第一次兵额二名，壹精壮丁价每名的一百二十万元，两名共二百四十万元之多。若以米计，当时米价每斤四百元，则全村精壮丁两名，折合米需六仟斤之多，第二次兵额是三名，当时壮丁价是三百六十万元，三名共壹仟零捌拾万元之多，当时米价每斤为二仟元，一名折需米，则需伍仟四佰斤之多，计两次征兵合

村共向政府負担米壹萬壹仟四百餘斤之多。龍村对政府的負担往往是依行政单位之不同，北社之僱兵費等款的方法常由全社村民往十八歲至三十八歲之壮丁大家平均分配之，而本社僱兵筹款方法，都是将全社壮丁分為適齡壮丁，未中签壮丁，及普通人丁三種，摊款時則有一定之比例，依规定中签壮丁对僱兵費之負担為百分之二十，適齡的壮丁即十八歲起至三十八歲止之男人共負担僱兵費百分之五十，至普通男丁則共負担百分之三十，僅民國三十五年至三十六七月中，全村所負的僱兵費折為米有壹萬壹仟四百斤，以南社一社而言，应摊得米五仟七百斤，其中中签壮丁需負担米壹仟零四斤，壮丁則需負担米二仟捌百伍拾斤。全社僅十八歲至三十八歲之壮丁共有六十三人，平均每人应摊米四十五斤，普通人丁則需負担壹仟七百壹拾斤，全社可能負担摊款的普通人丁有二百六十八人，每人平均应摊米陆斤四两。

（三）地方政府之經費：地方政府的經費亦成為龍村村民最重的負担，全村僅民國三十五年九月至三十六年七月中，全村对保甲長，鄉鎮公所，警察所，警察局，縣政府等各地方行政机關所負担之經費有八百三十一萬五千二百一十四元之多，公村村地方政府經費之負担又分為由南北二社均分之，其均分攤款的方法各徵有不同，南社攤款時，分為田畝與人丁兩方面籌集，即北社攤派時分為田畝與人口兩方面，但有時節攤有田畝，某時西社僅民國卅五年九月至民國三十六年七月每月對地方政府所負担之各種費用之數目列表如下：

龍村南社從民國卅五年九月至卅六年七月十一個月攤款表(二)

月別	每月攤款數目	每人平均攤款數目	每畝平均攤款數目
九月	209,800	180	235
十月	193,230	155	230
十一月	303,950	260	410
十二月	477,710	/	880
一月	377,870	230	430
二月	348,460	220	330
三月	336,200	300	234
四月	426,590	600	350
五月	456,970	400	600
六月	501,424	450	670
七月	543,570	500	416
總計	4,105,017	3,315	4826

註：南社有田畝535畝，可負担攤款之男丁有335人。

龍村北社卅五年度九月至卅六年七月十一個月攤款表之(三)

月別	每月攤款之數目	每人平均攤派之數目	每畝平均攤派數目
九月	156,380	140	320
十月	145,600	140	326
十一月	315,759	250	560
十二月	451,310	/	1,050
一月	358,286	/	830
二月	349,260	/	380
三月	/	/	/
四月	507,140	300	920
五月	545,200	300	1,000
六月	587,200	300	1,100
七月	535,000	/	1,700
總計	4204095	1480	8186
註(二)			

註：(一)南社四牧有一二四牧，可負担撥款之人數有一二四人。
(二)北社四牧有一二八牧，可負担撥款之人數有一二八〇人。

由上看來可知龍村村民之負担是多以繁重，但是這種繁重的負担，在村民心目中仍認為這是次要的負担，村民負担最嚴重的還是要算意外的負担，這種意外的負担，雖然一確實的之數目可能統計，但從各種事例上看，這種意外量的負担實較於以上所述的三種負担重，例如在民國三十六年七月龍村因兵敵邊交，結果縣政府四次派了縣政警隊來村中追繳，在這四次追兵中，村民除了要給縣警隊的要有的「腳皮錢」之外，還要「好飯」「好肉」「好酒」「好烟」去招待他們，縣警隊每次到達整村人數最少有四五人，每人「腳皮錢」最少需五萬元，故這四次追對兵役中，村民除了飯，菜，酒，肉，烟，招待外，全村最少需負担了八十萬元之腳皮錢，在四次追兵中有三次送出村中提起人來，第一次提到七人，第二次提九人，第三次提了五人，縣警隊五次提八時，總是先用嚴詞恫嚇，就要把被提的人送到縣政府送入新兵營裡去充新兵，被提者的家長們恐怕他們的子弟被县警真的违者，故不得不请托保长向他们求情，而送给他们的「酒份费」要求把他们子弟释放，第一次被提的人无人，送了五万元，第二次被提的人无人是送了六万元，第三次被提的人有三个，是小地主的子弟，故这一次破费是较前二次多，其中一個富有的子弟无人送二十万元，其他二人则们各送五万元。至这三次提人中，除村破费了二百叁十餘万元之多，除了这四次县警追寡讨赖之外，遂有乡公所亦常调派行丁来村追兵，但行丁来村時只以「飯菜招待」，至於「脚皮钱」则未曾给过，最後全村款筹足後，新兵安已催定，保长常因被催之壮丁赴县政過多，交兵時，因須經过体格检验，结果無名新兵又须送了五十万元各口「抹喉费」，计三名新兵又破费了一百五十万元。草指就卅六年七月这次征兵中意外的负担除了饭食不计外，全较其破费三百捌十万元之多。

又例如在同年古月中，县政府派了四名政警来村催缴田赋，村镇中社時，曾说村民林宾德家中藏有鎗滿點只，便说他们窝藏违法的行为，要把他带回县府收監，後由保长先家魏小泉，估發司，故送給他們九十萬元烟仔費了事，除此之外又使全村最難忘却的是在同年八月間，龍村村民在龍江支流草地捉魚時，因與鄰村孔子關鄉發生械鬥，被傷未成年小童十一人，村民向縣城警察局及去村十華里的隆江鎮警察所報案，經發生衝突該天晚上，隆江警察所先派人來村檢傷，該晚之招待費及腳皮費共檢傷費共破費了八十萬元，次晨縣城又派了十一名警察及檢傷員一名來村檢傷，他們每人各飽了腳車一餐，村民除了盡力招待外，每名單車快又須代發給車費八萬元，警察十名每名發給腳皮錢十萬元，警長一名發給烟仔費八十萬元，檢傷員一名送給四十萬元，後來雙方又涉及訟事，村民又賄賂了檢察官二百萬元，賄賂時經手人又送他百萬元，單獨一事件村中又破費了六百九十餘萬元之多。

綜合上述各例中龍村從民國卅六年七月至八月二個月間，其意外負擔全數約達壹仟壹伍壹拾柒萬元之多，由此觀之農村民意外負擔之數目是這樣驚人，在此每年水旱交加賦稅繁重之今日之農村中，又復增加些不合理之負擔剝削，而要望其不破產者豈可得手。

第九節　村民的職業

以農業經濟為基礎的自供自給的龍村社會中，村民的職業大多數是以農業為主，在三百六十四戶，戶長職業總計中，業農者有三一〇戶，佔總數有百分之八三・二，而從事業商者只有一四戶，佔總數百分之三・八，業工者則只有一二戶，佔總數百分之三・三，也多些外，一些失業的職員，無依的寡婦，及無賴的流民等之失業者復不少，佔總數有百分之六・〇四之多，排列成表如次：

龍村戶長職業分配表之（四）

職業		戶數	百分比
農業		310	85.2
商業		14	3.8
工	篾工	7	1.9
	木工	1	0.28
	工	2	0.55
	屋工	2	0.55
政		4	1.09
教學		1	0.27
自由職業		1	0.27
失業		22	6.04
總共		364	100.00

但於上述中，從事於業商而業工者，其兩者戶數佔總數有百分之七・〇九，但他們終年兢兢業業從事經商或做工，但他們仍留心着耕種的工作，而且他們為商為工之最終目的，仍想再返回耕種的價值，他們雖企圖從經營生意與做工之中得些利息，將來得置

几款田地，成为一个自供自给的自耕农，由此可知农业在龙村社会中是占着多么重要的位置。

在村民的职业中，试进而观察其职业地位，在三六四户户长的职业地位统计中，以自耕农为最多，占总数三一·〇四，半自耕农者次之，占总数二五·二七，佃农较次之，占总数二三·〇七，至于其他而从小生意者，则仅有百分之三·八四，小地主则仅占百分之二·七四，而地主者亦仅占有百分之一·三七，兹列表如下

龙村之户长职业地位分配表之（四）

职业地位		户数	百分比
大地主		5	1.37
小地主		10	2.74
自耕农		113	31.04
半自耕农		92	25.27
佃	农	84	23.07
雇	农	6	1.65
老	闆	1	0.27
小	贩	14	3.84
工		13	3.57
政	主管	2	0.55
政	职员	2	0.55
教	学	1	0.27
自由职业		1	0.27
无	业	22	6.04
总	计	364	100.00

龙村的大地主与小地主在我们看他们多数是脱离了劳力，而且多半是住在城镇中，但自抗战以后，城镇之生活费日益增加，同时又有受空袭的危险，故终于被驱回至村中，同时又因在抗战时米珠薪桂，各租价贵，他们为求收入增加，故大多数兼做自耕农，从事耕种，

但他们纵然做起了自耕农，总不能再似其他农人自朝至晚生活在农田中，而多数是雇用长工与蓄买女婢以充其生产之劳动力，在调查的二二〇农户中雇用长工及蓄买女婢者有十八户之多，而雇用长工的人数有十六人，蓄买婢女者有十八人，在十八雇用劳动力的农户中地主有五户，自耕农六户，半自耕农三户，在雇用长工女婢的人数看，在五户地主中雇长工六人，买婢一二人，在四户小地主中，买婢三人，雇长工三人，在六户自耕农中，雇长工四人，婢女三人，在三户半自耕农中，只单雇长工三人。从雇用劳动力者平均数上看，以地主占绝对多数，平均每家地主雇用劳动者有三六人之多，而小地主每家所雇用者之人数平均数只有〇.六人，自耕农所雇用劳力之人数平均每家只有〇.〇六人，半自耕农最少，其雇用劳力之人数每家平均只有〇.〇三人，兹列表如下：

龙村雇用劳动力户数之分配表之（三）

户别	户数	雇用劳动力之户数	雇长工的人数	蓄婢人数	雇劳动力人数	平均数
地主	二	五	六	一二	一八	三.六

小地主	一〇	四	三	三
自耕農	一三	六	四	三
半自耕農	九二	三	三	〇
總計	二〇	一八	一六	一六

小地主	六	〇·六
自耕農	七	〇·〇六
半自耕農	三	〇·〇三
總計	二四	〇·一五

由此可知村中之地主雖然做了自耕農，但是多僱了長工與女婢，在農忙時方落田工作，至於平時完全是由傭工與女婢負担工作，自己仍可脫離勞動。

第十節　村民三代職業比較

前面我們經已說過，村民之職業是以農為主，但是村民之曾祖父，祖父，及父，三代的職業，亦是以農為最大多數，茲列表於此。

龍崗村三代職業分配表之([illegible])

代別＼業別	農	商	工	百分比
三代職業相似者	318	1	／	87.63
三代職業相同者	37	4	1	11.56
三代職業不同者	3	／	／	0.82
總計	358	5	1	100.00

從此表縱面看，龍村村民三代之職業亦以農業為最大多數，佔總數百分之九九·〇七，其業農戶數之百分比較之現在村民業農百分之一六·七八，而業商者，只有五戶，佔總數百分之一·三四，數

之现在则减少了百分之二·五二，从事于三者都只有〇·二七，较之现在减少了百分之三·三，由此可知龙村村民上代职业较现在则更表现为纯粹农业化之农村。再从表之横面看，村民曾祖父祖父及父三代之职业中，以三代职业完全相同者为最多数，占总数百分之八七·六三，而二代职业相同者，都仅有四二户，占总数只有一一·五四，而三代职业完全不同者都最少数，只占百分之〇·八二。由此可知村民上代职业是非常稳固而极少变化。

龙村村民三代职业地位分配表之（8）

地位 / 职业	三代职业地位相同	二代职业地位相同	三代职业地位不同
三代职业相同者	129	142	48
二代职业相同者	20	14	5
三代职业不同者	4	1	0
百分比	41.48	42.96	14.56

第十一节 村民三代职业地位之比较

从村民前代之职业地位来看，都不以职业那样稳很少变化，兹列表如上：

从上表横列上看，在三一九户三代职业相同之中，其职业地位三代后相同者只有一二九户，而二代职业地位相同者，都有一四二，户之多，佔多数，而三代职业各不相同者，亦有四八户，但在二代职业相同之四二户中，其三代职业相同地位完全相同者有二〇户之多，而二代職業地位相同者只有一七户，而三代職業地位各不相同者則只有五户，在三代職業不相同中有三户，而其三代職業地位相同者有二户，二代職業地位相同者一户。但從表之繼到上看，在三六四村民前代職業地位的調查中，三代職業地位相同者有一五一户，佔總數百分之四一.四八，而二代職業地位相同者都有一六〇户之多，佔總數百分之四三.九六，而三代職業地位各不相同者只有五三户（佔百分之一四.五六），由此說之可以看出在穩固而少變化以農業為基礎的龍村上代社會中，其構就的職業地位仍是不安定易變動着。

第十二節 村民與前代職業之比較

在前節村民前代職業地位比較中，已看出村民前後代職業地位有多半數是起了變動，但這種變動是趨向好的方面抑或趨向沒落破壞的方面呢？在這裏我們再進一步，把村民現在之職業地位與前代職業地位作一比較，以探求龍村自過去至現在經濟上演變之趨向，并判其為不以為比較。

村民與前代職業地位比數表(4)

職業地位／代別	户主本身		父代		祖父代		曾祖父代	
	户數	百分比	户數	百分比	户數	百分比	户數	百分比
大地主	5	1.37	5	1.37	17	4.67	25	6.56
小地主	10	2.74	30	8.24	32	8.71	46	12.74
自耕農	113	31.04	115	31.59	139	38.18	159	43.68
半自耕農	92	25.27	84	23.07	87	24.17	77	21.15
佃農	84	23.07	87	24.17	85	23.34	49	13.18
老闆	1	0.27	1	0.27	5	1.37	8	2.2
小販	13	3.84	10	2.74	2	0.55	0	0
工	12	3.57	16	4.36	3	0.82	0	0
軍警	2	0.55	5	1.37	1	0.27	0	0
政 職員	2	0.55	1	0.27	0	0	0	0
校長	1	0.27	0	0	0	0	0	0
教 教員	0	0	1	0.27	0	0	0	0
自由職業	1	0.27	2	0.55	0	0	0	0
商業	22	6.04	5	1.37	0	0	0	0
僱農	6	1.65	2	0.55	0	0	0	0
總計	364	100.00	364	100.00	364	100.00	364	100.00

從上表中，我們可以很明顯的看出，龍村之經濟是在小農的向着沒落破產的路綫趨進。在現在村民的職業地位與其前代職業地位的對照表中，大地主，小地主，自耕農的户數，是在不斷的逐代降低減少，而相反的，在半自耕農，佃農，僱農及失業者，都隨各代之遞降，而不斷的增加，在村民曾祖父代時，大地主，小地主，及自耕農的職業地位佔總户數百分之六三·二八，而半自耕農，佃農，之職業地位户數則只佔總數百分三四·三三，而僱農則根本沒有，而在祖父代時，大地主，小地主，及自耕農職業地位之，户數占總數百分之五一·六四，較其

曾祖父在代降低了百分之一一·六四，而在半自耕農，佃農，二項之職業地位中之戶數，佔總數百分之四七·五一，較之曾祖父代反增了百分之一三，一八，而在其父代時大地主，小地主，自耕農之戶數，則只佔總數百分之四一·二，較之其曾祖父代減少了百分之二二·〇八，較之其祖父代降低了百分之一〇·四四，而佃半自耕農，佃農，及雇農，之職業地位之戶數，則佔總數百分之四七·七九，較其曾祖父代增加百分之一三，四六，較之其祖代增加了百分之〇·二八，但在現在村民戶數之本身中，大地主，小地主，及自耕農之戶數，佔總數只有百分之二五·一五，較之其曾祖父代減少百分之二八·一三，較之其祖父代再減少了百分之一六·四，而較之其父代更再減少了百分之六·〇一，相反的，在半自耕農，佃農，及雇農之戶數，佔總數有百分之四九·九九，是較之其曾祖父代增加百分之一五·六六，較之其祖父代增加百分之二·四八，較其父代又增加了百分之二·六，由此可知龍村村民之職業地位為大地主，小地主及自耕農的戶數之百分比是一代不如一代，但在半自耕農佃農及雇農職業地位之户數百分比，都是一代勝似一代，隨着代之遞降而增加，在這隨着代之遞降而至於消長之兩方面中，我們很明白的看出龍村繼續是日趨於破產與沒落之路上。

但除說明了龍村農業繼續逐代日趨於沒落之外，而在龍村商業之方面亦是同樣，如在破產着，在村民之曾祖父代時，業商之老闆有八户之多，但總數百分之二·二，至祖父代時業商之老闆則只有百分之一·三七，但降至父代及現在村民之本身時，業商之老間，則只各有〇·六七，其降低之趨勢，是與農業之職業地位相同，是一代不如一代，據村民之傳說，龍村在七十餘年前，村民做糖生意赴蘇州一帶發售者，大有其人，當時經營糖生意的人獲利頗豐，但後來因土糖競不過洋糖，且其交通工具既舊，往返費時，且運費昂貴，輪載不過火船之迅速，與費用之低賤，致輸於因虧本而停業，現只有遺留着以前製糖之工具而已，由此又可看出，龍村村民不獨受之封建官僚與地主之剝削，同時又受之帝國之柔之掠奪，在此雙重壓榨之下，終於迫使了龍村之經濟日趨向於破產沒落之路上。

第十三節 村民之家庭經濟狀況。

龍村在民國以前滿清時代，曾經富甲惠屬博田通隆江鎮所有之鄉村，但後來因遭受了軍閥地痞之騷亂，與共產黨之殘破，遂致逐漸破產衰落，及至抗戰初期，都有另一小部份地主興起，雖然抗戰帶給一般村民的痛苦，使大多數之貧農生活陷於水火之中，同時又使別興起之小地主臨於破產，但是卻給另一部份之村民帶來很大的利益，那是以前經已破產之地主，及一小部份自耕農們多以復興之機會，因在抗戰時期，貨幣不斷的貶值，故予一部份之農民以小量之貨幣贖回以前經典當之耕地，而恢復其小地主之舊規，同時於抗戰中外來物資斷絕，材料缺乏，物價高漲，村民因大多數均為農業之生產者，故因之使一部份之村民財富得以增加，例如於抗戰初期間，數口之家若平時生活可以勉強維持者，如家中能養一頭母豬或肉豬，且能多兼種些農業副產品，他們於每年中總可以增多其國幣量之收入，且於村民之間多能克勤克儉，儲有積蓄即從事置田產放利息，並於其生活費用方面，他們都盡其可能極力節約，在村民之中除少數地主日能食二餐糊飯之外，其餘大部份之村民都以餬粥渡日，因之使一部份村民積蓄日多，使其生活逐漸改善，然這種現象只是曇花一現，在民國廿二年大飢饉荒以後，接着又受日人侵略之殘蹧致全村復陷於破產，及勝利以後，在民國廿五年廿六年一連兩年又遇水災、旱災及雹災之襲擊，農作都告失收，而在這樣一連串之災害中對於政府之負担又日益繁重，這樣終復使村民的經濟陷於破產，生活淪於水火之中，在統計的三八四戶中，而在當時得稱為較富有者，只約有一九戶，佔總數只有百分之五．二一，如較稱為小康者則只有一四二戶佔總數百分之三九．〇，而貧窮者都有二〇三戶之多，佔總數百分之五五．七六，若從家族成員人數看，在全村家族成員一六五八人之中，富有者只有一五五人，小康者有七三二人，而貧窮者卻有七七一

今將各種事項以上諸列成一表如下

龍村家庭經濟狀況分配表之(四)

經濟狀況	家庭數目	家庭百分比	家族成員人數	人數百分比
富有者	一九	五·二一	一五五	九·三五
小康者	一四二	三九·〇	七三二	四四·一四
貧窮者	二〇三	五五·七六	七七一	四六·五〇
總計	三六四	一〇〇·〇〇	一六五八	一〇〇·〇〇

從上表看貧窮者之村民、不論是家庭數或家族成員人數，處處都是佔極大多數，由此可以看龍村之家庭經濟是瀕於破產的人危機中。

第三章 龍村人口之組織

龍村社區內之人口、多半是同一姓氏，同一祖先，同一血統，同時龍村社會是建築在自供自給的農業經濟之上，故其人口之組成甚少受外界影响，頗為固定，現為分析方便起見，分為性別、年齡、及婚姻，三方面叙述之如下：

第一節、龍村之性別

一社區之性比例，於理想上應宜互相平衡，始可表示其健全，依生命統計上之研究，於理想嬰兒產生時性男多於女，但以生理關係死亡率性男高於女，因之性比例可得以平衡，但於事實上，由於戰爭、疾病、天災、社會習慣，各因素之影响，殊難有合理想之性比例分配，往往非男多於女，即女多於男，其能男女數量相等者實不多覯，於我國農村社會中，以前據一般學者調查之結果，咸認為一般農村之性比例多數是男多於女，龍村是中國農村社會之一環，在經過抗戰後之今日，其性比例是否亦同此情形，茲將其性比例之狀態，與各地作一一比較之，並探其差異之原因，分別分析之如下：

(A)性比例

在調查的三六四戶中，有男子八一五人，女子八七七人，女子較男子多六二人，性比例為九二·九三，即一百女子中有男子九二·九三人，茲按五歲分組法列表如下：

龍村人口性比例分配表之（II）

年齡	男數	女數	每百女子與男子之比例
0—4	108	92	117.39
5—9	99	81	122.22
10—14	108	110	98.18
15—19	103	107	96.26
20—24	92	96	95.83
25—29	95	66	143.93
30—34	48	68	70.6
35—39	45	49	91.8
40—44	36	52	68.53
45—49	24	43	55.81
50—54	12	32	37.5
55—59	8	35	22.85
60—64	15	26	57.69
65—69	7	8	87.5
70—74	8	7	114.28
75—79	5	3	166.66
80以上	2	2	100.00
總計	815	877	92.93

察觀上表中各年齡組中之性比例，成為一條不安定的曲線，在零歲至四歲一組，及在五歲至九歲二組中，男嬰的人數較女嬰多，其性比例前者是一一七·三九，後者是一二二·二二，這大致上是由於村民重男輕女之關係，男嬰能出

後保護週密，故死亡率較低，反之在女嬰方面則往々有放棄或溺斃之風俗，同時多數係護不週密，使其死亡率增加之故，在十歲至十四歲，十五歲至十九歲及廿歲至廿四歲三組中，女子卻比男子多，在性比例中，十歲至十四歲的性比例是九八·一八，十五歲至十九歲是九六·二六，廿歲至廿四歲是九五·七二，此大概係村中各富有之家裡多蓄女婢之故，同時在男一方面或係在民國卅二年之饑饉與疫病流行時，男嬰死亡率較高故，但在廿五歲至廿九歲一組中性比例卻突然提高至一四三·九三之多，這大概或係已達結婚年齡的男子無力結婚，在民國卅二年大饑饉時，一般村民為欲減少家庭負担，故把其已達結婚年齡之女兒，托媒人親帶至都村招婚，故使這一組的女人大々的減少，至於在卅歲以上各組，大體上都是男人較女人少，性比例低，其情形如表，總之村民之性比例是九五·九三，女人多於男人，而其性比例最低者是以五五歲至五九歲一組，每百女子只有男子二二·八九人，最高者是七五歲至七九歲一組，每百女子中有男子一六六·六六之多。

龍村之性比例，較中國戰前農村社會畢是比較低，現時其結果與戰前中外各學者在全國各地農村作片斷的抽樣調查，所得之各地性比例，一作比較之茲列表如下：

龍村人口性比例與各地農村比較表（12）

調查者	調查地點	調查年度	男數	女數	每百女子與男子百分比
喬啟明	河北等十四省廿二處	1929-1931	12,645	18,059	109.00
仝上	安徽等四省十一處	1924-1925	8,193	7,208	113.50
仝上	山西清源縣	1925	468	452	119.00
李景漢	河北定縣515家	1929	1,835	1,736	105.70
仝上	北平掛甲屯村	1926	217	186	114.80
仝上	河北定縣5,255家	1930	15,780	14,862	106.20
仝上	北平黑山扈等村	1926-1927	197	190	103.70
張鏡齋	江蘇江寧淳化鎮	1926	1,411	1,223	115.20
張折桂	河北定縣大王耨村	1929	1,165	1,023	113.90
馬倫叢	河北等省二百餘村莊	1922	19,593	17,598	111.30
卜凱	安徽等七省十六處	1921-1925	7,684	7,268	105.70
葛尔伯	廣東潮州鳳凰村	1918	338	312	108.30
	廣東潮州龍村	1947	815	877	92.93

"註"資料來源見言心哲著中國鄉村人口問題分析、商務版P.32.

從上表中龍村人口性比例都較各處農村低，但龍村性比例亦比較各農村低者，蓋因當於下節詳論之。

6 性比例差異之原因

以前據吳景超先生對中國人口，男多於女之原因，當下四種假定（一）鄉居（二）早婚（三）溺女（四）重男輕女（註）龍村是中國農社會之一環，亦有如以上所假定四種情形，但其女多於男異於各他者，究竟是基於什麼原因呢？其原因大体上可分為以下數点茲分別述之。

(一)八年抗戰壯丁因徵兵離村之人數增多，於八年抗戰中，村中壯丁有一部中簽應徵，同時另一部份由於生活困難受人僱後，計在此八年抗戰中，因應徵或受僱離村之壯丁除已殉難者不計外，現仍生活於軍隊中仍有二十二人之多(見二四表)總壯丁離村之增多，故使男人減少。

(二)社會習慣影响女人增多，龍村社會是以男性為中心，在男女之間有種々不平等之現象存在着，普通在男子方面都可重婚，而女人都難再嫁，尤其在舊禮教壓迫之下，女人更乏自由，在龍村社會中女人守節之風甚盛行，普通女人每當丈夫死後，若想再醮，不獨為全鄉輿論所坑去，且亦為鄉規所不許，故死了丈夫的女人，多行守寡而少再嫁之意，故寡婦之人數，有一百四十七人之多(見十七表)，反之於男人方面，每當妻子死後若經濟較優裕者，則可以隨意再娶第二個女人來補充，故形成女人的數目增加。

(三)婦人信佛食齋會日見擴大，當有女子多不思出嫁。龍村婦女因崇尚守節，故寡婦增加，於各寡婦之中，大半因生活苦悶，精神無處寄托，故大多信奉佛教，以求來生之幸福，藉自安慰，因日久風行，便影响一般未婚女子，亦紛紛加入食齋會，但參加信佛食齋會的未婚女子，多半係較富有者之女子，她們一半是出於迷信，幻想進入天堂之美夢，另一方面是感到若結婚後在夫家反不如在母家來得自由，且可免受翁姑之虐待與妯娌之衝突，或丈夫之欺凌，故感抱了獨身主義，信佛終生，此種不嫁女人之增多，亦為促成女多於男之原因。

（四）高度死亡率之影响，龍村於民國三十二年春因飢饉及霍乱流行，全村因是而死亡者甚眾，而男人往往因需負担家務，体内消耗力增強，同時在生理抵抗力往往較女人差，故男人死亡率較女人大。

基於上述四種原因，經於使龍村性比例發生變態，這種變態最大之原因是基於高度死亡率之結果。

第二節 年齡之分配

一、龍村人口年齡分配分為五歲分組、少壯老分組中的分組三種方法分析如下：

(a)五歲分組法，龍村人口年齡分配表按照五歲分組法其情形如下表：

龍村人口每五歲分組之年齡分配表之(13)

年齡	人數	百分比
0—4	200	11.82
5—9	180	10.64
10—14	218	12.88
15—19	210	12.41
20—24	188	11.10
25—29	161	9.51
30—34	116	6.85
35—39	93	5.50
40—44	88	5.18
45—49	67	3.90
50—54	44	2.65
55—59	43	2.54
60 64	41	2.42
65—69	15	0.88
70—74	15	0.88
75—79	8	0.57
80以上	4	0.24
總計	1692	100.00

由表上看從零歲至四歲一組中人口有二百人之多，佔總數百分之一一·八二，從五歲至九歲一組中，有一八〇人佔總數百分之十零·六四，但從十歲至十四歲一組中，人口之分配線却起了曲折，該組之人數直昇至二一八人之多，較之五歲至九歲一組多了三八人之多，佔總數多百分之二·二四，較之零歲至四歲一組多一八人，即增加百分之一·零六，又從十五歲至十九歲一組有二一〇人佔總數百分之一二·四一，較之十歲至十四歲略少，但較之零歲至四歲一組仍多百分之〇·九五，較之五歲至九歲一組幾多百

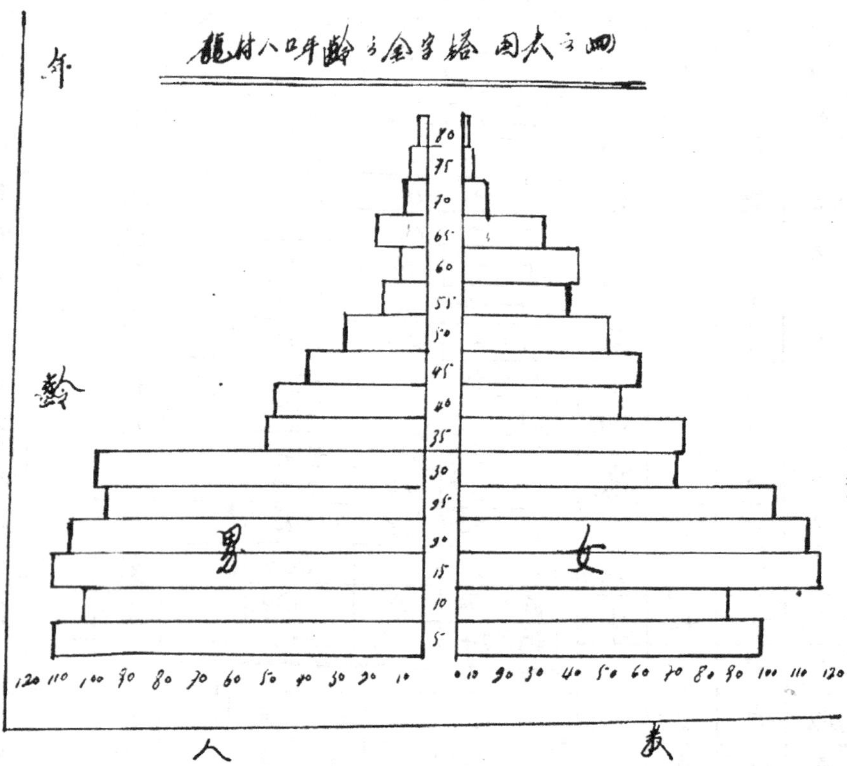

分之一·七七，又於廿歲至廿四歲一組中有一八八人佔總數一一·一〇，較五歲至九歲一組仍多百分之〇·四〇至廿五歲以下各組人數百分比均由此逐組遞減形成一頗有規則之人口曲線。在上表中人口年齡分配百分比最高者首推十歲至十四歲一組，佔總數百分之一二·八八，最低者是八十歲以上一組，僅佔四人只佔總數百分之〇·二四，全村中年齡最高者有廿人一人九十歲，男子一人八十

六歲，若按上表人口之年齡分配趨勢繪成圖表則成一腰梢肥而頂尖之金字塔。龍村人口金字塔所以會成為如上圖腰梢肥而頂尖的塔式者，一方面是龍村高度死亡率之結果，另一方面是龍村社會經濟所促成，在五歲至九歲一組的人口年齡百分比，所以較十歲至十四歲一組及十五歲至十九歲一組兩組的人口年齡百分比低者，是由於龍村在民國三十二年春之饑饉及虎烈拉病之影响，在當時中一般小童兒女或因無力養育故相率棄之通都大道中，留待慈善人家收養，或者把兒子以極低之代價出售，故使在該組人口年齡百分比變成特別低，但在十歲至十四歲及十五歲至十九歲與廿歲至廿五歲三組人口年齡，所以特別高者。(一)是村中稍富有之農家蓄買婢女、與僱用長工所影响(參閱第六表)。(二)村民於民國三十二年大饑饉及霍亂流行後，村民死亡人數過多有大多數農民為着後嗣及勞力計，購養成年男子為嗣，基於此兩原因故造成了人口金字塔之變化，現又試將龍村人口年齡與戰前各地農村調查而作一比較列表如下：

從上比較表中龍村人口年齡分配零歲至四歲，五歲至九歲，十歲至十四歲，十五歲至十九歲，廿歲至廿四歲等各組之人口年齡曲線較表上所列各調查地曲折，而人口金字塔之項尖部大同小異，除較安徽等七省十六處稍龍外，餘均較各地瘦小，由此可見在戰後的龍村人民的壽命較戰前各調查地稍差。

(b)少壯老分組法，凡人口年齡在零歲至十四歲之間者列入少年組，年齡在十五歲至四十九歲之間者列為壯年組，年齡有五十以上

龍村五歲分組人口年齡與各地農村比較表之(14)

年齡組	安徽等七省16處	安徽等四省4處	河北定縣	河北等省12處	河北等16省1處	廣東省龍村
0—4	12.0	11.0	12.4	13.5	13.9	11.82
5—9	12.5	9.3	10.8	11.9	11.4	10.64
10—14	10.0	9.8	9.9	9.9	9.9	12.88
15—19	9.9	10.3	8.5	9.2	9.3	12.41
20—24	7.9	9.2	8.4	8.8	8.6	11.10
25—29	7.1	8.1	7.4	8.4	8.4	9.51
30—34	7.1	6.8	6.8	6.9	6.3	6.85
35—39	7.4	7.9	6.6	6.9	7.1	5.5
40—44	5.8	7.1	6.4	5.6	5.6	5.18
45—49	5.4	5.9	6.0	5.6	5.7	3.9
50—54	4.5	3.8	4.4	4.0	4.1	2.65
55—59	2.8	3.8	3.9	3.6	3.8	2.54
60—64	1.9	2.6	3.0	2.3	2.5	2.42
65—69	1.2	2.0	2.5	1.6	1.6	0.88
70—74	0.6	1.1	1.7	0.9	0.9	0.88
75—79	0.3	0.7	0.8	0.5	0.5	0.57
80以上	0.2	0.2	0.5	0.3	0.3	0.24
未詳				0.1	0.1	
總計	100.00	100.00	100.00	100.00	100.00	100.00

"註"資料來源由喬啟明中國農村社會經濟學 P59.

者列為老年組，現依此法把龍村之人口年齡按照宋德伯氏(Sundbarg)之三类分組法作一比較，宋德伯氏按照年齡的分配，把世界人口年齡分為三類(a)增加類(b)不動類(c)減少類現依此法作表如下：

龍村人口按照宋德伯三類分法年齡分配表之(15)

年齡組	三類人口之百分比			龍村人口年齡	
	增類	不動類	減少類	人口數	百分比
0—14	40	33	20	598	36
15—49	50	50	50	924	54
50以上	10	17	30	170	10
總計	100	100	100	1692	100

龍村人口年齡，若按照宋德伯氏之三類分法，則龍村人口年齡似乎間於增多類與不動類之間。

(c)牛氏分組法，我们現在把龍村的人口年齡依牛樂明(A.[illegible] Newsholme)之分組法，試看其結果又復如何。

牛氏分組法以五歲以下，五歲至十四歲，十五歲至廿四歲，廿五歲至四十四歲，及四十五歲以上各為一組，牛氏認為五歲以下者，為幼年期，五歲至十四歲為強迫教育時期：十五歲至廿四歲為一生成就或受高等教育時期，廿五歲至四十四歲為人類年富力強充分服務國家社會時期，此組人口的多寡與一國之財富甚有關係，四十五歲以上則為退休時期，茲按其分組法列成表如下：

龍村人口依生學明分組法年齡分配表（16）

年齡組	人數	百分比
5歲以下	200	11.82
5—14	398	23.52
15—24	398	23.52
25—44	459	26.51
45以上	237	14.00
總計	1692	100.00

這上表看，五歲以下者，只有百分之十一·八二，五歲至十四歲有百分之二三·五二，十五歲至廿四歲者有百分之二六·五一，不足人口總數三分之一，由此可知龍村社會對於年富力強股肱務社會頗缺乏，至於四五歲以上退休期者只有百分之一四·〇〇，并不見多。

第三節 婚姻狀況

(a) 婚姻狀況

在查一六九二村民中，已婚之男女只有七八四人，佔總數百分之四六·四六，在已婚之七八四人中，女人佔四五九人之多，而男人則只有三二五人，這全村人口中在一六九二村民中，男人有八一五人，而女人則有八七七人，故女人結婚之百分比，佔女人總數百分之五二·三，而男人之結婚者，佔男人之總數百分之三九·九，女人之結婚百分比較男人多，但在七八四人已結婚之男女中，現有配偶者男有二七七人，而女則有三一二人，但男人[illegible]

者有四三人，離婚者有五人，而女人守寡者却有一四七人，茲列表如下：

龍村村民婚姻概況分配表之（17）

未婚		已婚						
男	女	男	女	現在有配偶者 男	現在有配偶者 女	寡	鰥	離異
4[illegible]0	418	325	459	277	312	147	43	5

由上表看女人結婚者不獨較男人多，但女人寡者亦較男人鰥者多及離婚者多，此由於女人受舊禮數之束縛，認為再醮為不道德可恥之事，另一方面於抗戰八年當中男人死亡之機會較女人多之故。我們看看該村民之可婚年齡中之結婚率看，則其情形如下表：

龍村可婚年齡之結婚率表之（18）

年齡組	可婚年齡人數		已婚人數		結婚率
	男	女	男	女	
14	22	26	0	0	0
15	30	23	0	0	0
16	18	33	0	0	0
17	20	24	0	4	8.1
18	16	16	0	4	12.5
19	19	21	3	6	22.5
20—24	92	96	39	64	55.8
25—29	95	66	78	58	84.5
30—34	48	68	46	67	98.7
35—39	45	49	44	49	98.9
40—44	36	52	36	51	98.8
45—49	24	43	23	43	98.5
50—54	12	32	12	32	100.00
55—59	8	35	7	35	97.6
60—64	15	26	15	26	100.00
65—69	7	8	7	8	100.00
70—74	8	7	8	7	100.00
75—79	5	3	5	3	100.00
80以上	2	2	2	2	100.00

由下表看該十四歲至十六歲，三年齡組中村民多完全未結婚，該一七至一八歲組，結婚率之和亦有百分之四三・八，未及該三組總人數之半

數，從廿歲至廿四歲以後，其結婚則隨年齡組之增加而增加，直至五五歲至五九歲一組以後，各組之結婚率皆達百分之百，村民至此時成已結婚無一曠夫怨女，但於村民之結婚習慣中，一般認為男女達十四歲時便已達結婚年齡，但於表上村民結婚年齡最早者始於十七歲，但在十七歲已婚四人中，俱係女人，而男子結婚最早乃始於十九歲，從廿歲至廿四歲一組結婚率剛百分之五五．八，於廿五歲至廿九歲一組中其結婚率方始達八四．五，從此以後各年齡組之結婚率方始達最高點，由此可以看出村民之結婚似并不能算為早婚，但此種無早婚之趨勢，并非村民之志願如此，而其實是由於大多數之村民因經濟關係娶不起妻子之故。

(八)結婚年齡

村民之結婚年齡，平均上男人較女人遲，於調查七八四人已婚之村民中，其結婚年齡最低是十三歲，男子二人女子四人，而男子結婚年齡最高者為三五歲有三人，而女子結婚年齡最高者為三四歲有二人，男子結婚年齡在廿歲至廿四歲一組最多，佔男人數百分四三・四，其次是十五歲至十九歲一組中，佔百分之三六・九，再次之是廿五歲至廿九歲一組中佔百分之一四・四，最少是十五歲以下及三五歲以上二組、各佔百分之〇・九二，次者是卅歲至卅四歲一組佔百分之二・四，而女人之結婚年齡，最多者是一五歲至一九歲一組佔百分之七一・二，其次是在廿歲至廿四歲一組中佔百分二一・一，最少者是一五歲以下一組僅佔百分之一・三，其次是三十歲至三四歲一組佔百分之二・四，而二五歲至二九歲一組爲後甚少僅佔百分之三・七，男女結婚年齡差的平均數男

龍村村民結婚年齡分配表（表2.19）

年齡分組	男人		女人	
	人數	百分比	人數	百分比
15歲以下	3	0.92	7	1.5
15—19	120	36.9	321	71.2
20—24	140	43.1	97	21.1
25—29	47	14.4	17	3.7
30—34	8	2.4	11	2.4
35以上	3	0.92	0	0
平均數	21.2		18.7	
眾數	21.3		17.6	

龍村人口平均結婚年齡與各地農村比較表（表2.20）

調查地點	調查年度	男	女
廣東潮州龍村	一九四〇	二一・二	一八・七
安徽等七省十一處	一九二一—一九二五	一九・七	一七・九
北平掛甲屯村	一九二六	二三・六	一九・二
北平黑山扈等村	一九二六—一九二七	二〇・七	一九・二
山西清源縣	一九二六—一九二八	二六・二	二〇・〇
河北等十一省二二處	一九二六—一九三一	二〇・八	一八・五
河北等十六省九九處	一九二九—一九三四	二〇・〇	一七・七
江蘇江陰峭岐鎮	一九三一—一九三五	二二・〇	一八・九

資料來源：喬啟明，中國農村社會經濟學 P.72.

二一・二歲，女一八・七歲，若依範家數男二一、三歲，女是一九、六歲見上十九表。

今再把村民結婚之平均數年齡與以前各學者在各地所調查之農村作一比較並列表如上第二○表。

在比較上表中龍村男子平均結婚年齡是較北平掛甲屯村山西清源縣江蘇江陰晴岐村三地低，而較安徽等七省十一處北平黑江庵等村，河北等十一省二二處，河北等一六省九九處較高，女人平均結婚年齡較之北平掛甲屯村，北平黑江庵等村江蘇江陰晴岐鎮等地低，而較安徽等七省十一處，山西清源縣河北等十六省九九處高，而村民男女結婚年齡平均數之距離為二・五歲較之安徽等七省十一處一・八，北平黑江庵等村一、一，河北等二一省二二處二・三，河北等一六省九九處二・三稍高，而較山西清源縣一・二北平掛甲屯村四・四低。

村民女人所以較男人早婚之原因雖有多端，然最重者，是經濟的，社會的，兩方面所促成，於經濟方面是村民處於日瀕於破產之農村經濟中，一般男人對於結婚費籌措困難，故蹉跎歲月誤了婚期，而、然貧苦農民卻極願意把自己女兒早期出嫁以減少負担，在社會方面，是由於龍村一帶村落之農民守舊性甚重，重男輕女的氣習甚深，一般咸認為女子應宜早結婚，以避免家聲之墜落，在當地嘗流傳一俗語"家內三件不可留，棺材、馬桶、女子、留必哭"，故一般家長對自己女兒已達結婚年齡時，即台媒說合、以祈早日出嫁以完成家長對子女之責任。基此之故，故促成女人平均結婚年齡較男子低。

（乙）夫婦年齡之關係，村民夫妻之年齡往往男人較女人大，而妻年大於夫年卻甚少，茲列表於後：

從下表夫婦年齡關係表中，我們先於表上作一對角線，所經之各年齡格中，為夫妻同等之年齡數，如年齡偏於對角線之下者，則為妻年長於夫者，若年齡偏於對角線之上邊，則為夫年長於妻年者、在下表二七七對夫婦之統計中，妻年長於大年者，只有二三對，夫妻年齡相等者只有三四對，而夫年長於妻年者有二

龍村夫妻年齡關係分配表（21）

妻＼夫年齡	13	14	15	16	17	18	19	20	21	22	23	24	25	26	27	28	29	30	31	32	33	34	35	36	37	總計
13	1	1	1		1																					4
14	1		1																							2
15			2		3		2				1	1														9
16				4	4		4	2	5			3	1	1	1		1									26
17			2	4	9	4	19	5	13	2	7	6	4	2	4		1	1	1							84
18					1	1	2		1			1	1		1											8
19					2	3	10	6	12	4	7	5	7	3	2	1		1								63
20							5		6	1	6	4	1	2			1									26
21					1			2	2	2	3		1		1							1				13
22										1	2	1	2				1									7
23												1		1	1		1				1					5
24											1	1	3	2	2	1	1				1	1				13
25												1	1		1		1		1							5
26																		1								1
27															1		2			1						4
28																			1							1
29																								1	1	2
30																		1		1		1	1			4
31																										
32																										
總計	2	1	6	8	21	8	42	15	39	10	27	24	21	11	14	2	9	4	3	2	2	3	1	1	1	

二〇對之多，佔總數百分之七九·四之多，由此可知村民夫妻年齡關係中大部份是夫年長於妻年。

(b)村民妻室出生地之分佈，龍村村民婚姻是族外婚，其妻室須娶之於各不同姓氏之社區，在調查的四五[illegible]村民的妻室中，由九十個不同之社區而來的，在各社區中，村民妻室人數最多者以來關村洋[illegible]鎮少来縣城孔子美村、淦田村、鳳瀾村、前埔村、後吉村、隴頭村、海堤村、後宮村等的人數最多，尤以東隴一村為多，計從東隴村而来的村民袁室有四十人之多，茲將村民袁室出生地分佈繪圖如下：

龍村村民袁室出生地分佈圖之(五)

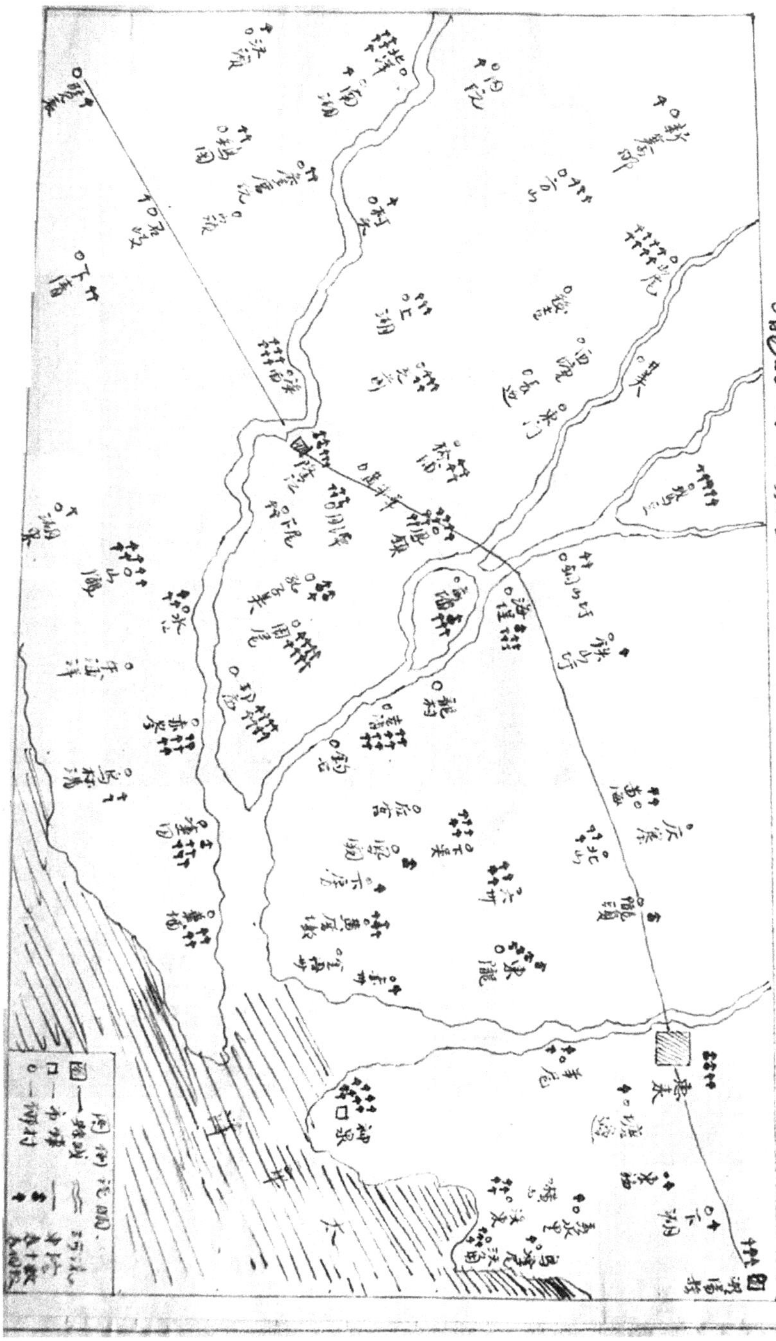

第四節　村民之離村

龍村村民多半以業農為主，其生活是寄托在耕地上面，故一般村民多安土重遷，但自抗戰八年以來，農村經濟日瀕於破產，農民生活益陷於水火之中，一小部份之貧農，為了生存，為了生活不得不忍痛離別其所最依戀之田園，與祖宗墳墓，出外謀生。同時又以徵兵瀕繁，更逼着村民穿上戎衣遠離家園。在離村村民中，現在仍可知其尚存於人世者，有九九人之多。男子佔八四人，女子只十五人。茲為敘述方便起見，分為離村之年齡，離村村民之家庭關係，離村村民之職業及離村之原因，以次敘述如下：

(四)離村村民之年齡，在調查九九人離村之村民中，其人口之年齡分配，以廿歲至三九歲能生產之壯丁為多，茲列表如下：

離村村民年齡分配表(22)

年齡組	人數	百分比
0—9	3	3.03
10—19	15	15.10
20—29	29	29.20
30—39	26	26.30
40—49	10	10.10
50—59	9	9.09
60—69	7	7.00
總計	99	100.00

從上表看，離村村民以廿歲及廿九歲一組為最多，佔總數百分之二九．二，其次是三十歲至卅九歲一組，佔百分之二六．三，次之是十歲至十九歲一組，佔百分之一五

．一，後次之是四十歲至四九歲一組佔百分一○．一，最少者是涟零歲至九歲一組佔百分之三．○三，其次是六○歲至六九歲一組佔百分之七．○，更次之是五十歲至五九歲一組佔百分之九．○九，總之離村村民以廿九歲至三九歲為最多佔總數百分之五五．五，由此可知離村村民過半數以上是適齡壯丁，是村中生產勞動力最強者。

(8)離村村民之家庭關係，九九人離村之村民其家庭關係以兒子居多數，家主次之，兄弟者更次之，茲列表如下：

龍村離村村民家庭關係分配表之(23)

家庭關係	人數	百分比
家主	25	25.1
兄弟	16	16.1
兒子	28	28.2
孫兒	6	2.06
媳婦	5	5.05
孫女	2	2.02
母親	1	1.01
父親	5	5.05
女兒	5	5.05
妾	1	1.01
丈夫	1	1.01
妻	1	1.01
伯叔	3	3.03
總計	99	100.00

(9)離村村民之職業：離村村民之職業都是政軍商教學等業，其從事於政者有二四人佔總數百分之二四．二，軍者二二人佔總數百分之二二．二，商者十人佔總數百分之一○．一，教學者有五

人，佔總數百分之五・〇五，政者四人佔總數百分之四・〇四，農者三人佔總數百分之三・〇三，至於無職業者有廿九人之多佔總數百分之二九・九，茲列表如下：

離村村民離村後職業分配表之（24）

業別	人數	百分比
軍	22	22.22
政	4	4.04
工	24	24.24
商	10	10.1
教	5	5.05
農	2	2.02
其他	3	3.03
無業	29	29.29
總計	99	100.00

在表中離村無職業之村民多半是離村作業者之眷屬，或者是村中青年出外求學者，至於業工者多半在南洋一帶，而服務於軍隊者，除一人在軍隊當連長之外，餘皆係應徵之新兵。

（四）村民離村之原因，村民離村之原因大体上有如下列各點：

（一）經濟的原因，在日見破產的農村經濟中，一般窮苦之農民終年兢々業々勞力終年，但其所得更不得一飽，故為謀求生存計，不得不離村另作生計以謀生路，在抗戰以前村民離村大半是遠渡重洋赴南洋一帶謀生，及抗戰事發、海路斷絕，於洋海外竟成為不可能，一般貧苦的村民為求債務之解脫、與生活之解决，不得改冒民大危險充作"豬仔"受僱應徵遠離可愛的家園。

(二)戰爭之原因，抗戰以來徵兵頻繁，一般中貧應役之貧苦村民無法出資僱人代役，不得不親自參加，或衍些家鄉作別。

(三)社會的原因，龍村社會中，若遇有不良份子為害村中秩序者，常由其近親設法使之離村，以免貽害村人，誤累自己，羞辱先人，在戰時此種不良份子常由其較近之族人集資遣其赴南洋一帶，但於抗戰時則迫其受僱徵兵入伍。

上述三種原因不過是其犖犖大者，然村民離村原因雖複什，但其主要之原因便是經濟之原因。

第四章 龍村之家庭

龍村社會仍是停滯在封建形態之中，故其做成社會[illegible]單位之家庭，亦是充份表露封建社會之性質，雖然隨着農村經濟日益瀕於破產的危机中，大家庭制度起了瓦解，但是這種瓦解變化仍是甚為遲慢，在一般村民所理想中仍是在幻想着"五世同堂兒孫繞膝"的大家庭制度，故一般村民尤其是年老的人，眼見着大家庭制度不斷的瓦解成為小家庭時，慨嘆着"人心不古"，他們認為家庭各份子起了變化而釀成了分爨別居之事，是為不名譽不吉祥，故一般家庭非至不得已時仍是維持大家庭制度，是故在龍村家庭的組織上仍殘存着大家庭之趨勢，並將本章為（分）家庭之組織，家庭之關係，家庭之大小分別述之如下

第一節 家庭之組織

家庭之組織在調查的三六四個家庭中其世代雖是以二世代為多數，但三世代者亦復不少，同時五世同堂者仍有一家，四世代者仍有三家，茲列表如下：

龍村家族家庭世代分配表之（25）

世代別	家數	百分比
一世代	37	10.2
二世代	240	65.9
三世代	83	22.8
四世代	3	0.82
五世代	1	0.27
總計	364	100.00

於表上二世代的家庭佔總分百分之六五．九，三世代佔百分之二二．八，一世代者佔百分之一〇．二，四世代者佔百分之〇．八二，五世代者佔百分之〇．二七，在龍村宗法社會中一世代之家庭多半是貧苦的村民，往往被一般人目為破落戶者，是受別人家之輕視，但在三世代四世代五世代之家庭之半是稍富有者，尤其是四世代五世代之家庭多數是地主者

他們在村中的地位較崇高，其家長往々受一般村民所尊敬羨慕，但我們從上表看，大家庭制度雖仍然着在村民的心坎中，但由於量之變動，將可以決定質的變更，在不久的將來將成為陳跡矣。

第二節 村民之家庭關係

在龍村村民的家庭關係中，仍是表現出相當複雜，茲列表如下：

龍村家族家庭人口親屬關係分配表之（26）

親屬關係	人數	百分比	以百家主對親屬之百分比	百家主對親屬之平均數
男家主	332	20.0	100	100
女家主	32	1.9	100	100
家主配偶	233	14.0	64.0	0.64
子	313	18.8	86.0	0.86
女兒	255	15.3	70.0	0.70
父親	13	0.8	3.5	0.035
母親	133	8.0	36.8	0.368
兄弟	93	5.6	25.5	0.255
姊妹	101	6.9	27.7	0.277
媳婦	47	2.8	12.9	0.12
孫兒	33	2.0	9.0	0.09
孫女	22	1.3	6.0	0.06
兄弟之配偶	12	0.7	3.3	0.033
伯叔	3	0.1	0.3	0.003
嬸姆	5	0.3	1.3	0.013
侄兒	9	0.5	2.4	0.024
侄女	6	0.6	1.6	0.016
祖母	7	0.4	1.9	0.011
外侄女	1	0.06	0.3	0.003
外侄兒	0	0	0	0
妻之妹	2	0.12	0.5	0.005
表親	1	0.06	0.3	0.003
姑	1	0.06	0.3	0.003
堂妹	1	0.06	0.3	0.003
家婆	1	0.06	0.3	0.003
堂侄	1	0.06	0.3	0.003
弟配偶之弟	1	0.06	0.3	0.003
總計	1658	100.00		3.538

由上表看，村民人口家屬關係，一共有二六項之多，除了家主及

家主之配偶與兒女之外，不独有父母兄弟姊妹之關係，同時還有媳婦孫兒兄弟之配偶，伯叔嬸姆侄兒姑及祖母與堂侄甥姨等之親屬關係，這顯然是大家之制度，但從親屬關的百分比看，在家主及家主之配偶與子女五項中佔總數百分之六八·九，而在父母親兄弟姊妹媳婦孫兒女等七項之親屬關係中，只佔總數百分之二七·四，而在兄弟之配偶伯叔嬸姆侄祖母外侄女甥姨表姑堂侄堂妹家婆等等十五項中只佔有百分二·一四，但若再從以家主為壹佰（其對）親屬的平均表中看，仍然是以家主之配偶、子女、等三項為最多，其次更再從以家主為一百，对每家親屬之平均數有三·五三九人之多，其中家主之配偶及其子女三項中之親屬關係中佔有二·二人之多，其他廿一項之親屬關係中只佔有一·三三九人，由此可知這種大家庭制度已日趨於瓦解，而包括一夫一妻及子女的小家庭已逐漸成長抬頭。

第三節 家庭之大小

龍村家庭之大小，我們試從其經濟家庭與親族家庭兩方面分析之，所謂經濟家庭者，是包括凡享受共同生活同居同食之人口，而親族家庭即限於血統關係之人口而言，現分別述如下：

的親族家庭之大小，在調查的三六四户的家族家庭中，其人口數以三口、四口、五口之家佔多數，茲列表如下：

龍村親族家庭人口數分配表之(27)

家族人口數	家數	百分比
1	8	2.2
2	38	10.4
3	86	23.3
4	86	23.3
5	49	13.5
6	46	12.6
7	15	4.1
8	17	4.2
9	5	1.4
10	4	1.1
11	4	1.1
12	3	0.8
13	1	0.3
14	1	0.3
15以上	1	0.3
總計	364	100.00
平均	4.55	

從上表家族人口(家庭)數看，每家人口數最少者一人，有八家之多，佔總數只有百分之二·二，而最多者有一八人只有一家，佔總數百分之〇·三，從家數上看，以三口、四口之家為最多，佔總數百分之二三·三，五口或六口之家亦復不少，五口之家佔總數百分之一三·五，六口之家佔總數百分之一二·六，二口之家佔百分之一〇·四，此外其他各家數隨人口數之增加逐漸遞減，其家族之平均人口數每家有四·五人，

若與其他各地農村互相比較，其親族之平均數則較其他農村少。現作比較如下：

龍村親族家庭的大小與各地農村比較表之（28）

調查者	調查地點	調查年度	調查家數	調查人數	每家平均數
	廣東潮州龍村	一九四七	三六四	一、六五八	四．五五
卜凱	安徽等七省一六處	一九二一—一九二五	二、六四〇	一四、五九二	五．六六
馬倫等	河北等五省	一九二二	七、〇九七	三七、一九一	五．二四
卜凱	河北塩山縣一五〇家	一九二一—一九二三	一五〇	八〇三	五．三五
李蘽	綏遠雌磁村	一九二三	一六七	七九〇	四．七三
卜凱	蕪湖一〇二家	一九二三	一〇二	五五〇	五．三九
喬啓明	安徽等四省一一處	一九二四—一九二五	四、二一六	二二、一六九	五．二六
張履鸞	江寧縣暘鄉村	一九二六	四八〇	二、六三四	五．四九
白斯等	四川成都平原	一九二六	五〇	四九五	九．九〇
李景漢	北平掛甲屯村	一九二六	一〇〇	四〇六	四．〇六
	北平黑山扈等村	一九二六	六四	三八七	六．〇五
喬啓明	山西清源縣	一九二七	一四二	九二〇	六．四五
		一九二八	一四三	九〇三	六．三一
		一九二九	一四三	九二〇	六．四三
李景漢	河北定縣五一五處	一九三〇	五一五	三、五一七	六．八〇
仝上	河北定縣五二五五處	一九二九—一九三一	五、二五五	三〇、六四六	五．八三
喬啓明	河北等一一省二二處	一九二九—一九三二	一二、四五六	六七、六四六	五．四三
	江蘇江陰	一九三二	四、五七九	二一、三四三	四．六六

"註"資料來源 喬啟明中國農村經濟學 P.27

由上比較表看龍村親族家庭人口之平均數，除較北平掛甲屯稍高之外，餘均各地低，其親族人口平均數，所以較各處低之原因，是由於抗戰八年未免了天災人禍與疾病之襲擊，及農村經濟日趨於破產所促成，但在這親族家庭人口之平均數中又可以看出

：龍村家庭關係，與家庭組織，雖然那樣複雜，尤分表現出宗法社會之大家制度，但它在量的一方面已起了迅速之變化，走上了崩潰之路線，但龍村這種家庭制度的變革之速度，不是隨社會之進步而發生，而是由於在逐漸變動之過程中，受外來暴力所推殘，故大家庭之崩潰，並不象徵着龍村社會之進步，而是表現出龍村社趨於破產與沒落之方向。

(b)經濟家庭之大小

龍村經濟家庭較家族家庭稍大，經濟家庭人數有一六九二人之多，其每家之平均數有四·六四人之多，較之家族家庭多三四人，平均每家多○·○九人。茲將其情形列表如下：

龍村經濟家庭人口數分配表之(29)

家人數	家數	百分比
1	7	1.9
2	38	10.4
3	86	23.3
4	83	23.0
5	50	13.7
6	45	12.3
7	17	4.2
8	17	4.2
9	5	1.4
10	3	0.8
11	4	1.1
12	4	1.1
13	2	0.5
14	2	0.5
15以上	1	0.3
總計	1692	100.00
平均	4.64	

龍村經濟家庭人口數最多者一三人，凡有一家

最少者一人，有七户，於家數上最多者以三口之家佔總數百分之二三·三，其次是四口之家佔總數百分之二三·○，此外如五口之家二口之家亦復不少，如上表，至於龍村經濟家庭人口所以較親族家庭多之原因，是由於龍村地主兼自耕農者，及自耕農者因感勞力不足故倘附近村落僱長工及蓄買女婢所致。

註一：社會學刊第一卷第四期。

第五章　龍村之教育

龍村之社會是建立在自供自給之農業經濟上之封建社會，村民之思想多半是充滿着封建思想，村民在以前所受之教育亦多半是封建教育，村民對於教育方面頗能重視，他們多半認為書中自有黃金屋，書中自有顏如玉，故使其子弟能脫離現在之苦況，而將來能出人頭地，揚眉吐氣，參加進統治集團，故盡力培植其讀書。但他們希望其子弟所讀的書，並不是現在小學校所課授的那一套教科書，而是仍喜歡滿清時代小學所課授的論語、孟子、幼學瓊林及三字經等充滿了封建思想的四書。他們認為唯有這些書，方能造就其子弟，而對於現在那些教科書則認為那些只有教壞人家之子弟，完全沒有價值，故雖經政府三令五申創辦小學校，教新書，總是不能引起他們之興趣，然村中並非沒有先前之舉。比如村民光清學和艾陸之流，確係村中富有革命思想之人，彼等於民國初年即在村中極力提倡創辦了一所小學，廢去一切舊書，改教新書，然奈一般村民對之不感興趣。且當時因小學校教授體育、唱歌等課時，更引起村民之反感，認為如此只是教壞學童，導其子弟來趨於嬉戲，故多不願送其子弟就學，後來更因村中二社不睦，經費不足，遂宣告解散，以後仍依了村民之意見，由村中南北二社各聘請冬烘先生，再教舊書。直至民國廿九年，村中設立鄉公所，奉政府命令再創設中心小學，由鄉長林珪及鄉紳允之、常焰等，用強迫手段，迫各家長送學童入學，斯時學童約有百餘名，學校範圍亦漸見擴大，然後來因南北二社平時有不可填補鴻溝，六社學童相處日久，因之發生意見，之小學負責人，管教欠週，故時發生打架，各家家長咸恐自己子弟滋事，於是禁令就學，學生人數大形減少，且更因經費不足，教員薪水未能按月付支，因之教者亦不甚興趣，於時學校無形中又陷於停頓，至後來更因鄉長易人，中心小學之机構亦隨新鄉長移設鄰村，故小學教育於是再宣告解散，而另改創立私塾，後教舊書。直至新近，小學教育遂漸普遍，村民對小學教育不再似以前那樣畏懼，同時村中一般富有者，因欲使其子弟受小學教育，常須至縣城讀書，而村中失學兒童又日見增加，且鄰村多先後設立保國民學校，於是村中人士後倡創學校，因鑒於以前南北二社學童不能相處，於時隨改為南北中三社合設三保國民小學校，近三保學校之學童約有百餘人之多。

第一節　龍村村民教育之程度

在調查的一四七六達就學年齡的村民中，識字者只有四二三人，約佔總數百分之二八・六，男人有四〇五人，而女人只有十八人，在四六三人識字中，在受教育程度以小學、與私塾有最多，茲列表於左

龍村村民教育程度分配表之(30)

教育程度	男人		女人		總分百分比
	人數	百分比	人數	百分比	
專科學校	3	0.42	0	0	0.2
高中	3	0.42	0	0	0.2
初中	7	0.99	0	0	0.47
小學	148	21.1	14	1.8	10.9
私塾	244	34.75	4	0.5	16.7
不識字者	297	42.3	756	97.5	71.4
總計	702	100.00	774	100.00	100.00

於上表總百分比中，村民之教育程度以私塾為最多人，佔總數百分之一六・七、而小學之人數亦有百分之一〇・九，初中程度者僅有百分〇・四七，而專科學校與高中程度者則甚少，僅各佔百分之〇・二，而不識字都有百分之七一・四，由此可知龍村人民教育程度之低，而且不普遍，但再從表中兩方之識字者數量看，女人識字者只有百分之二・三，而不識字者都有百分九七・五，而識字者最多人程度最高者是小學程度，佔百分之一・八，其次是私塾程度者，只有百分〇・五。在男人方面，只[illegible]

百分比都有百分之五七、六七，佔男人人口一半以上，而不识字者只有百分之四二、三，由此可以看出男人的教育較為普及，而女人則較差，由此亦可知村中男女的教育享受是不平等的，此不平等之原因大概可分几点述之為下：

(1)龍村社會是男人為中心，女人終身是靠賴男人為家，故女人識字與否，與其前途則無大碍，故一般家長多不令其女兒就學，以減少其負担。

(2)村民对女人認為賠錢貨，遲早是要嫁人，故雖(0)有學向亦不是自己的利益，故对女人教育一向忽視。

(3)村中一般的傳統思想認為女人無才便是德，尤其是自新近以来看見城市之女學生，終日與男人相處，談話隨便，且一般讀了書的女人醉心婚姻自由，更使一般村民不令其女人入學，以免被染上惡習慣而致敗坏家聲污辱先人。

由此三項原因之影响，終於使女人不能同樣與男人享受教育之机會，其次的現再把龍村之教育程度與其各地作比較，以便視察龍村之教育

水準較之各地農村高低之程度為何?茲列表如下:

龍村識字者與各地農村比較表(31)

區域	人數	識字者百分比	不識字者百分比	備註
廣東潮州龍村	一四七六	二八·六	七一·四	五歲以上
北平清河鎮	一四二八	三〇·三	六九·七	
江蘇鎮江中冷新村	一二〇九	二八·七	七一·三	
浙江臨安農村	八六六九	一四·八	八五·二	
廣州河南島農村	四三二八七	三七·〇	六三·〇	
雲南金甯既丹	五四八七八六	一四·一	八五·九	二十歲以上
安徽全省	二三五六二〇四	一〇·六	八九·四	
江蘇江藍	二一八六四	一一·九	八七·六	〇·五不明
江蘇句容	二九四五五	一一·三四	八八·六六	
江蘇江寧	五六二〇六三	一一·四四	八八·五六	
雲南呈貢	七一二二三	七·四〇	九二·九六	
山東鄒平	一六五七三五	一四·七八	八五·二〇	〇·二、不明

從上比較表看,龍村識字人數的百分比,只次於北平清河鎮、廣州河南島農村、及江苏镇江中冷新村等三次,其餘都較各地高,由此可說明龍村雖然教育不普及,但較之全國大多數農村都尚稱為普遍。

第三節 村民識字的人數與職業地位之關係

村民識字的人數雖是受到其職業地位所影响,大体上地主的識字人數較自耕農佃户半自耕農，僱農多数，将情形列表於左：

龍村村民職業地位與識字人數之關係表(32)

職業地位	家庭數	親族成員	識字人數	識字人數百分比	佔總數百分比
地主	15	136	62	45.6	3.7
自耕農	113	515	131	25.4	7.9
半自耕農	92	417	104	24.9	6.4
佃農	84	325	64	19.7	3.8
僱農	6	20	2	10.00	0.12
其他	54	245	60	24.5	3.6
總計	364	1658	423	25.5	25.6

從上表看，在十五戶地主家庭中，其親族成員有一三六人，其識字人數有六三人，佔識字百分比四五、六，而在一一三戶自耕農中，其親族成員有五一五人，其識字人數只有一三一人，佔識字百分比只有二五、四，在九二戶半自耕農中，其親族成員有四一七人，但其識字人數只有一〇四，佔識字人數百分之二四、九，在八四戶佃農中，親族成員有三二五人，但其識字人數只有六四人，佔識字百分比只有一九、七，而又在六戶僱農中，其親族成員有二〇人，但其識字人數只有二人，佔識字人數百分之一〇、〇，至其他職業地位的五四戶中，其親族成員有二四五人，但其識字人數有六〇人，佔識字人數百分之二四、五，由此可以看出龍村村民職業地位較佳者，其識字人數百分比

較高，反之職業地位低劣者，其識字人數百分比較低，識字的人數是隨了職業地位而變動，此因為在一般貧農中，一方面是由於經濟困難，無力供給其子弟求學之費用，另一方面是勞力之需要，大多數之貧農，因為了生活之需要，不得不向地主多租耕地，故需要更多之勞動力，因之將達就學年齡的子弟，使之從事耕種工作，幫助勞動，另一方面在一般貧農的心裡上，始終認為自己之命運是注定了苦命，終生是憑以鋤頭為飯碗，讀書非其份內事，因之讀書識字的人益少，反之在富有的地主方面，多半想使其子弟讀書，將來在社會上得到地位，榮祖耀宗，光大門閭，且其對於農忙時，他們有自己的傭工，可以不需要其子弟負担耕種工作，同時若使其子弟就學，反可使其家庭清閑，少負担教養之責任，是其子弟識字的人數增多，由此可知在農村經濟日益破產的今日，而欲農村教育普及確不是一件易為的事。

第六章 龍村之社會關係

一切人類活動之範圍和方式，都脫離不了物質基礎的限制，而生產方法，生產關係是物質基礎發展程度總表現，龍村農民是以經營農業為生活的憑依，故形成龍村社會仍停滯於自供自給半封建社會中，故村民的一切生活狀態社會關係都受了半封建的社會性質的限制與決定。

第一節 龍村家族之組織系統

住於龍村共同區域社會的人民，都是同一姓氏，同一祖宗，同出於一元，故其家族之組織，亦同樣顯露一元化，茲將其組織系統列成一圖表如下：

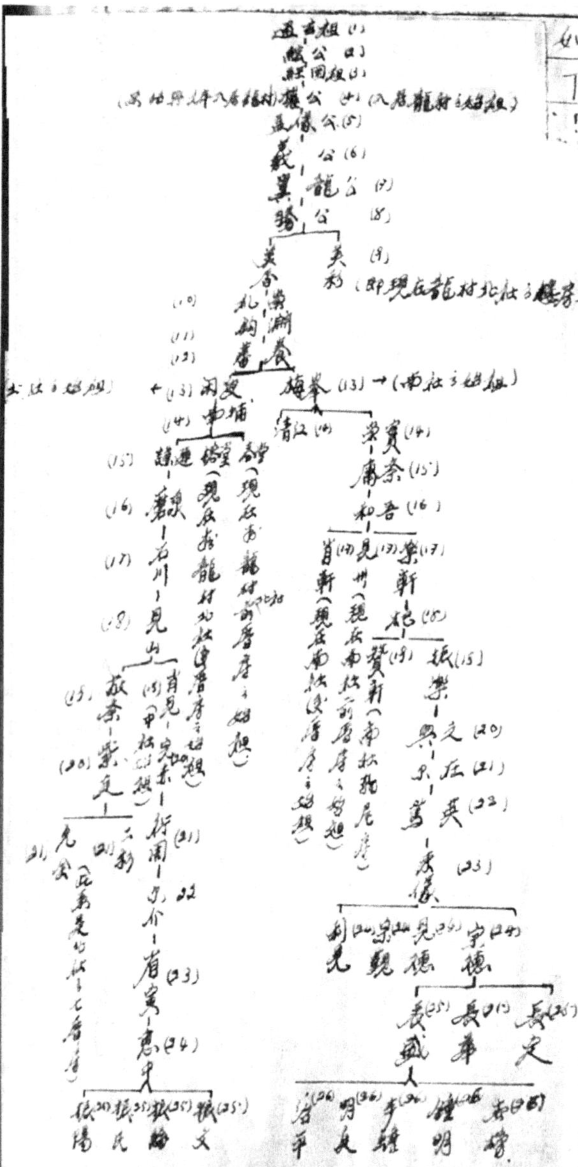

龍村家族組織系統表之（33）

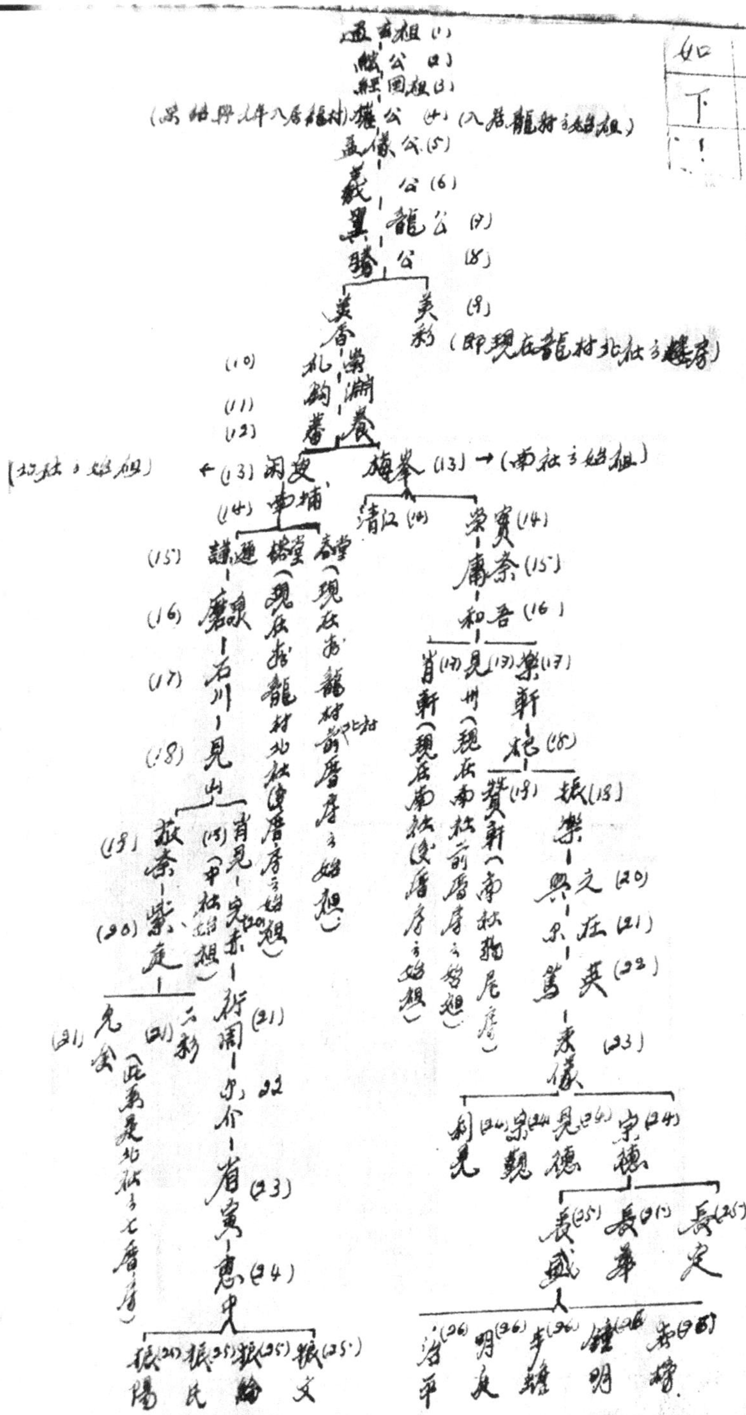

龍村家族組織系統表之（33）

第一節 龍村家族之組織系統

住於龍村共同区域社會的人民，都是同一姓氏，同一祖宗，同出於

元，故其家族之組織亦同樣顯露一元化，茲將其組織系統列成一圖

如下！

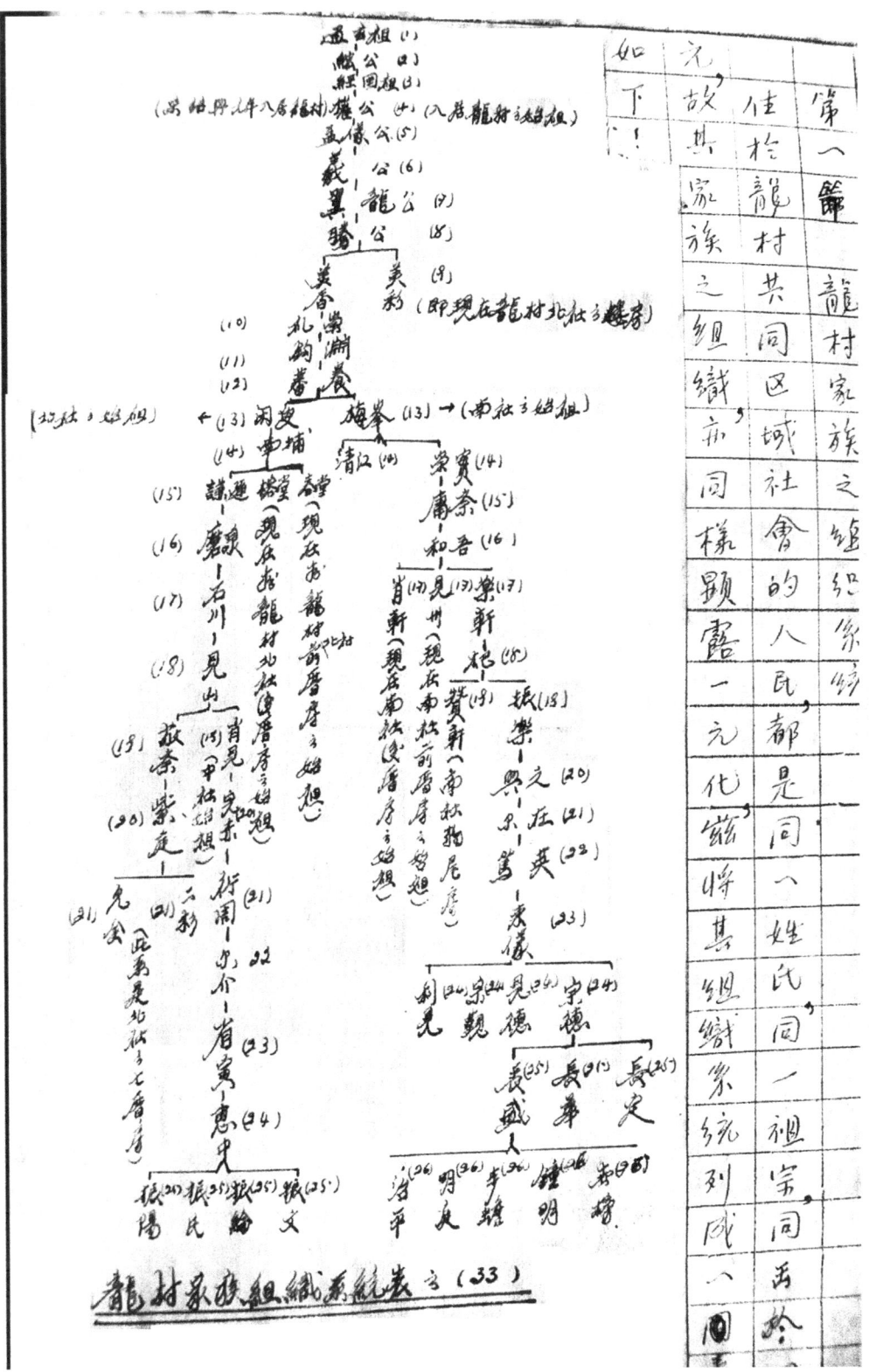

於上系統表中，龍村村民自其四世祖入居龍村以後，四傳至其八世祖騰公，分為二派，即九世祖美彩、與美香，美彩成為現在北社樓房之始祖，現其人數甚少，在村中不能起作用，而美香卻係現在南北二社最後之共祖，從九世祖美香以後，三傳至潘遠（十五世），即分為閑叟祖與梅峯祖，閑叟祖即為現在北社之始祖，梅峯祖即為現在南社之始祖，閑叟祖傳十四世南埔時，又離之為三，即春堂、搭堂、謙遜，春堂為現在北社前厝房之始祖，搭堂為現在北社後厝房之始祖，此兩房族現在在村中沒有甚麼地位，謙遜即為現在中社與北社厝房之共祖，謙遜三傳至覓山，又分為二，即肖見與敬斎，肖見為現在中社之始祖，敬斎為現在北社最佔勢力之厝房之始祖，南社之始祖梅峯一傳至（十四世）時分為二，即靖江與崇實，靖江派子孫甚少，仍居於北社，崇實即為南社全社之始祖，崇實二傳至和吾，又離為三，即肖軒、見卅、樂軒三派，肖軒為現在南社後厝房之始祖，見卅為現在南社前厝房之始祖，這兩派人口數少，勢力亦微，樂軒一傳至杞又分為二，贊軒與振樂二派，贊軒為現在南社之狗尾房，振樂四傳至孝儀，又離為四，即德、見德、宗觀、利見，其中以宗德派人口最多，最有勢力。

村民為了符合一元化的組織系統，更有同一之称呼，使全村村民都有同一排行的輩序，以定村民之長幼。其輩序是以不同而富有意義的文字組成五言合韻之詩句，村民按照其古代以詩句中一字作為其族譜中之首字，使全村的人都可於其族譜而知其長幼，定其称呼，其輩序詩如下：

國熙啟彥士，榮達正綱常，
寅亮崇經濟，恢宏賴耿光，
勲名綿鼎盛，蘭桂永騰芳，
德茂貽謀遠，雍和廣澤長，

龍村村民不独在族名上成一元化、律規化，同時対於村中智識份子在其入學時之書號，亦是有一定之輩序，受教育之村民，其書名亦需按照其古代照輩序中的詩句比排列之字序作為書名之首字，其書名詩錄之如下：

文運開奕世，炳耀光先猷，
積善芳聲遠，家聲廣蔭流，

存心惟寧靜、大道允宜留，

元亨荷天佑、利貞惠亮疇。

這種"族號"與"書號"，依照輩序而排列，是起於村民"二〇吉"之時，例如村民是"二〇吉"的話，他的族號是"國"，而其書號總該是"文"。全村的人都依其輩序評名，其名因之，全村的人都因名而知其輩序，定其長幼之称呼，不因階級而變更，此宛如若一大家庭，這樣由下而上的組織頗成一系堅靭而不易擊破的宗法社會系統的靭帶。

第二節　血緣之遠近與族中各份子之權利與義務。

在前節經已說过，龍村村民是同一祖先，其組織系統是一元化，但這是指龍村社會組織的縱方面，在組織橫方面看，是(但)分成甚多、支別、房派，在這(些)房派中，須決定了村中各部份子的血緣之遠近，而村中人與人之權利與義務，是受到血緣之遠近而決定，假如血緣越親近，則彼此各份子之權利與義務雖極其複雜，但歸納之可分為經濟的、宗教的、血族團体共同保護的村法的，及婚嫁養生送死等數端，茲分別敘述于例如下：

（旁注：越不[illegible]村中各份子的權利與義務）

a. 經濟的權利與義務

經濟的權利與義務，與血緣之遠近有很大之關係，經濟的權利與義務大体上可分為三種，即財產之繼承，與產業購買之優先，公共類之籌集。

1. 財產之繼承，村民對財產之繼承，是採取自親及疏的方法，假使有絕嗣的村民，其本身死後一切之財產，由其血緣最親近之親屬繼承之，若沒有最親近之血緣者，則由其較次近之血緣之親屬繼承之，例如有村民正兩者，生前獨身，死後無嗣，正兩有胞弟正合，遠客南洋，遺有兩子，愚而不肖，兩甚不悅之，兩有堂兄正貨，頗富有，且子孫繞膝，待兩甚善，兩擬將其產業繼承與貨之長子，然貨礙於血緣之遠近，終由兩胞弟之不肖子繼承之。

2. 業權之繼承及購置之優先權，村民無當產業之轉移時，對血統之遠近而有很大之關係，在血緣較近之親族中，各份子彼此之田產或其他之產業，雖係有互相監督互相保守之權利與義務，在可能範圍中村民之產業是不准流向親族團体以外，凡是村民需要款不得不賣賣產業時，應該先與其血緣較親近的族人商量，問他們有沒有人願意收買，若血統較近者無人接買時，方可以賣出别一房派，由於血統親近者可以有買賺產業之優先權，故在村民典當買賣產業時，其契約中常載明："先招至親，不就，後托中招到某某人前來就頭。"等字句，例如民國卅年，村民林德儒者，因訟事需款極巨，想將其宅屋出賣，村中有地主林江奇者，蓄意蓋建祖祠，苦乏屋地，平時對德儒之屋頗垂涎之，及聞此息，乃極托中人前往接洽，表示願以高價賺買，双方剛商洽中，德儒之堂叔知其事，即出而阻止之，表示如德儒需款決定出賣屋時，彼決願賣田該地，結果這宗賣買因之中途停止。

在村民中不獨可以繼承及優先賺買血緣親近的族人的產業，同時又可以贖回血緣較親近典出的產業，於典當期滿之後，典當者無力贖回，或典當者死亡，或外出時，其產業之贖有權可由其血統較親近之親屬贖回，即當地俗語謂"親人業親人贖"之謂也。

例如村民有林江順者，曾因家貧，將其先人遺屋典於村民林炎奇，後因再受僱為新兵參加戎行，家後無人，該屋典期滿時，由其親兄林木排款，經贖，時先奇對該屋頗需要，想加以拒絕，然恐礙於輿論，故只得任其贖回，論三人之關係，都係近親，同是長盛祖派之子孫，但長盛祖之後分作四房，派林江順之關係，林江順與樹木是同屬於四房，而林先奇是屬於二房，故其與林江順之關係較疏，而樹木則較近，故樹木有優先贖回林江順之產業所有權之權利。

3. 公共款的籌集，村民對於公共款項的籌集，如演戲酬神、賓會、等款之籌集辦法，亦是依照派別房界而攤籌，比如每逢歲末謝神演戲時，其全村所支出之費用，常是分由南北二社均攤之，所謂北社者是包括開夏祖派下的子孫，及其南社北社二社，於九世時分支的美彩公之後，即樓房等所有之人口。南社是包括梅峯祖派下之所有人口，二社均分後，又各依照血緣之遠近，其人口之眾寡各分為五股，南社之分是以長華派合宗觀派為第一股，長定派合贊軒派為第二股，長盛派因人口眾多自成為第三股，貝德派合利貝派為第四股，貝州派合南軒派為第五股。北社分為春堂派為第一股，樓堂派為第二股，樓房派為第三股，中社派為第四股，七晉派為第五股，各股之[illegible]不受地域之限制，比如有見泓（中社）有一部份與敵素祖泓（七層）雜居，但其擬疑時却仍屬於有見泓。

（二）村法的權利義務，龍村的鄉規对犯罪者也是採取自親及疏的連坐法，比如犯罪的村民，其犯罪的行為被發覺時，若畏罪逃匿，对受害人之損失不能賠償，对受菁团之罰款不能依法付还，或犯罪者復無財產抵押時，則需由其血緣較親近之親屬代償付，如其親屬不依法、拒付時，則由村中菁丁毀其屋，沒收其一部份田產，以茲抵償。例如：

民国卅三年，有村民林亜者家貧，偷鄰家之禁產物，其犯罪行為為菁丁所發現，依村中法例，犯罪者須付出若干"償頭錢"給發覺犯罪行為者，同時又須付出若干罰款給予村中之菁团，但因林亜家貧如洗，对該款無法應付，且無產業以茲抵押，故由菁丁向其堂叔達輝索取，而達付並無犯罪行為，却因與犯罪者在血緣上較為親近，故不得不代為償付一切之罰款。

（三）祀祖的權利義務，村民在血緣較親近之親屬中，不獨有經濟的繼承，同時又有祀祖之繼承，比如村民無嗣者，死後其祖先之一切家神，在全由其血緣較親近者，負責代為祭祀。例如有村民林耒春者，家小康，於民國廿二年春，全家死於霍亂病，繼者無人，祖先絕祀，故由其堂侄馬仔繼其嗣，承受其產業，負責其家神於每年四時八節之祭祀。

（四）親族團体共同保護共同敵人，龍村各房派中，各份子之關係於時都（1）有如原始部族之血族（報）仇恨同樣，假如在同一親族團体中，各份子不論任何一份子受親族外之人侮辱時，則必引全族中人憤恨不平起而為之復仇，無然在較親近之血緣中，平時各份子彼此有大小之衝突，感情也有惡化，但一遇受到較疏的親族欺侮時，則族內各份子必團結一致去付其共同之敵人，故当地俗語云"親人流鼻涕，鼻鼻臭仍是自己肉"，這種親族報仇之案件在龍村中頗多。茲列舉一二例作為個案之研究，述之如下：

a 北社敘余祖派有林但有者，性獷悍，平日視其親族人众，時橫行於北社各房派中，各房派以其勢盛，皆不能奈其何，於民国三〇年，其[illegible]漬有[illegible]烈者，因犯偷竊村人農作物之行為，受村中守望團處罰罰，從其自己園中之農作物，亦常受被人偷竊，而菁園即不能常受偷竊者，心殊不平，故乘菁丁白天休息時，乃將菁園夜間駐守所「菁寮」搗毀。南社之菁丁，不甘損失，乃分別報告南社菁首林常焜，與北社菁首林綢溪二人，南社菁首聞訊即擬令同北社菁首及菁丁執行任務，扣留林伍有，但北社菁丁及菁首，礙於親族之關係，故咸袖手旁觀不理，南社菁首睹狀、乃獨率南社菁丁十人，至北社將犯罪人扣押，並擬施以重刑，犯罪人之親屬見此情形，乃大加咆哮，認為不公。糾南社菁首菁丁大加攻擊，並將之包圍，阻止施刑。此消息一傳至南社時，全社為之震動，咸認為拒絕對犯罪之處分，並包圍其菁首暨菁丁，是蔑視鄉規，侮辱全南社村民，於時乃鳴鑼糾集社眾，準備攻擊北社，時北社之村民覩南社之舉動，亦不甘示弱，亦鳴鑼集眾準備行之械鬥，斯時與犯罪人林玉有血緣較近之族人允之，見此情形，若雙方不幸械鬥釀成，則全村之損失一定慘重，同時犯罪人及其親族之損失亦必更為慘重，乃親內自代表犯罪者，向南社菁首道歉，表示願意受菁團處分懲罰，并賠償菁丁之損失，但對犯罪人施刑一節，則情求赦免，南社菁首因見其后意赔偿损失，及受处分惩罚，同时又恐双方械斗，使全村感情破裂，为息事宁人计，乃接收此情求，赦免犯罪人而处罚，于是一场风波遂告平息。

(12) 北社十九世敬系派，与中社十九世肖見派是胞兄弟，其两派之血缘较为亲近，故每对南社或对北社春堂派、榕堂派发生事故时，時採取一致之步骤。中社于十九世与北社敬系派分支以后，经五传至廿四世惠中時，又離为四房，四房中现在之人口与势力是以大房及二房为最多，而两房時因其二四世代惠中祖之遗产，而发生剧烈之纠纷，于民国二八年時甚至发生械斗，双方势更成水火，积不相容。民国廿九年，北社敬系派因有祖墓在中社肖見祖祠之侧，年久残破，乃发起重修，因于修墓之時，敬系祖派之人，将其祖墓之石碑建筑较旧時稍高，中社之人認此有碍其祖祠，乃大加不满，提出抗议，敬系派之人更置之不理，于是双方遂发生械斗，斯時中社大房与二房乃独各放弃以前之嫌恶，乃更联络二房、四房之族人，团结抵禦敬系派之不合理行为，共同保卫其始祖祠之风水。

由上述两例中可以看出，村民親族团体之共同敌人與团结範圍並無一定之界限，而是由血缘之遠近而決定，若侵犯之血缘較疏，則其团结範圍大，若侵犯者之血缘較親近，則其团结之範圍較小。

（五）養生送死之权利與義務，村中之人若過年老無子，則其養老之人必為其胞兄弟，或兄弟之子，而無胞兄弟或胞兄弟無後者，必由其親兄弟父親兄弟之子，或親兄弟之子供養之，由血缘之最親者而及疏者，村中有時也有应養老的人無力供養者，但於時節中需送其給禮物，否則必受全村輿論攻擊、誹議。至於送死者，村民若無嗣而死之者，其身後之葬事，須由其較親近之親房代為打理，其較近血缘之子侄輩，需為之披麻帶孝、執子礼，而其較疏之親族則必幫助扶櫬上山，開塘築墓、超渡亡魂等事宜。

（六）婚姻所表現的权利義務，村民結婚時，須宴請村人飲酒，但被其請宴之人大多係其血缘較親近者，在一般富有的村民，其子弟結婚時更往往大事铺張，大宴村民，但被請宴者，亦受血缘之遠近而決定，大体上血缘近者，則請全家，遠者則請家長，更遠者則請其房長。

由上數點觀之村民彼此之權利義務是隨其血緣之遠近而決定，血緣近者，則其彼此之權利義務大，血緣越遠者則其彼此之權利義務越小。

第三節 血緣之遠近對宗族中各份子感情之影响

在龍村村民間彼此之感情也往往受血緣親疏的影响，在一般村民中，对血緣較疏者之友情多半是表面化，在他们心理之間總是存着一層隔膜，有時彼此面上多表現得特別要好，但大半是暫時的虛偽的，不真誠的，例如：北社有林茂者，与南社村民林江照、遠波、常和等數人，平時特別有交情，他们在日常間常有聚餐、飲酒。同時又常在一起唱曲、調琴、拉弦等等之娛樂，但林江照等对北社林茂之交情，却只虛有其表，有一次江照等數人，知林茂喜賭而不善於術，乃暗中設局誘其入賭，林茂不覺而之賭，致負款甚巨不能照數償還，乃因之發生感情破裂，几致打架，這是在下層社會階級所表現之友誼，但在社會上層階級中，村民彼此之友情亦時受着血緣親疏之影响，比如中社有林忠者、与南社林光或二人，俱係村中紳士，二人於幼時曾畢業於同一小学，同一中学，在求学时代，彼此之友情甚浓厚，食宿共之，但自毕业以后，两人俱赋闲村中，负担乡事，却因血缘之疏隔，逐渐发生磨擦，以前之友情逐慢慢的降低，但他们於平时之间表面上仍维持友情，可是在彼此之内心却互相勾心斗角，在各人之背後互相指摘谩骂，常各个其短处攻击之。

这是两条因血缘之疏远而致影响其友情之事例，说明一般村民之友情是受着血缘之限制，在血缘远隔的村民中，其感情多半是表面化，但反之我们试看在血缘较近者其间彼此之感情又复如何呢？在血缘较亲近之村民中，彼此友情却多能真诚相处，虽然在血缘较亲近之村民中有时也会因祖先之遗产而至有冲突，使感情恶化，但是这种恶化的感情却往往是暂时的，他们因常有着共权利与义务，常站在同一战线上，对付外来之侵犯者，所以虽有时在感情上起了分裂，但常是很容易恢復的，例如

村民有林常焰者，与其父亲兄弟之儿子林常禄、常琼是同一祖父，在血缘上甚亲近，但常禄与常琼因吸食鸦片烟，家贫，曾联合向常焰争夺

其祖母之遺產，而發生打架，双方感情破裂，但於民国卅二年龍村發生空前大饑饉時，常瓚全家絶粒，几瀕危殆，常焰家頗富有，憐而濟之，使其全家得安然渡过飢饉危險時期，常瓚述其救命之恩，因之復言踈於好，而常棣却於民国卅三年黑夜入鄰屋，為樑上君子，被覓，被菁国拘鄉於始祖祠，慘施重刑，其胞兄弟以其污辱先祖，不之救，常焰因（識於）親屬関係，憐而救之，并代賠还償頭錢及菁国之罰款，後常棣之胞弟常桂有子生急病，常焰頗有醫学常識，乃代之醫，於是兩家亦復言歸於好。

由上三例乃可看出龍村村民之感情多半是受着血緣远近之影响，然龍村社會関係究竟頗為複雜，雖多數村民之感情是受着血緣远近而決定，但有時却有發現在較疏之血緣中，仍有濃厚之感情存在而友愛時间亦較長久，但這多半再雜有其他之関係。

例如北社有江奇者，與南社之村民常川兩家在血緣上甚為疏遠，但彼此二家交誼却甚為濃厚，於每年時節中，都時有礼物互相贈送，隣舍相隣，雖然在南北兩社親族團體中，其積怨是何深切，但是他們兩家交情都不受其影响，其所以如此者，是由於两家不独是同族、同宗、同乡，同时还加上一层婚姻之关係，即江幸之母與常刈之母、是同胞姊妹，同着以一层関係，故能使其两家不受血族远近之影响，而继续保持其友好之態度，然除此之外，尚有一種情形是在血缘较亲近之亲族团体中，不独彼此缺乏感情，同时双方終始保持着仇恨之態度者，亦有之。但此大多受着历史因素之影响。如：南社炳璵祖派之人，與两亭祖派之人。此两派之人，於血缘上是较为亲近，他们都同属於長賦祖派之親属团體，他们之分支只有四代之久，但两派之人，都互相傾軋，平日虽仍相處見面，打麻将、喝酒、表面时互有招呼，但彼此之內心却互相勾心鬥角，仇恨累積甚深，但其两派所以横隔此一鸿沟者，是由其先人累積而来，在两派之中两亭派较富有资産，而人口较少，而炳璵派亦颇有资産，但比两亭派稍差，而人口则较多，故在势力上炳璵祖派、较两亭祖派强，於民国戊辰年以前，两亭祖派之人，受炳璵祖欺侮，但於戊辰年时，两亭派之人，都乘其產業入龍村之際，糾衆燒炳璵祖派之房屋、祠宇、並搶殺炳璵祖派之人，及其產業撤退後，炳璵祖派乃訴之於政府，企圖報復，而两亭派之人，都視財為膽，多方賄賂，在腐敗政府統治之下，貪污風行之時，結果都告無罪，但從此起，雙方仇恨之累積更深，直至現在雙方的感情仍無法恢復。

上述兩例在村中頗特殊，不甚普通。

第四節　承認去年產孩及新娘之社會位置儀式

龍村村從中村去年之男孩、及新娘，需要給村民經過一翻承認其社會位置之儀式，方始成為正式之村民，享有村中一切之權利，此規定於每年元月十一日舉行之，是日凡前年產孩及結婚之村民，應於該天晚上宴請全村二十歲以上的男子，全村因親疏之關係分為南、北二社舉行之，北社宴席地點設於南更祖祠內，南社設於崇實祖祠中，兩社村民從來沒有越社被請，於該晚上來飲宴之先，結婚者及產孩者須先陳列祭品於該兩社各祖祠之中，祭祀祖先，於各祭品之上標明當事人姓名，並註明是新婚或男孩，其在祭台上所陳列之祭品，各當事人都極盡其匠心奇巧奢華，至一般貧者之當事人，於此日中他們並不向眾人露出其寒酸氣，以避免受人批評，雖至欺騙買祭品，但多典賣田地以供應付，以為買較丰富之祭品與食物，以與他人比較，拜祭至十一點以後即者散会，散会後飲宴即開始，假若村民中結婚者及産嬰者不請村人飲宴或祭祖時，必受全村輿論攻擊，同時其兒子長大後，全村不承認為村中之公民，村中一切之權利終生不能享受，而村於新娘者，則不独不承認為村民之妻子，而且往往更認為"野花"、"娼婦"，同時並取消其丈夫以後在村中所享有之一切權利。

例如有村民林巳貧者，昔時家貧，與一經已婚有子之寡婦結婚，其婚後對其妻氏带来的兒子沒有經村民承認其社會位置，故直至現在一般人仍不承認其為村中之村民，反時時呪其為"雜種仔"、"什姓仔"等惡語，其对村中之權利不能有絲毫之享受。

至於結婚者之新娘，不独要請村民飲宴，同時又需要在元月十五夜及十六兩夜中盛裝艷飾給村民公開参观認識。

第五節 祠堂之功用

龍村祠堂頗多，全村祠堂大小共有二十六座，於南社者有十座，於北社者亦有十座，於州社者亦有六座，祠堂在龍村社會中，佔有很大的功用，其最大的功用大体有經濟的，社會的，政治的，文化的四種功用，今分述如左：

1.經濟的功用，龍村祠堂最大的功用，可說是經濟的功用，於每一祠堂本身多半有些産業，这些産業，都是由其祖先遺傳下来，是祠堂中各親族集团份子所共有，這些祠堂通常除一部份用作春秋兩季祭祀祠堂祖先費用之外，其餘都用作救濟親族集团中之貧窮份子，或者補助或者代替集团各份子中之公共攤款，如代付壯丁優待費，政府臨時攤派，村中迎神演戲費用之攤派等等款項，使親族集团内各份子不致窮於應付，祠堂除代親族集团各份子付公共攤款之外，同時都又係集团中之稅务机関，在龍村村民往往有自己創設的捐稅，名曰鄉例，如嫁女捐、猪苗捐、猪捐、牛捐、等等。這些捐稅、都隸於親族集团中各份子共有之祠堂，如南社則隸之掌實祖祠，北社則隸之閑叟祖祠，各項捐稅常於每年冬至時，由祠堂直接批投給村民承辦，所得之款，除代付親族集团中各份子之公共攤款之外，若有盈餘，則放貸給村民，收其息利，藉以擴充資金。

在政治之功用上，祠堂是親族团体各份子之集會地，是聯絡团結親族集团中各份子，與村外來侵略者之机関，同時亦為集团份子政治活動的地址，因祠堂是其記代表之親族集团各份子所公有之地方，因之依集团中各份子有時時見面之機会，使各份子在感情上不致發生隔膜，減少糾紛，同時祠堂所供祀之祖先，都是親族團體各份子所共有，至年時節祭祀中，可以使份子知其親疏，明其輩序之長幼，知其彼此即[illegible]有權利與義務，使之能親識團結一致，同時每當親族團体內各份子受其他集團時犯時，更可作為採集團體內各份子意見，臨時會議之會場，以決定對於之辦法，不特如此，祠堂往往有時卻用做團体中有政治野心份子競選鄉長，或縣參議員等之競選招待所，或成為親族團體中有地位份子之公廣，而最重要者，祠堂中更有鉅大之款項，操縱於有政治野心份子作為政治之活動費。

乙社會之功用：在社會方面，祠堂表現更具体，更大更多之效用，龍村在地形上，因係依山構築，地方狹小，屋地甚為缺乏，同時在農村經濟上，趨於破產中，一般村民多半無能力建築房屋，故在住屋方面頗感嚴重向題，但其最有效之補救，卻是祠堂，龍村祠堂，普通常為其親族團体各部份子共儲藏室，農閑之娛樂所，勞働休息處，公共之會客室，共負窮份子之臨時寄宿處等之功用。

丙文化之功用：龍村祠堂除有上述三種功用之外，還有附帶着文化之功用，龍村祠堂時時更被用村民作来開辦學校，建設村中之文化，提高村中文化水準之機關。

總之祠堂在龍村社會中，確有很大之功用，例如在北社之闹廈祖祠南社之崇寶祖祠，早為現在村中之保國民学校，但於晚间放学時都成為村民之休息，談天娛樂處，同時又是村民晚间会者寄宿處，同時於白日间又為村民之會客室，其功用確是龍村村民所不可一日缺乏之去處，同時更是維護宗法社会的法寶。

第七章 龍村之社會控制

龍村之人口，雖然僅有千餘人，但其社會組織，却儼若一小王國，自己不獨有议会之產生，同時更有自己的法律，有自己的司法官等等之組織，她自己所制定之一套法律，較之國家之法律更有効力。在政府之命令不大受人民所注意重視之龍村社会中，其社会秩序，所以能長久維持者，实有賴其自己歷代相傳下來的村法，茲將其议会、立法、司法、行政等各種制度分述如下，

第一節 议會制度

议会是龍村最高之权力机关，她可以决定全村村内村外之一切事務，其对内可以通過村法，决定：籌款方法、菁園之組織及治安問題等等之权力。对外可以决定对鄰村之宣战、媾和、等等之权力。议会於开会討論時，並不是採取多數表决，而是以全体贊同為原則，议会是無形的议会，閉会後，议会即行解散，平時並沒有主持人，或办事員，议会召開大会時之召集人，往往是由於村中較有地位之鄉紳，或南北二社之族長等召集之。至於议員之產生，议員之資格，议会之組織，等並沒有嚴格之

规，是亦分述如下：

a. 议会之组织，议会之组织，是由村中"各房推出代表一人，其人数当适是南社十人，北社十人，共二十人组织而成。"这二十个议员，都是各亲族团体之代表，故其在议会中之意见，应以此代表团体之利益为依凭，若与该团体中之利益相冲突时，则往往会受其亲族团体之攻击，但大体上平日于议会中只有两派势力之存在，或只有两种意见发生之可能，即南社与北社之两亲族团体。在议会开会时，除了南北两社二十名议员之外，其他成年村民，如果关心村事者，亦可以随时列席参加，同时又可以发表意见，其意见若被认为合理者，可以受大会采纳。

b. 议员之产生，议员多半是各亲族团体推荐出来的，或者由南北两村民经多数人之意见选各亲族团体中选择出来，这样产生之方法多半是由较有地位之村民提名，而经村民认可者。

c. 议员之资格，议员之资格并没有严格之规定，但大体上议员资格应符合以下各点。

1. 为村中正式之村民，能享受村中一切之权利与义务者。

2. 須是村中高年之耆艾者。

3. 在各親族团体中较有地位，其言論能使親族团体各份子服從者。

4. 富有経驗，善於詞令，能代表親族团体争利益者。

5. 对村事関心，对工作有热情者。然除了此五條件之外，对於村中一般貫有聲望，有社会位置之青年，亦可以有資格為议会之议員。

d. 老人于過去與現在在议会中之地位

龍村之议会可以説是老人议會，老人在民国以前滿清時代在议会中雖有崇高之地位，在以前的時候，交通不便，與外界接触較少，事物簡單，老人僅憑其経驗，便可以應付一切，但現在交通却較以前发達，外來事物日多，與外界接触日益頻繁，使一般老人憑四時之経驗，不足以應付一切，同時於現在议会中之老人，多半係全無智识，不諳新事故者。对村中若有事情發生，不得不反請教於村中稍有智识之青年，因之終于使一般老人減少其权力，降低其在议会中之地位，時至今日，龍村老人僅能在议会中完成会议之形式，通过已成事実之提案而已。

继之议会制度，在龙村中虽然议会由全村各亲族团体派出代表组织而成，议会之意见即为全体村民之意见，但由于各亲族团体所推荐之代表多半是老弱无能，不谙世故的老年人，俗称为“冬瓜老大”，故往往受村中少数有地位之乡绅所操纵，一般老人之议员、仅为完成少数有地位乡绅之意见，给予合法之形式，通过而已。故事实上，该等龙村之议会，与其说是全体村民之议会，为全体村民谋利益，不如说是少数份子之议会，为少数人的利益

第二节 立法

龙村之村法是由其先祖留传下来的，其村法条文虽甚简单，然对村民之控制却有极大之效力，其范围包括了伦理道德，公共事物之保障、个人财产之保障，各农作物之保障等各项，兹将三十六年此公布之条文述之如下

①犯有强奸行为者，受罪罚款十万元，并赏知机报告者十万元后，处死刑。

②调戏妇女有伤风化者，罚款十万，赏知机报告者十万元，并毁其住屋。

③犯和姦者，罚款十萬，施以重刑，逐出村境，取銷村籍。

④夜间犯盗窃行为者，罚款贰萬元，償知机报告者贰萬元，並施以重刑懲處之。

⑤日间犯盗窃行为者，罚款壹萬元，償知机报告者壹萬元。

⑥盗取村後樹木，及一出祖土名猴皮林之樹木者，罚款伍仟元，賞知机报告者伍仟元。

⑦牛落田損坏農作物者，罚款伍仟元，償知机報告者伍仟元。

⑧豬、羊、鵝、鴨落田損害農作物者，打死無事。

除上八條禁例條文之外，村中若遇有特别事情發生，此八條條文不能控制時，則由议会通過臨時特别法，作緊急處施。

例如民國卅二年，村中發生大飢饉，時村民為生存之需要，不得不冒險盗取農作物，以維持生命。但当時適逢春季，各種農作物成熟，而播種植，並無可以療飢之農產品，然其時一般貧民因飢餓達於極点，更以剛生長之蕃薯苗，豆葉，作為盗取之对象，遂周防不勝防，罚不勝罚，於是使全村村民起極大不安，戢不敢種植，為適應此一變動，乃召开全村会议通过一臨時特別法，其條文規定：犯盜竊行為者一經發覺即活埋，此一法案通过後，对村民触法受活埋者有四人之多，受活埋四人都是犯盗取農作物者。

第三節 司法

龍村村法之执行者是守菁团，菁首負責其事，菁首之資格多是村中较有地位、有聲望能使農民攝服者，其对犯罪之判别以证据為重，普通要使犯罪之行為成立，第一須要当场捉獲，其次是要能得到贼件，其村犯罪之處分有輕重兩種，普通对伤害風化，或夜间行盗犯之處分為最重，对日间盗窃犯、及牲畜損害農作物者較輕，犯伤風化及夜间盗窃犯者，除亦受巨額罰款之外，經常被帶至始祖祠、施以重刑，至於強姦者則處死刑，其施刑之方法是把犯者按於地上，由菁团各菁丁每人輪流用木棒击犯者之兩小腿，直击至犯者暈眩失知覺，兩腿肌肉發爛不能行動為止，日间盗窃犯者處罰款之外，若係貫盜重犯者則必被吊於一架上，用兩棒击其兩脚，普通对犯人施重刑時，南北兩社之菁首应在場監督，而对發佈犯刑之命令应視犯刑之犯人是屬于那一社之村民，假如犯者是屬於北社，則停刑之命令應由南社之菁首發出，而北社之菁首不能參加意見，以避免有偏私之嫌疑，對犯人施刑時，其刑法如何慘重，但村中任何人不得至場要求減少或停刑，唯獨始祖祠之祠丁，方能至場跪求兩菁首停止、或減少對犯者之体刑，受刑後之犯人其性命之安危，菁團决不負責。

第四節 守菁團之組織

龍村守菁之組織，历來甚久，大概始於明——清時代，其組織內設有菁首二人，南北兩社各一人，菁丁二十人，南北各十人，菁團之產生是由南北二社之族長，及議會之議員，分別於南北二社中聘請二位較有聲望有地位之村民為菁首，由族長及議員授予菁首一切权力，菁首被聘任後即就此屬南北二社中，各親族團体挑選較有胆量、活潑、能決斷、体格健康之壯丁各十人，充為菁丁，菁首及菁丁任期為一年，可以連選連任，其成立日期，普通是在每年元月，而結束於每年之十二月，成立菁團時，先由始祖祠撥出經費，予菁團及族長議員飽食一餐，名曰"食斋"，"食斋"後才宣告成立，守菁團之权力不獨負有維持村中之風化，社会秩序，社会[illegible]

全，保障村民之财产等等之任务，同时还需要负责每逢村中迎神、演戏时搭戏台、搭神厂、扛神像出游等等之任务，菁首及菁丁每年之任务报金大约有谷四石，其经费之来源是于每年晚谷登场后，向村民每亩田征收谷一斗，此征收之谷，除十二石於每年十二月宣告结束时，请族长及议员饮酒，名曰"散菁酒"之外，其余由全体菁团均分之，而菁团发现有不尽责时，全村村民皆有权力指责攻击之，但却不能要求议会将菁团解散，重新组织，而解决菁团往往是出之菁首自愿，假如菁团中受村民攻击得特别利害时，而菁丁确不能尽责时，菁首不得不下令将全部菁丁解散，重新挑选壮丁，另行组织之，菁首对菁丁于平常时不能任意裁撤，菁丁犯法时与村民同样处分，但罚款时则需要重倍。

因，龍村与合村之度保反其在籍盟之地位、▲龍村自勝利後与彭
其分佈、参加旗盟之議武、各份子之權利与氣勢、旗盟刊威之家
仍是不断在醞饒着、仍有一觸即發之勢、高符黑紅旗盟之勢力化
械鬥之努稍衰、但其旗影界限、仍之劃分得相當明顯、大的械鬥
径事最劃处之鬥争、自最近二十餘年来、雖因政有控制力大、而
在戰場之中、他仍據推了自已之生命、荒應了額以立接之田園、
校纷乱之械鬥中、各村村民為了保衛家鄉財產之妥全、終日生临
谷鄉村本相當处、在情道先直主民图动争氣向・各鄉村都終争临
岡两種根係夢図不無偷威的旗盟，形成之歷史甚是久，而為害校
相同貌係旗相同之鄉村立為聲提幫助、站在図一之陣域、国之形
仇娘、他仍為了各自利益無生存之能得到保簿・立相之结着到害
之岐視与農田水村之衛完、图之從各鄉村之图累據審不可福補之
龍村同橡先封建社會，同據是文化低高，在各鄉村之同常有実旗
龍村園園．一學之鄉村、亦都是以業農為立，其社會姓質亦無
家劇争村無村向之图使

村所發生之事件等數点逐一分述之如下：

第一節 紅黑鎮盟之勢力及其分佈

紅黑鎮兩派都勢均力敵，參加鎮盟之鄉村有一百六十三村，人口約有八萬九仟九百餘人，參加黑鎮者有六十四鄉，人口約有四萬四仟三百人，參加紅鎮者約九十九村，人口約四萬伍仟六百人，參加鎮盟之鄉村都偏於縣域之西南，其分佈是互為交錯，形成彼此時在敵對中之狀態中，因之兩鎮盟之中不論任何兩份子，如起了械鬥，往往會牽動至其他之鄉村而成為全面混戰，例如民國二十八年，東隴與隴頭村因互爭引水灌田之事，而致發生械鬥，東隴村本無參加鎮屬，而隴頭村則是紅鎮盟之中堅份子，因之械鬥發生時，隴頭村即通知在東隴村之南後吳村、鳳嶼村、後宮村、烏石村、下吳村等五紅鎮盟之鄉村，夾擊東隴村，而東隴村恐不敵，乃派代表赴位在五村之西南，屬黑鎮盟之對五村、龍村表示願參加黑鎮盟，請其幫助對抗紅鎮盟，及擊後吳等五村，兩村允其所請，並轉知其他同屬鎮盟，廖籌購偷鎗械，準備械鬥，因之使械鬥之氣氛既

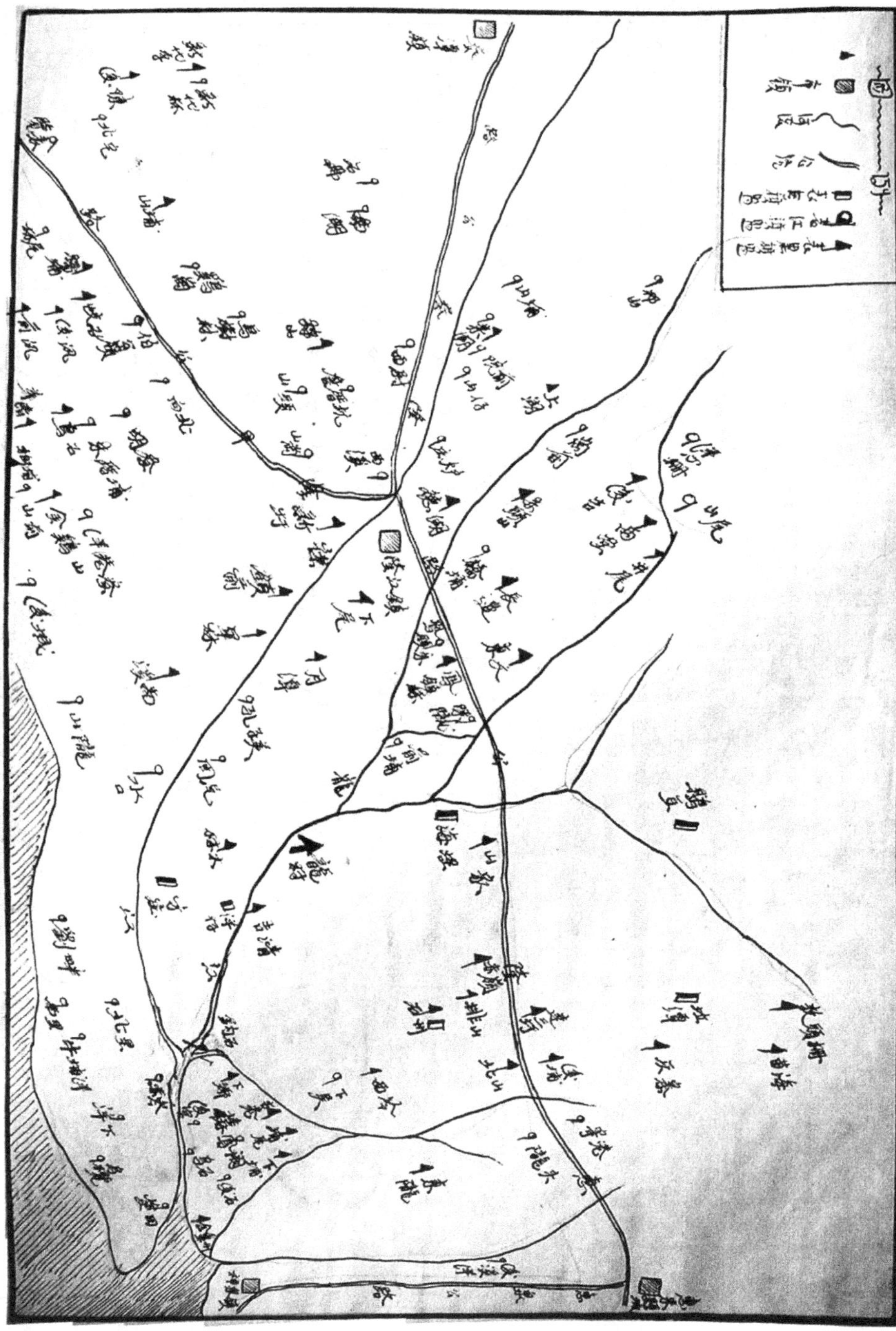

及其他一切之村務，從事於政府之壁劃，調解了事，而械鬥未致還也，茲將兩鎮勢力之分佈繪畫明之。（見圖六）

第二節 參加鎮盟之儀式及盟友之權利義務

各鄉村最初成立鎮盟時，先由各盟友派出代表一人，集会在一指定地點，共同對天立誓，永結盟好，患難與共，永矢咸遵，從再由發起之鄉村或較強有力的鄉村代表，執刀割雄鷄冠，用其血滴入各代表之酒杯中，然此乾飲之，以示[illegible]定盟約，同時並演戲以示虔誠，至於後來參加者，視其該村參加鎮盟之動機是否在要求盟友保護，或係由鎮盟因戰略上之需要而拉攏其他鄉村之參加者，或者係從敵對之鎮盟反正者，其參加之儀式各不相同，若係要求盟友保護者而參加，則其要求參加之鄉村需派村老數人擔酒牽豬親自奉至所欲要求保護之盟友村中，與其村代表喝鷄血酒，例如下埔村因其接近紅鎮盟—從吳從宮風鬨鳥石四鄉，屢加壓迫，逼不得已即親至黑鎮盟鈞石村要求參加鎮盟，並請保護，鈞石村民允其所請，給予保護，下埔村民乃担酒牽豬親派代表至鈞石村行入盟儀式，後由釣五村轉知其他各盟友）由是下埔村始正式成為里鎮盟友。至者拉由鎮盟因戰略上的需要拉攏其他鄉村參加者，除喚其所拉攏鄉村之代表飲盟酒之外，應由鎮盟演戲以示慶祝；至者係由敵對之鎮盟反正者，則應先立功，然後方允其參加，例如溪南村本為紅鎮盟，因屢受其盟友山隴村所欺侮，村中裝作嫉時受山隴村民白日搶劫，不堪壓迫乃反執之，要求參加里鎮盟，里鎮盟之人怕其有詐，令其先立功方准其請，溪南村乃於里夜派村民入山隴村砍毀十個風作為進見之禮，遂成為現在正式之里鎮盟份子。

在同屬一鎮盟之各盟友中，其彼此之權利義務方面，其主要的是互結為攻守同盟，任何一盟友若受其他鎮盟攻擊時，則全體盟友需集力反攻之。

例如去龍村西北二十餘華里有後吉村者，屬里鎮盟，在民國初年時受紅鎮盟之村屬橋埔村、洋心柵村、崗前村、山尾村等包圍攻擊一月，里鎮盟之援兵均不能解圍，後來後吉村儲糧罄盡，全村受襲，乃派強有力之村民偷越紅旗盟之陣地，向各黑旗盟乞援，斯時各同盟者獲得其情息，後，乃先迅組乾糧運輸隊，運輸蕃薯數百担，突破紅旗陣勢，爭以援情，後復由龍村西北八華里黑旗盟盟主並鳳鎮林村號召遠近各盟友，派出壯丁集合全力攻擊四鄉，爭解後吉村圍，反敗為勝。其次同是宗教，凡同盟之村中若有運神演戲或盂蘭賽會時，其他各盟友須各派代表帶祭品祭其村神。每次同一條呼同屬同盟各鄉村之人民，莫被此之稱號，均以"敘孫兄、弟"稱之，更次之，但此互通有無。同一旗盟之各鄉村，於每年迎神賽會請僧時，若缺之器具，可以無代價向諸同盟者借用。

第三節 紅旗盟黑旗盟形成之原因

紅黑旗盟形成之原因雖然甚多，然其最重要者不外是血族之報仇，無組織之衝突錯之錯而成，茲把兩者舉例分述如次。

(a)血族之報仇，紅黑旗最先發生者，是由去龍村西北八華里之鳳鎮村，該村有朱林兩姓各分族而居，時時之相衝突，其衝突之原因據傳說鳳鎮村村民姓氏最初只有林氏一姓，後來村中有一富翁年老時娶一位姓朱的女人為妾侍，產一子，及翁死，其妾子客杉嫡出各子，被迫乃謀居於村外李厝里之處，力耕課子，及子長，惡其家之出母，乃復母姓，及後家小康，娶妻育子，得冀完居址，後子孫日繁，遂成現在該鄉朱姓，林姓之人，對朱族因其始祖為其族之棄兒，故經常藉以輕視，蓋侮辱之，因之而種下兩族之仇隙，及後朱族人口日見增多，乃不再向林族低首受辱，故而竟生械鬥，但在兩姓械鬥之中，鳳鎮村因週圍同姓者甚多，時得外援，因而常操勝算，而朱姓者除其在壺西宵樓埔一村同姓外，並無其他之援助者，因是時吃敗仗，故此朱族乃與在村之東尾時受林族欺侮之前埔村鍾姓互相聯絡，結為攻守同盟，約共攻林族，林族乃提攜社前埔村之北西堂井尾長邊三村蔡姓，李劉前埔村，而朱姓乃更聯絡社蔡姓三村之西北井尾村龔姓以控制蔡姓三村，而林族更復聯絡吳龔姓山尾村根植宿風仇之後吉村鄭姓，何擊山尾村，係不聯作朱族之助，因之形成朱鍾龔三姓遂對抗林鄭蔡三姓之兩個集團，比兩集團形成之後，械鬥之範圍益廣大莫蓋劃止，及至後來乃更以林郭蔡三姓為中心擴大而成為現在之黑旗盟，而朱連豪三姓亦擴充成為現在之紅旗盟，於是遂形成現在紅黑兩旗盟，這樣其形成之原因是起於宗族之歧視。

(b)維護之衛宗，維護衛宗亦是促成旗盟之重要因素，在合鄉之向多是以農業為主，故對於各農作物之保護，較之保護其自身之生命更為重要，在各村之間，其耕地都互相毗鄰，故往往發生利害之衝突，各村落為了欲保護其自己的財產，不得不參加旗盟托以自動，有了這種動機而參加旗盟者為數亦甚多，而這種動機都不覺宗族的影響，在同一宗族之中為了利害關係之，衛宗而參加了敵對的旗盟而互相仇視者每有之。例如東隴村与隴頭村，兩者都同是大姓，同一祖宗，同一輩序，但為了農田之灌溉，互爭水利，因而惹起械鬥，而促成東隴村趨向黑旗，而隴頭村都為紅旗盟之中堅份子，兩者互相仇視。又如溪南村與山隴村，兩村亦係同姓陳，蔡初同屬紅旗盟，但因在兩村相毗連之耕地處，時常發生衛宗，山隴村人口較為眾多，勢較強，其村民竟藉白日搶劫溪南村之農作物，終使溪南村之村民懷恨而黑夜來山龍村不覺殺其村民砍其頭顱於黑旗盟，而叛投黑旗盟之陣營，互為對抗，這兩例都係因經濟利害之衝突而促成。

第四節　龍村與各村之關係及其在旗盟之地位

龍村是屬於黑旗盟，同時亦為黑旗盟中之重要份子，但龍村卻得天獨厚，在其優良之地理環境中，從龍村不斷與紅旗盟屬村叠作大規模最烈最劇之直接械鬥，在龍村最接近之周圍村落中，大半是同一旗盟，同一姓氏，同一祖宗，或更是同一掌序。例如在龍村之東南皆清村與釣石村兩村是同一姓氏，同一旗盟，在龍村之東有埔尾、古巻、桂林、下鄉四村，是同為林姓，同一祖宗，有同一掌序，屬同一之旗盟，於村之東北有石州村、山家村、赤嶺村、擁山村亭亦係同旗屬，而在村之東北有海堤村，都是中立之村落，於村之西有鳳鎮村亦是同一姓氏，且同為黑旗盟之重要份子。於村之西南有田潭鄉、田潭林、軍林、林太亭亦是同屬黑旗盟，而田潭林、林太軍林三村更是同一姓氏，同一祖先，同一掌序，環繞於龍村周圍之鄰村都可說是龍村之衛星，她們構成龍村一條極堅固之村防綫。使龍村永不受外來勢力侵入，但楂村西南處卻有一点美中不足，就是新近參紅旗盟之孔子美村，形成龍村村防之一大缺口，在以前龍村不獨地理條件優勝，村防鞏固，同時龍村擁有龍江與樸江兩江極肥沃之沖積平原，農產品豐富，大地主擊西，使鄰近之各村落之人民多數為村中地主之佃農，同時龍村村民於民國初年時，更有少數人能在惠來縣政治上活動，這樣更使各村攝服，因之成形黑旗盟之主持份子，為黑旗盟械鬥時之指揮者，與糧食之供應者，使之更雄視一方。

第五節 抗戰勝利後龍村與隣村所發生之衝突

自抗戰勝利後復員以後，龍村都先後與同盟旗屬之同潭村及紅旗屬之孔子美村唐姓兩村發生村誼之破裂，而幾至械鬥之不幸事件，前者係由迷信及貪污腐敗之政治所造成，後者是旗屬不同而造成，茲將兩事件之發生經过分述於下·

1.與同潭鄭村爭路之事件，民國二十三年惠來縣城淪陷，龍村被日寇選作駐軍之地，日寇為欲使龍村至隆江鎮運輸便利與聯絡迅速計，築一輦直之大路由龍村經同潭村前至隆江，這使以後步行該路之村民大為稱便，尤其是龍村村民更感到極大之便利，感謝日寇自來村中，雖百事遭蹧，受了極大之損失，但有了此一條大路卻可得到一點補償，蓋此路係村民赴隆江鎮購買東西日常所必經之大道，但復員以後，同潭鄭村民認為該路形若箭貫穿村前，破壞其村之地理，適逢這時潮汕一帶派來了一位專員，是名叫鄭紹賢，該村人民派人到潮安與鄭專員承認了宗誼，並孝敬了一筆巨款，要求令惠來縣政府派警破壞這一條大路，但那個鄭專員卻有點奇怪，聽了這個迷信的要求，下手令給惠來縣政府令派警協同潭村民破壞該路，龍村全村村民得到這個消息後，皆憤異常，一般青年咸主張即刻與同潭民械鬥，抱村可散，而路不可破之決心，但一般年老之鄉紳，卻主張以政治解決，要求政府收回成命，令全村青年不可輕舉妄動，免遭軍警之口實，招致村中之損失，但因從來一些青年不返家也，近週遠各同宗之鄉村紛派代表來村駐防亦示顏嘉岡壯丁攜械來村幫助攻擊圍潭鄭，因之採取雙方進行之政策，一方面向各同宗鄉村徵集鎗械準備械鬥，另一方面卻派代表至縣府及汕頭專區司令部、專員公署請願，要求專署收回成命。那時惠來縣長是一位姓方的縣城人，初頗有正氣，認為專署失檢點，不應該來文令縣府派警破壞路，且對龍村的代表頗意幫助，維持該路以便交通。但因潭村民卻爭得很，暗中孝奉谷子二百擔，要求派兵協助破壞該路，而縣長亦因而變更原來之意思，允其所請，而該路終於在軍警臨門之下，完全破壞。這使全村之村民為憤異常，咸認為是龍村的奇恥大辱，將力蓄報復。

2. 與孔子美鄉械鬥之事件

這事件是發生在民國卅六年七月，在民國卅六年五日時，隆江鎮因關聖帝君生日，邀集各村至廟前謀江競渡以誌盛慶，當時赴約之各鄉村以黑旗寨為最多，在划船競渡之時，學鎮林村村民甚覺孔子美村之龍船船首插有紅旗一面，遂通知黑旗寨各村之龍船，咸大憤怨，彼等認為孔子美村以前亦曾參加旗黑黨中之的鄉村，而現在此競渡之中竟敢以紅旗應之身份而現在業因蹊蹺之下，這無異是表示欲長此每黑旗盟為亂，於是乃將該船包圍，撕毀其船頭旗，毆其人，斯時適駐於隆江鎮之政警小隊長姓唐，其祖先亦是孔子裔村村民，因之都派政警將黑旗盟各船之把舵者扣留起來，因此更使黑旗盟各村憤恨不堪，各壞恨於心，遂孔子裔村民越村界至龍江支流小溪捕魚，受龍村村民毆打，並搶其網，及遂龍村村民因潮落水淺成到西村邊界之小溪捕魚，孔子裔村記前恨，乃竟集合壯丁執械追逐龍村之捕魚者，斯時龍村村民因全無準備，結果被傷逃散者之中，童十一人，老年者一人，而村民都牽其耕牛一頭，村民因在此役中被傷人數太多，且傷勢甚重，村中青年又復主張械鬥，但一般持重之老年人及稍有智識者，咸認為縣政太腐敗，爭鬥太狼惡，平時對各村已訂有協議，若發械鬥生事，給其藉口，則村中之受搶劫損失，將必慘重，故仍主張訴之法律，後因受縣城紳士之調解，令孔子裔村賠償醫藥費而了事。

在這兩爭鬥之以後，一般青年怨為主持鄉政者不敢為無能，事事倚賴貪污無能之政府法律，因敗戰爭，處理不當大受攻擊。他們認為這兩事件完全失敗，這係他們以前之威風完全喪失〈掃地。無以對同宗族者同旗盟者。應力圖自強團結　再圖報復，故迫來全村中人練拳舘，制造技術，準備未來之新械鬥。

第九章 龍村之風俗習慣娛樂與宗教

由於龍村社會是封建社會，故表現在社會之上層建築之意識形態，如風俗習慣、娛樂與宗教等等都染上了極濃厚之封建色彩，茲將各形態分述之如下。

第一節 龍村之風俗習慣

龍村之風俗習慣，是表現而非常愚昧與迷信，茲從衣食住婚姻、喪葬、生育、病疾、醫療等各点分述之如下！

a. 食，龍村村民對於食大概因農村日趨破產的關係，都表現而非常之儉樸，普通除少數地主日能食二餐飯一餐粥之外，大多是日食三餐稀粥，而助餐之食品泰半是自己種植的蔬菜，如大菜芥蔔、白菜、鹿菜、鹹菜、蘿蔔乾、黑鹹欖等。至於肉食除逢祭祀祖先或時節拜神之外，平時甚少人能享受。在村民肉食中如牛蛙蟹犬等則甚忌食，說多食之不祥，不得好果，故購食甚少，若有食者，必另具烹具，且不能在家中烹煮，以免觸怒家神。

b. 衣飾，龍村村民之服裝男人都是穿着對襟上衣，褲因氣候冀勞動時係赤手是穿短褲。而在過年或拜會或婚姻禮慶等時仍有少數老人穿長衫短襪。至於女人除少數地主家屬於賓客、迎神、話親或婚姻禮慶能穿旗袍之外，其餘都是偏襟長袖短衫長褲。四時如一。在粧飾方面頗講重，男人頭多蓄短髮，光頭者甚少，間或仍有少數老人留着長辮子。而女人除少數有受過教育或到過城市有剪髮之外，其餘未嫁的女人仍留着長辮，已婚者則梳髮髻。村民中除少數地主平時穿布鞋之外，其餘大多數是赤着腳。

C. 住·村民的住屋，大半是以石及貝殼灰砌築而成的，住屋的形式多數是兩房一廳，一耳房及一廚房，一天井，俗名曰"瓦雙虎"。屋的方向由於村民迷信風水，大都朝西逆當龍江之江流，他們的意見是認為向逆水的住屋可以聚財，而住在順水一旁的住屋其財必隨水流去。村民於建屋時亦表現亦甚為迷信，在建屋未興工前，須先選吉日安蓋一土神神位，名曰"爺公"，及興工築墻時必用一折棒戚一泥做的牛，名曰"地牛"一隻，燈盞一個，燈心三条，穀、麥、紅豆、綠豆、黑豆、各鼓豆，名曰"五色種子"，餘上蓋一新瓦，把乞埋於廳墻之下面。地牛之意在使屋建築以後永遠穩固，在村民傳說中，以為陸地不會沉沒者，係與地牛擔任，若沒有地牛，則全世界完全變成海，所以地震的原因是地牛換肩的緣故，至於五色種子之意，是象徵著將來農產品收入豐富，燈之意是象徵將來住屋者子孫興旺，及四圍墻已砌完成時，則須用麵粉煮成湯員八碗拜"翁公"，名曰"四墻圓"，屋墻完成後、未架屋頂之前，又須選一吉日，先將上屋脊中央之大樑，名"樑母"，全枝須染紅色，樑之兩端各綁住一隻用紅布做成的雞，名曰"金雞公""銀雞母"，雞目釘住兩個康熙錢，"金銀雞之意，是先兆住屋能聚財，康熙錢之意，是兆住屋者將來兒孫滿堂，長命富貴，福壽綿延之意。舉上"樑母"時，需用湯圓拜"樑母"，屋建築成功之後，又須選吉日請法師來謝"翁公"，驅逐土鬼，謝翁公逐土鬼時，需以三牲一付紙扎等物焚拜之，做法師者，身穿紅衫，頭戴金冠，手執利劍長叉，其初於祭台之前唸動咒語，請食道歉之狀，繼之則鳴鑼吹角揮利劍舞長叉，於新屋每一角落中，忙似驅人樣，然後，由屋內之門外拉過誌兒，最後用一利刺將學嚕下來的一隻大雄雞，將雞冠割下來，用其血塗門外，以杜絕土鬼侵進，法事畢，該雞為法師所有。於其用法事時，鄰近居屋咸閉門戶以防止土鬼走入，同時一切小童應避開，以免沖犯土鬼，給帶去，拜土神的三牲等物，小童禁止食用，以防染上妖氣，謝完符公以後，則擇日進屋居住，進屋時家長與其子孫手各執一燒，內盛酵果起個，燈盞一，及五色種子等，先由家長領隊，排戶魚貫而進，同時家中需安上貼各種家神符鎮宅。是日全家舉行盛宴。

d 婚姻

龍村是舉行族外婚，同姓結婚是為村法所不許，犯者乃遭受開除鄉籍，不容許住於村中，村民的結婚大多數是依家長之命，媒妁之言，其結婚完成之過程，可分為訂婚結婚二大階段。其婚姻之始，男女雙方由媒人介紹，若雙方家長同意時，女方家長則將女人之生時八字由媒人交給男方，由男方將女人的生時八字，請八字先生推斷該女人是否能相夫福子，若女人的八字認為不錯，能與其子孫相合，則請媒人以禮餅二色，送給女家，名曰定禮，後此雙方再經過相當時間，互相探意，看雙方各認為滿意時，則由男方再買糖餅（最多八十斤）送給女家，名曰"定婚"，經定婚之後，若男家想與其子弟完成婚姻，則先擇吉日通知女家，名曰"送日"，所送之日期者，經女方同意之後，男方須再送給女方之"聘糖"，聘糖之多少隨貧富而不同，富者最多四五百斤，稍差者至少亦需二三百斤，同時又須送完雙方所訂定之聘銀，名曰"完聘"，女方亦需送給男方之鞋帽，完聘之"送男家用米"（四箱至十二箱），將結婚男女雙方手時所穿著之上衣，請法師宣經蓋章，然後將米分成兩份，交男女家煮成飯給結婚之男女食之，此名曰"打悖情"，經此之後，男方又須擇一吉日通知女家，於同一時向內剪裁男女於結婚時初衣所穿著之內衣，普通男人白色，女人綠色，此名曰"開剪"。女人離出閣前三日需束髮成髻，名曰"上頭"。離結婚前一日，男家須先派人至女家扛來結婚後組織小家庭所用的一切家具，如木桶、面盆、棹椅、茶壺、線籃、以及女人所穿之衣服、布料，及其他一切之日用品，此名曰"嫁妝"。至結婚之日，男家即派轎一頂，並打鑼鼓、吹喇叭者數人，及帶上新娘於該日所穿之禮服、及豬腿一隻，媒人隨同前往至女家、女家則將豬腿收下即扶女上轎。

女人於臨去閨之日，其早晨也先沐浴更衣，沐浴時浴盆內放雞蛋一粒，訖畢即將該蛋食之。沐浴畢，新娘即進早餐，此時新娘用膳之當，應在其母之眠床上，家中兄弟侄輩（男性）需圍坐伴新娘食，食時新娘只可食飯半碗，不能全碗吃光。這是兆示新娘在家中只帶財產之一部份至夫家，如若吃光即兆示女家的財產將隨女人出嫁而全部被帶至夫家，這會引起家長和各兄弟們不滿，新娘進餐時所食之菜，完全由女方僱定善唱頌詞之女人，名曰"花"娘婆者取給她吃，花娘婆取每一樣菜時須口唸頌詞，如云："四個盤仔點齊、五男二女繞膝邊"等公韻之語。此名曰"分飯"，分飯之後即由花娘婆扶新娘出廳，穿由男家帶來之禮服。新娘每穿衣一件時花娘婆必致頌詞一篇，整衣之後，新娘需持扇遮面，而各兄弟侄輩們當逐持酒與新娘行禮作揖，此名曰"把酒"，新娘出閣之服飾，內著綠色之內衣（用男）一套，外罩長裳一件，下圍裙，頭上梳髻，插美蓉花、谷穗、紅紙花等飾品，但富有者則係龍袍鳳冠，新娘於穿衣把回時，應即放聲啼哭，直至離女家村界為止。新娘將上轎時，需由一位高年老夫婦齊眉子孫成群之男人，用一米篩蓋在新娘之頭上，使其頭與天空隔離。新娘上轎再由該老人持水一碗向轎上潑去，名曰"潑水"。在新娘所坐之轎，其轎門邊掛上三姓一付，白扇一把，上貼各種神符及鏡仔一面。新娘經潑水後，男家所派來的人即鳴鑼奏號吹喇叭浩浩蕩蕩把新娘直扛至男家，轎抵男家村界時，由男家選派兩小童持彩旗，兩小童持燈籠，在路口迎接抵家，新娘轎抵男家後，於男家門口放一越把火，轎從火上扶進屋內，新郎用扇柄在轎門口連扣三响，用腳對轎門一踢，名曰"踢轎"。踢轎時，俗傳用力越大越好，其意思是以為這會使將來的妻子脾性，不會牝雞伺晨。踢轎後，新郎又抱一花籃，內裝剪刀一把，布尺一柄，芙蓉花側草，及燈一盞，遞進轎內給新娘換一換，名叫"換手"。兩種儀式做完以後，新娘即由媒人扶進新婚房。是日新郎亦須於清晨沐浴更衣，其浴盆亦須放雞蛋一粒，沐浴畢食之。新郎之裝飾，頭戴呢帽，身穿白色南方衣服一付，手執白扇一把。

新娘進房稍事休息後，再由花娘婆扶出廳中與新郎一同跪拜家神，並向親族內各長輩一一叩頭，此名之曰"拜所"，拜所之儀式是在所中設着坐椅一對，花娘婆把需要跪拜的長輩夫婦名字喊出來，用手在椅上一摸，做一手勢似請坐模樣，然後新娘與新郎雙雙作拜。至於被拜的人則可以不必在場親受跪拜。拜畢新郎即用茶盤盛茶二杯，親持請被拜的夫婦飲之，被拜的人飲茶後，即用紅紙包錢幣放在盤內，名曰"給拜銀"，拜時畢，即盛請族親由團体各份子飲宴，宴畢新娘即與新郎安進晚餐，名曰"坐團"，坐團時新娘們以翁進廳，只作新郎同坐所在的餐桌中安不動，亦不食，而新郎所食的飯菜都是由花娘婆代取給，花娘婆取每樣菜時意致頌詞。而南新婚却亦提此時同婚直至夜晚上。坐團之後，婚禮則告結束。

新娘至男家後須經過四個月，方可以作事一吃睬事，睬事時新娘抵母家後，枝過手時應即回到夫家，停留時間不可太長，因夫家時，母家須送一對小雞，名曰"帶路雞"，其意思含佳此男女兩家親情日濃，互有往來，之事二吃達無時間，則可以較為長久。

●喪葬，龍村村民死亡時，其死之妻或母或親族同姓內血緣較親近之女姓，需到龍江江邊取水一碗，取水時需於江邊焚化紙錢，此名曰“買水”，買水回家後，於水中加上側草及竹葉之類，名曰“花水”，用花水洗死者的屍体，並把死者之額髮剪光（女者剪其鬢），死者之“裝束”，其內衣男者白色，女者藍色，此其意係表明死者一生清白，無有貪污不法害人諸事，可以不致受陰羅王之處罰，使其來生固“難”，死者之眠裝隨其社會地位各不相同，比如死者前在滿清時有“功名”的人，男者則穿靴戴頂，身着袍褂，狀若滿清之遺民，至於平民，大都着其平日認為最貴重之衣服，大抵上都是長衫短褂，而婦人則多半用綢，死者之面以蓋上元寬，並加掙室衣一封，同時又在死者之足放着一盞燈，名曰“腳尾燈”，死者入棺之時，需先擇一吉時，其棺內若係女者，則放油碗一個，錢仔一個，男者則放墨碗一個。死屍入棺後，蓋棺時則需封釘，封釘的人也需請一位德高望重的人，封釘的人於書每一枝釘時，即需唱“第一枝釘為事哭”，第二枝釘子孫富貴隆丁，第三枝釘“子孫長壽”哭盡。釘畢即行而葬，而葬時孝子必披麻帶孝，扶棺而行，棺後是一列親族團体中較死者輩序低而已結婚的女人，送喪的女人必麻衣藍裙，頭及面遮一三角形之長麻巾，棺前必有一人司放紙錢，名曰"金仔"，隨路行隨路送放，送棺至村界外時，女人則止送，由孝子及族人扛扶棺上山，村民於築葬營墓時，其墓碑之字數有一定之規定，即碑中所有的字數應依"生老病死苦"五字之次序遞循算之，直至算到最末一字須是"生"字或"老"字方為合式，此名曰"合生老"。人死後七日，死者之家屬須請法師來化死者[illegible]魂靈，"開冥路"，法師的人數多少是奇數，最多五人，最少一人，"開冥路"開始時，由法師導死者之親族團体內之子侄輩到村前三山國王廟內請三山國王鎮宅，由廟回家時，各死者親族之子侄輩需頭戴麻巾，身着麻衣，手持香一枝，隨法師行，法師則身穿袈裟，鳴鑼、擊鼓、敲鐘，在請神行列之前必有人持白幢幡一枝，上書"南無阿彌陀佛"，抵死者之家時，其門口跪有其子侄婦輩之女人哭接之，至黃昏時法師即開始唸經，唸有頃，行讀疏祭文，及死者之子侄輩姓名年齡籍貫及其親屬關係，宣讀完畢之後，即把祭文放在一隻白鶴紙人衣袋中，當天焚化，此紙人名曰"鹿毛事鳥"（譯音）即專管死人傳遞消息者，請死者前來享祭。村民對靈堂之陳設都是子篇一律，普通是在所之中設死者之靈座，台上供各種祭祀物品。靈台之左右陳列着男童女婢之紙人，靈之左（設）祖師佛祖之神位，神台上放一個圍屏，屏上繪有如來佛神像、及觀音娘、唐僧、豬八戒、沙僧等紙達西天之情形（取經時）。神台上放有木魚鐘等各種法器，靈之右係哀樂之工作地方。晚上死者之親屬齊到靈前逐一跪拜，於拜靈之前應先拜佛，當拜靈之時藏在靈台邊之女人應放嚎（聲）哭，同時哀樂亦應齊作，而法事於此時稍告中止，拜畢法師唸經又復開始，從此繼續直至天明，天明之後法師焚燒死者之神位，及紙人紙屋等，同時又需焚紙錢，名曰"燒庫錢"，至是法事即告結束。

6. 生育，龍村鄉民大多數認為胎有一種胎神，胎神是在（住）懷孕女人的住屋中，其他位是時時變動着，有時它是在床上，有時都在門口上，有時郤在倉庫中，如要不小心損害着胎神，便損害到胎兒，故村中懷孕的女人，對其住屋中一切東西使用時，都非常小心，用前必先查曆日看看胎神住在那一地方，如果胎神不佔在使用胎神所住住的地方的東西上面方敢使用，在使用前為着妥當起見，往往用掃帚把要使用的東西掃幾下，這相傳胎神見到掃帚即走開，可以避免傷害着它，孕婦與孕婦之間平時見時時避免彼此見面，因為兩個孕婦見面時，兩個胎兒便會暗中對換起來。例如南社前村方氏婦者，中年喪偶無子，有遺腹，望其為男嬰，以接宗嗣，故對日常之起居甚注意，少外云，方氏有遠堂嬸，平時兩人友情甚篤，其堂嬸亦已懷孕，懷孕期兩人幾相同，其堂嬸家貧，曾至方氏家貸款，方氏不覺與之對面見語，兩人生產時，方氏為女，其堂嬸為男，方氏甚悲憤，啼哭甚悲切，認其嬰兒被其堂嬸換去，迫令其堂嬸須將嬰兒換回，當時村中女人咸不直其堂嬸之行為，認為不應親之上方氏家求貸，害其後嗣中絕，應把嬰兒換回；其堂嬸迫於輿論，乃將嬰兒交換，後因兩人輩份不合，其堂嬸之子應為方氏之侄，以把她之名份變為母子之名份於倫理不合，故中止更換，方民都因之抱憾終身。

村中女人臨盆時，其接生之方法都是舊法，任娃請村中老年較有經驗的女人來接生，嬰兒既生後，臍帶則排拿小心包護。其门口必多貼張神符，任產室之窗門亦應閉，以防髒鬼走進據去小孩，同時在嬰兒產後，在"三大九"三天中，家裡應特別靜安，家人說話之聲音亦放低，至於小孩玩躍跳鬧或罵人則絕對禁止，以為一喚醒鬼使會於不覺中跑來，把嬰孩攫去，如若遇此三天，則嬰兒便可莫手無事，產婦之家，為於產嬰後十二日內不能跑進鄰屋，如果子小心跑進鄰室，便會引起鄰屋不滿意，他們大多認為產婦家禽的人都帶有一種"側室"（只譯音）這種側產會"倒"到鄰屋家裡的小孩及六畜等的不安寧。同時也會把家神趨跑了，這是應絕對戒備的．以免對小兒起鄰家。

嬰兒既生後，產婦的家人需向女家報喜，嬰兒滿月後女家需送來饅頭、煮豬肉又熟雞蛋及嬰兒帽一頂、衣褲一付等物，送到產婦的家裡來。如果產婦的生產是第一胎，同時又是男嬰，則女家送

來的東西也非常豐富，若是女嬰，或是第二[illegible]

子. 疾病之治療·龍村村民因智識水準太低，多數不明疾病的來因·總認為人之所以有疾病，多數是魔鬼捉弄所致，例如瘧疾是受瘧鬼所作弄，肚痛是受鬼擊着肚，故他們若遇有疾病時，只有求之神仙代為保佑，或向神求向藥籤，或者把病人許給神做兒子想藉神的法力，驅除魔鬼凶神，若遇病重時，則常送病床至神之觀前，以使魔鬼不敢騷擾病者，或請法師作法驅除魔鬼等等之迷信方法。除此之外，村民還有一種賣病的方法，即村民中若有子弟終年染病者，則於每年元宵十五日十六日兩夜中，常用十餘頁金紙·從病者之頭上至腳根抹（還）三次，每次且拔且祝之曰："從今年起，阿奴好好，百事全無，病給外口"，抹後，其金紙棄之於[illegible][illegible]僻巷處，相傳行人若誤踏此紙，則病會轉到他的身上去。

第二 龍村村民之娛樂

龍村村民之娛樂亦多半帶着迷信性質，且多是歷史因循傳習，既無意義·且鮮娛樂之真價值·其娛樂之種類可分為龜[illegible]蟋[illegible]

，与無定期娛樂兩種，茲分述之如下。

（1）定期娛樂，定期娛樂多半含有宗教色彩，大多是節令或紀念日。其本身雖非娛樂，但却可供給村民娛樂之機會，茲將各節令娛樂之情形分述如下。

a 除歲迎新年，村中於废曆歲末時，家家門上各貼春聯，換門神，掛燈籠，刷新屋，祀祖先，歡敘一堂，氣象煥新。除夕時村民男女大小也成隊地以迎新年。是晚幼輩多數得到長輩所賜壓歲錢，可以隨時買糖菓等各種食品、同時於全村之公共祖祠中時擲骰子消遣的青年，与小童作種種之賭博，及新年元日一日晨，家家吃歲首甜粥，村民於此日多數着新衣、穿鞋帽、到親戚處逛遊，或向尊長拜年，互祝佳音，巷頭巷尾笑聲盈溢，且於是日中，各祖祠之有唱曲舞獅鼓擊喧天，青年小童擊東追西逐，樂極一時。

b 元宵，元宵節時，村民於舊歲所娶來之新娘，須梳粧盛飾公開給人觀看，村中男女老少成群結隊地至各家逐一參觀，巷頭巷尾之充滿了活動之人群，且於是日將村中之所有一切神像，加於擡分四周及各社，每過一社時，燭光實先竟，爆竹聲震耳，頃成奇觀，同時每一社中又陳列各種祭祀神像之祭品，其祭品是用米粉做成名日"擂"，"擂"上刻有各種虫、鳥、獸，極為奇巧，名日賽雅擂，盡村中女人想於此晚中，各展其藝術，以博衆人枚賛，故極其所能，把擂做成種種悅目之形色，故於該晚中，各社皆實賽雅擂的男女更甚熱鬧。

c 清明掃墓，每逢清明時，村中男女老少成群結隊，各帶五色紙條、墓紙之祭墓之橋餅，上山掃墓，是日村後各山頭盛遍滿紅男綠女，笑聲盈野，爆竹聲震耳，於是日中，各親族團体將祭墓後之橋餅分給親族內各份子，因此更快，村中的青年小童更為活躍快樂，他們掃完私墓以後，成集於一世祖墓前觀禮，照例一世祖墓前於是日必請鑼鼓一班，在此大吹大擂，各各長及南北二社族長穿著長衫禮服禮拜之，而鄰近各村民都多來觀，到此廟場觀賭，於廣大山谷之中擠滿活動之人群，甚為熱鬧。

d 端陽節，端陽節時，村中家家祭祀祖先，歡飲一堂，共慶[illegible]

條，是日各家門上集船一檣未圓，並用"埔艾"(譯音)樹枝，妹條屋中積壓，名曰"龍蚊"，村中小孩於是日多穿食雄黃並把兒女等妝以錢身体強壯。

端陽節可算是村中青年最快樂最有機會活動的節令，而其活動則在於龍長大，村民每臨該節時又或群結隊重龍江划船競渡多衆，但惜此種娛樂方式未到，且容易發生意氣衝突械鬥之事，不然的話，論可算為一種有意義的運動，其方式即用小船一，船之兩邊各九人，每人執槳一把，船末有把舵者一人，船之中有打鑼者一人，為全船動作之指揮者，其競渡之方式是在龍江之中流，釘住大檣二枝，其距離約有百餘咪，兩檣之中間，又釘住"三"腳檣，參加競渡之船於未競渡之前，各先繞兩檣划過一週，以誇耀其威風，其划船時船上執槳之十八人，則用膝分別跪於船之邊緣，腳用力踏在船裏之木架中，使身体站得穩，而軀幹須伸出船外，與水面成一銳角，使槳入水有力，競渡時各船咸集於兩檣之中向"三"腳檣之中，往返划過，若遇有兩船其距離稍等，彼此爭奪勝利之權時，彼此鳴鑼作賽，以相反之方向划繞兩橋一週，先划達中向橋者即為勝，在龍艇之兩船當鳴鑼各繞兩端之橋時，岸上之公正人即鳴鑼為證，鳴鑼之後划龍艇遂既，兩船不得藉詞中止或反悔，當兩船鳴鑼等備龍艇之時，停留在三腳橋未參加作賽之婦，應划至岸邊，以免阻止兩船之前進之路綫，其競賽勝者即得錦標一枝，相傳此種龍船船標放於屋裡，能驅出除魔，能北生男子，故得標之婦往往可以賣得巨款，但龍船競不得錦標者，時被人恥笑，故每競渡時，其緊張情形較之現在各學校團体之競賽實有過之無不及，故往往會云打架之事，客多俠與村中合份子之好鬥性情，故使這種競渡之舉行甚不容易。

e. 七月七日乞巧節，村民於此節日之中，除祭祀祖先，喫食祭品外，別無其他娛樂之活動。

f. 中秋節，村民每臨中秋節時，除日間祭祀祖先外；還當拜田神，名曰"田頭伯公"，於入晚時家家設一祭桌於戶外，上擺月餅、芋、柚、菓、等祭品，俟月上昇時焚香遥拜之。村民除於該晚拜月之外還有一種娛樂，便是降神的玩意。在該晚中一般村民咸認為陰間一切鬼魂於這一夜中咸要回去遊，故一切之東西都變成有神氣，咸可以降神，大体上村民於該晚所降的神大概有著"神"与"鬼神"，著神是小孩子的玩意兒，而降鬼神則是一般女人的迷信娛樂。其方法是先於神庙中請來一位女性的神像，然後用一女人做"同身"（譯音），把"同身"的面用元寶遮起來，同時又把兩耳用紙塞住，使他靜坐不動，同時用二女人充當"護法"，專管唸神咒，"護法"於唸神咒時，一方面唸，一方面用紙條燃火在"同身"之面上打着圈子，相傳去這樣連續唸了一点鐘之後，"同身"的靈魂便可以給女性的神帶到地府的"新街"，"老街"去遊玩，同時去碰到村中以前死者的村民鬼魂時，能与之說話，由於這種遊戲太神秘，總於使一般愚婦信女，尤其是一般寡婦更喜歡做這种把戲。

2. 不定期之娛樂。村中不定期的娛樂其範圍較廣，如年歲末之迎神演戲，秋季之盂蘭勝會等，不獨只為一村之娛樂，同時請迎各鄰村來參加。龍村之盂蘭勝會有大小二種會，普通每三晚小會宁宵一次大會。

a 小會，盂南小會其會期之決定，是卜於龍江寺的佛像。小會時，全村全民每家皆飯一缽，菜一缽，紙衣服一付，至村後向東廂地而祥，同時寺中須派人到上面唸經超度孤魂，於來方之處之一棧白幢幡，上寫"四方無依孤魂受食處"，而村中又須派二族長各房老王壇設一天地壇，以監視孤魂之行動，使勿為害村民，同時監視各孤鬼不得互相欺侮，或搶食。村民拜畢即當空焚化紙衣，以便給鬼神受用。

於小會時村中經常請有唱曲一班，紅男綠女遍滿山中，人聲嚶雜，村中青年都可藉此機會停息農事，遊戲一天。

b 大會，盂南大會之地點是在村之背後，會期是決定於三山國王廟，至會期時需搭一長約四十餘丈之張棚，全村各家攜會期中當用竹做成一個圓錐形棚，以紅紙貼上果品，名曰"果山"。壹個、及麵包等祭品拿到棚上去拜祭孤魂，而三山國王神的"巫師"於是日經頭髮鬼戴金冠，身穿戰甲，手執利劍，頭穿鋼針，慢步於孤

棚之上，用劍指劃四方，以劍示享祭之孤魂，並請大仙降臨吉賓

於大會時，平時與龍村村誼較好些者之鄉村，每常搬果山麵包色等祭品送村幫助祭拜，大會所祭孤魂各祭品拜後，則拋施給棚下之人搶去，名曰施孤。一般村民多數認為能搶到棚上的祭品者，食之可以延年益壽，却病去邪，給六畜食用可以使之快肥，平安無病，村民每逢盂蘭大會時，除施孤之外，還有演戲。

村中除上述各種迷信娛樂之外，最近南北二社各成立樂館，及武術館等較有意義之娛樂，於每當農暇之時，時常舉行公開演唱，及各種國技之表演，晚成農暇村民最好之娛樂，但惜各種歌曲都是因循傳襲，無靡不振，且內容是充滿了封建思想，而國技館的設立，其目的在於械鬥，又有流為野蠻之嫌。

第三節 宗教

龍村的宗教是多神教，村民大多是逢廟燒香，遇神即拜，沒有專一的宗教，村民所信仰的鬼神是多得不可勝計，大體上依其性質可分為神與鬼二類，兹分述如下。

A 神，村民所信仰的神，又可加为家神、杂神、自然神三种。

1. 家神，村民之家神大体上可分为历代祖先，招财老爷，灶神，地主老爷，奥神，门神，祖师婆祖，福德老爷，真君大帝，关圣帝君，玄天上帝，天后圣母，神农帝君等。

2 杂神，村民信仰的杂神种类甚多，大体又可依宗教之不同分为佛教，道教，儒教及其他四类。

a 佛教，如来佛，观音菩萨，十八罗汉，弥勒佛，达摩祖师，二郎神，孙悟空等。

b 道教，太上老君，太乙真人，张天师等。

c 儒教，文昌帝君，魁星老爷，大成至圣孔夫子，孟子，曾子等。

d 其他，岳王，关羽，关平，八仙，山神，蛇神，城隍爺等。

3 自然神，如天地神，太阳神，太阴娘，山神，河神，海龙王，五神，星神，雷公，电母，大神，风神，路神，花神樹神，石頭神，土神等。

8 鬼，村民對鬼的迷信更特別繁多，認為一切都是有鬼（東西），茲分為人鬼，動植物鬼，及其他三類分述之。

1 人鬼，村民認為人死後即變成鬼，普通有大士聖王，閻羅王，鬼田長，判官，吊死鬼，長脚鬼，羅哥頭鬼（譯音），大頭鬼，無頭鬼，賭鬼，水鬼，瘟疫鬼，霍乱鬼，路死鬼，賭博鬼，鴉片鬼等。

2 動植物鬼，有牛鬼，雞鬼，猪鬼，鴨鬼，魚鬼，芭蕉鬼，榕樹精，狐狸精，蛤精，蝦精，蟹精等。

3 其他，有太歲土鬼等。

龍村寺廟範圍大者有三山國王廟及龍江寺二座，此外較少的有、植德老爺廟仔四间，象神棚及七聖娘廟仔各一。

三山這些廟中有大山國王，二山國王及三山國王，並大夫人，二夫人，三夫人大神像之外，仍有甚多小神像在內，廟中有巫師一，[illegible]一，村中上[illegible]時演戲，太上[illegible]勝會，安村鎮符，於此地龍等事皆由該廟神決定，此外又如每年人口是否平安，是否有災劫，農作物能否豐收，六畜是否平安等亦都是祭卜於該廟，而預知年情。至於龍江寺則皆供奉佛像，內有主持老婦數人，在村並不能起特殊的作用。

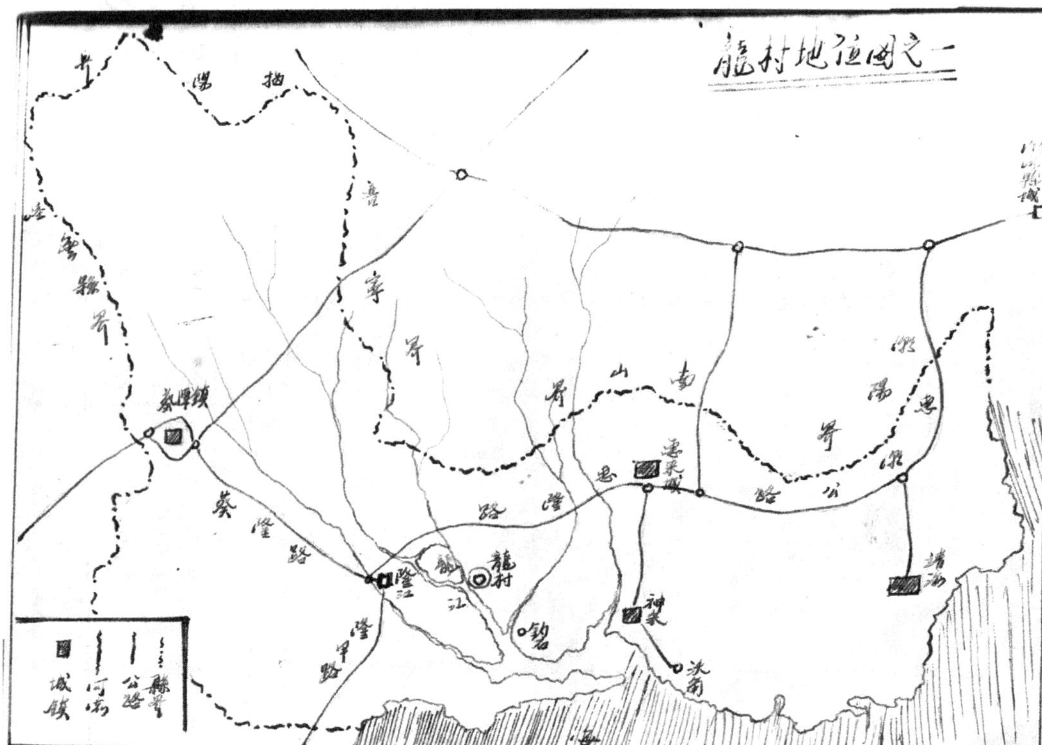
龍村地位圖之一
蔡厝鎮
葵隆路
隆江
龍江
龍村
隆甲路
隆惠路
惠來城
神泉
靖海
南山
公路
海
城鎮
河流
公路
縣界

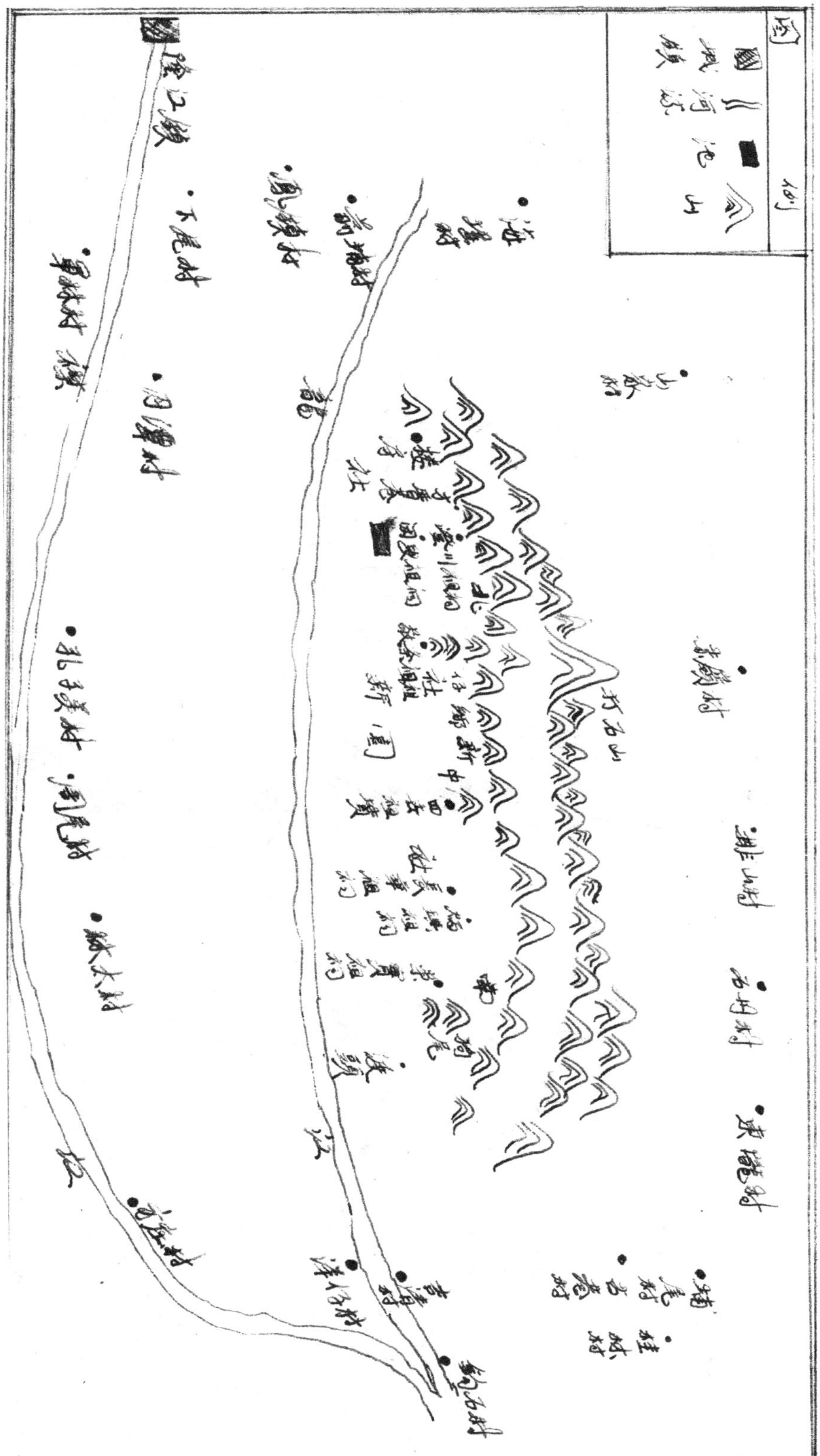
龍村形勢圖之(二)

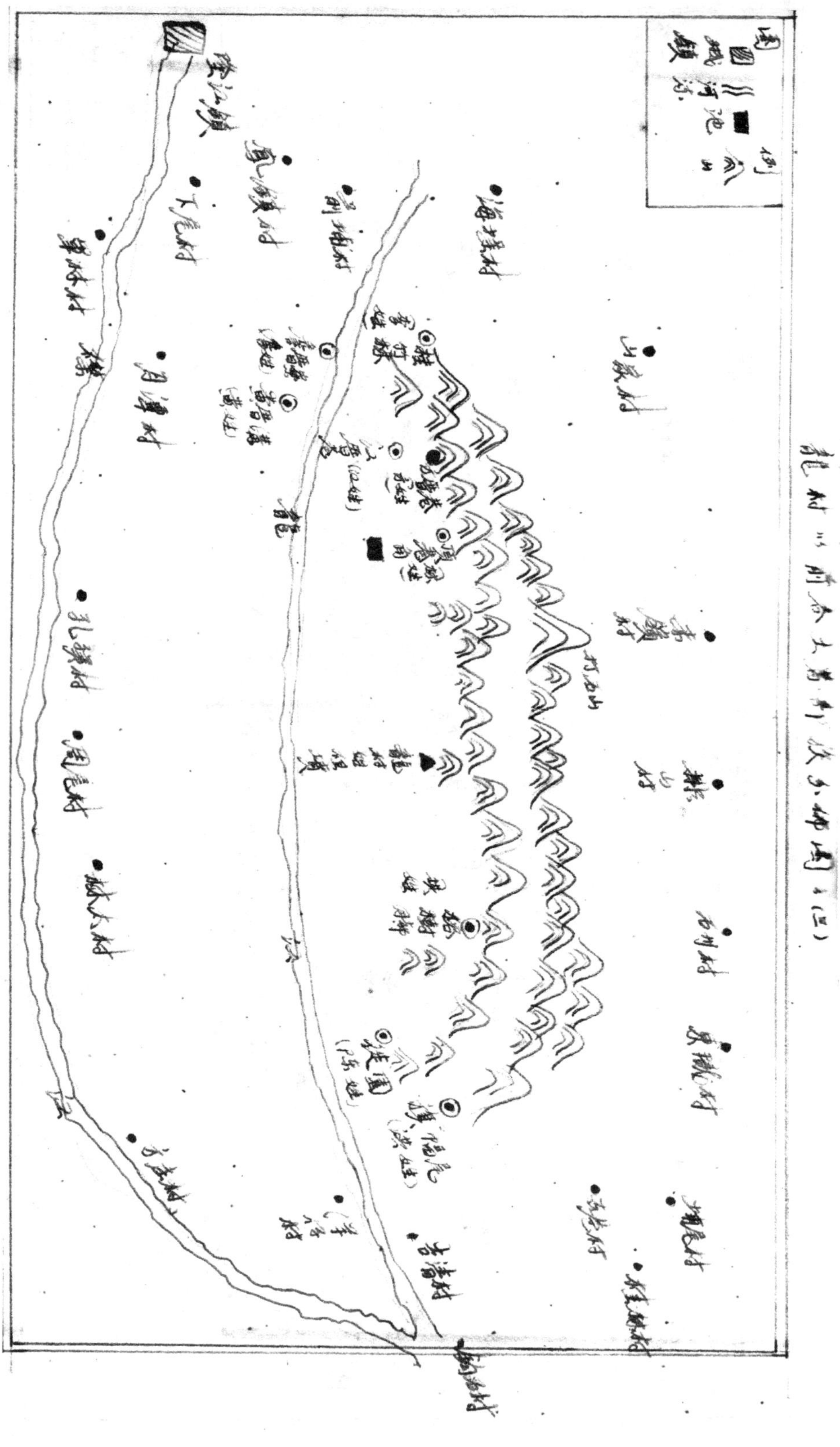

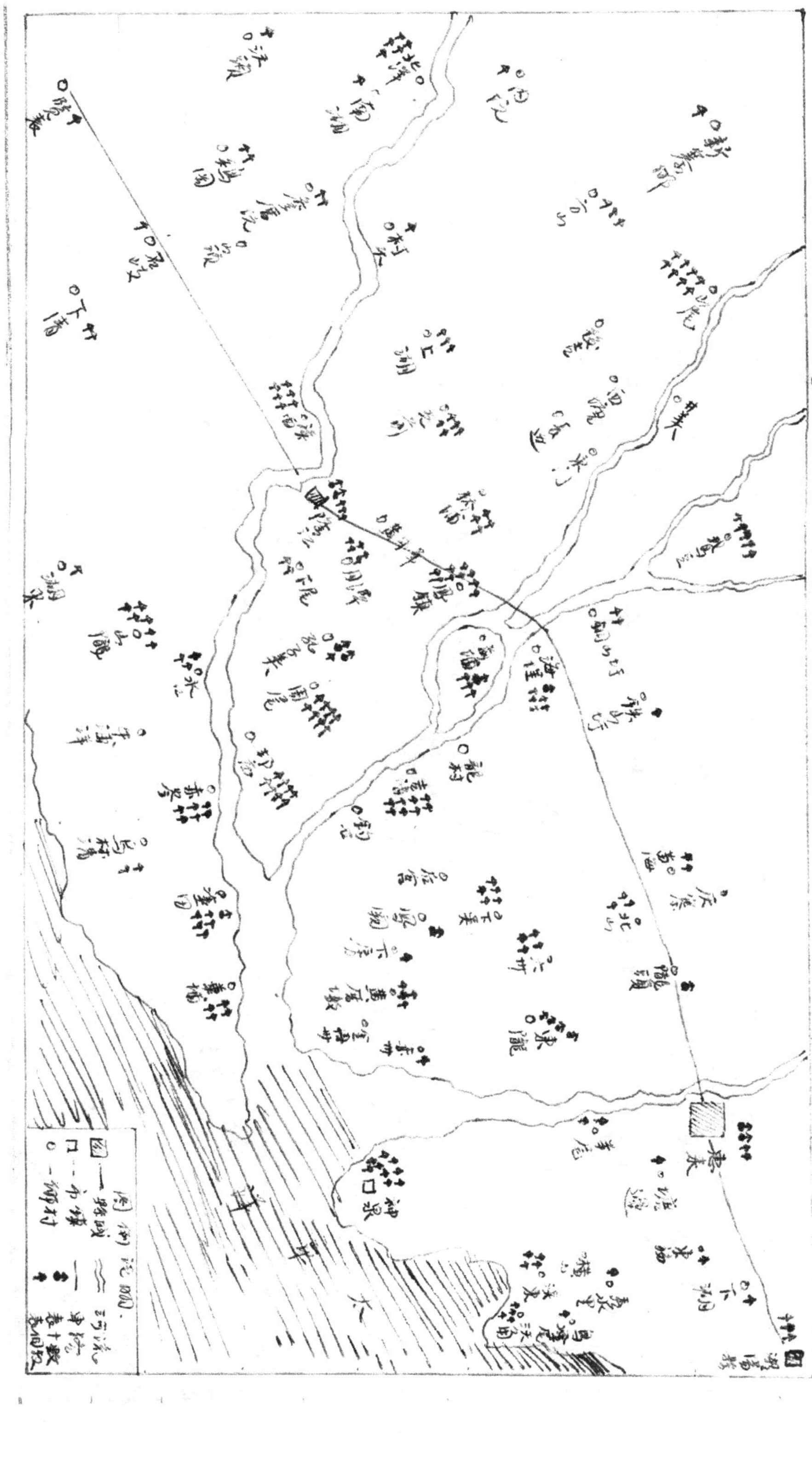

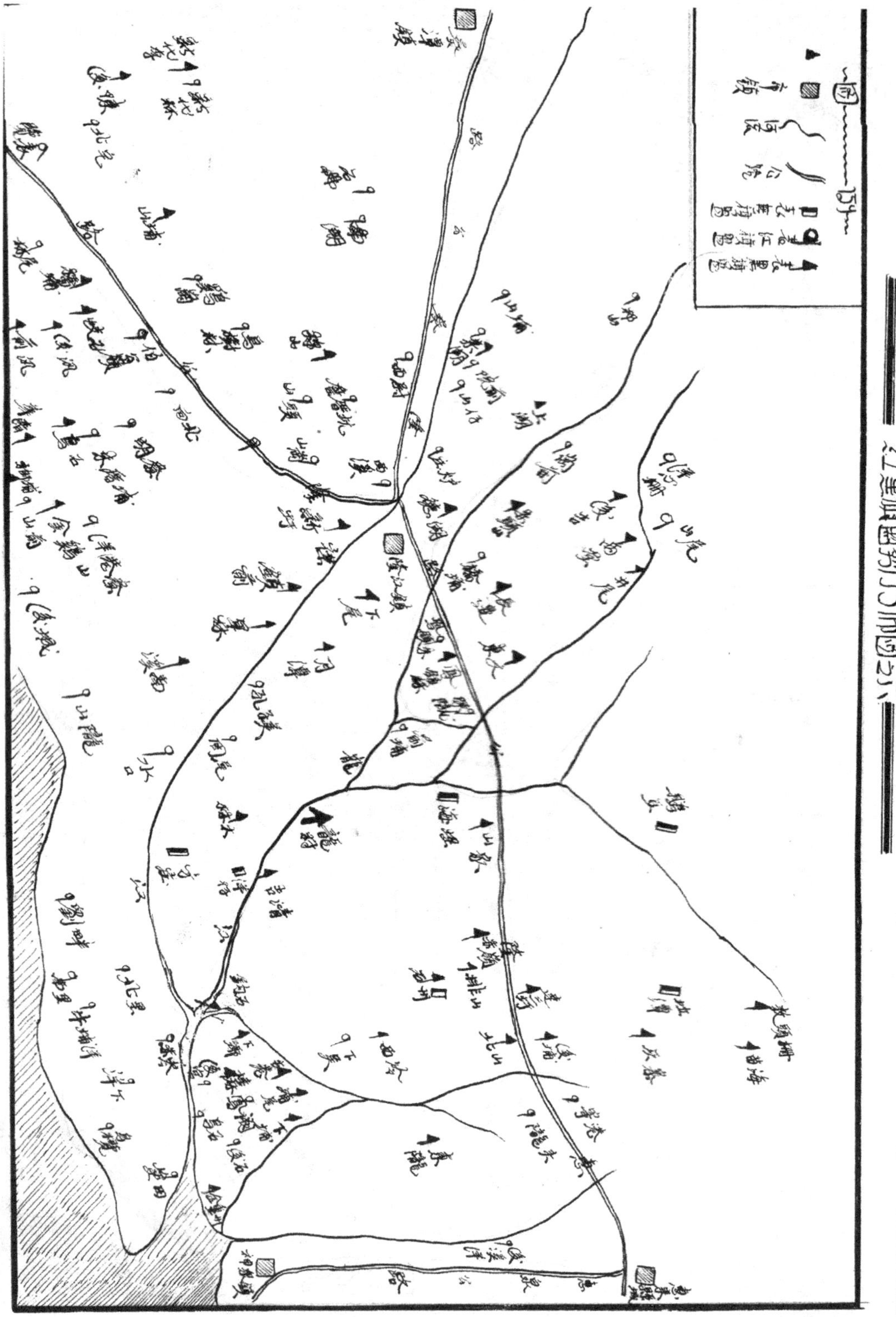

（出自中山大学法学院毕业论文，一九四八年）

澄海蓬洲都農業調查

謝廷文

外砂鄉位於澄海城之西南、約距二三里之遙、居於汕頭之東南、約距三十餘里之遠、南臨大海、北與東溪、橫窖、沈周、南社等鄉相對峙、東西南面、則有韓江之岐流繯繞而南流、皆蛇行而出於南面之大海、近且有汕樟(汕頭樟林)輕便鐵路、直達外砂鄉、自汕頭至外砂鄉、(外砂站)車費祗收三毫六仙、往來於汕頭埠澄海城、水陸交通、蓋甚便也、地質爲冲積土、東西狹而西北廣、地勢坦平、無高山大嶺之聳然峙立、更有三四條河流貫通其間、恰如我國黃河揚子江珠江三大流域之橫貫全國、誠一天然(適於農業)之模範農村也、人口約六萬六千人、多營農業、性情純良、忠厚、不務浮誇而好沉實、因受地方上環境所限具遠大觀念者極少、所謂「今朝有酒今朝醉、明日有愁明日當、」此不特外砂鄉農民爲然凡屬中國農民、大都類是、至其勞働情形、日未昇而已出、(當割蔗草之時、約在夜間一點餘鐘、便須出而工作、)日已落而後歸、夏不得避炎暑、冬不得避風塵、春耕夏耘、秋收冬儲、終歲勤勞、無時或息、亦云勞矣、赤脚露體、破蔽襤衫、苟值歉年、不得一飽、亦云苦矣、每年除家庭一切消費外、其能剩數百元之蓄積者、稱之爲富人、於此可見其經濟狀況之一斑矣、茲分爲蔬菜調查、作物調查、農品製造調查、經濟狀況調查、水牛黃牛調查、家禽調查等等、詳述如下、

(註)左述各種調查、有就蓬洲都區域而調查者、有就上蓬鎮區域而調查者、亦有祗就外砂鄉而調查者、故特註明於下、使閱拙作者、得以瞭然於胸焉、

澄海分爲七都、蓬洲都居其一、蓬洲都又分爲二鎮、曰上蓬鎮、曰下蓬鎮、上蓬鎮所管轄之鄉村爲外砂、沈周、東溪、橫窖、下埔、南社、舖砂等鄉、下蓬鎮所管轄之鄉村爲砂尾李、東埠、鷗汀、浮隴、絕厝、洋邊、官埭等鄉、

甲 蔬菜調查

(一)西瓜 澄海縣上蓬區十名外砂

西瓜之種類、以顏色分別、有濃綠皮瓜、(俗名烏皮)淺綠皮

瓜、（俗名東湖）蛇紋皮瓜、（俗名蛤蚪線）青白皮瓜（俗名白皮）之四種、若就形狀分別、則有長圓形、球形之兩種、自有外砂以來、已有是物栽培、但其食味及栽培法、甚少變異、至目前栽培面積、則較昔日爲廣濶、大約每年可有一千餘畝、出產總額、約二百餘萬斤、（二萬餘担）

西瓜之葉呈深綠色、濶大而粗糙、形狀似掌、葉邊有深缺刻、（但不是呈鋸齒狀之缺刻）、蔓莖甚長、蔓延於地面上、長約二丈、亦有長至三丈左右者、花爲黃色、種子排列於瓤中、甚有規則色澤種子因種類而異（一）濃綠皮瓜之色爲黑、以其外果皮之色爲黑也瓤部之色深紅、（二）淺綠皮瓜之色爲淺綠而間有淺白色、（指外果皮而言下同）種子爲黑色而尖端稍呈赤黑、瓤部色淡黃、（三）蛇紋皮瓜與淺綠皮瓜畧同、惟瓜子之尖端呈赤色、（四）青白皮瓜之色爲青綠而間有白者、瓤部色淡黃、種子色紅、至諸種之品質則同、皆甘甜可口、其中尤以淺綠皮瓜爲較佳、入口不覺有渣、蛇紋皮瓜次之、青白皮瓜又次之、濃綠皮瓜最劣、但生產能力特强、

西瓜之栽培法　先於瓜園中、選擇發育豐大端正之瓜、記以暗號、留爲種用、俟其極端成熟、摘取之、剖開、取出其種子、曬乾、藏之以備用焉、（留爲種用之瓜、其瓤部尚可止渴、不過食味稍遜耳、但當食之時、切不可將種子同時入口、須先以手指擘開、據有云、若果同時入口、則生長力較弱、此說究竟是否現時尚不敢決定姑誌之、以待有心者研究焉、）其播種時期、約在立春至驚蟄之間、先擇適宜之地、鋤鬆其土、培成屋斜狀之畦、濶約五六尺、中間高約二尺、兩傍高約一尺、再於中央每距六尺處、培起圓形土堆、高約四五寸、直徑約一尺、種植一株、約放下種子四五粒、放下後、薄覆以土、厚約一指（整地之法既如上述）更有於前作物之番葛（即番薯）畦中、約在番葛將掘了時、培起一較高之圓錐體之土、面頂之直徑約一尺、淋以人糞尿、越四五日、乃放下種子焉、

西瓜之管理法　放下種子後、薄覆以土、即以禾草或番薯籐一束、作成圓圈、放置於種子地位之周圍、繼澆以水、越數日、漸見萌芽、是後於每日晨早、淋水一次、約十日之久、

則停止灌溉、當此生育期間、每越數日、須要巡行園中、驅除蟲害一次、蔓莖約長六七寸時、卽行淘弱留强、每穴祇留一株、

土質　栽培西瓜、當以審擇土壤爲先決問題、適於西瓜栽培之土壤、當以砂土爲佳、其顏色爲赤褐、壤土次之、

肥料　大豆麩、人糞尿、爲西瓜之最好肥料、其施法、先以堆肥作基肥、每畝約一千五百斤、俟萌芽、卽施以人糞尿、約越十日、施一次、共施四五次便足、每畝約共施二千斤、蔓莖長至五六寸一尺餘五六尺之三時期、施以大豆麩、每穴約共施一斤五兩、人糞尿則淋於其穴面上、大豆麩則於其傍開穴施之、而堆肥則於未耕鬆土時、散布土面、然後用牛拖犂、犂翻其土、耙起成畦焉、

收穫　西瓜收穫時期、自夏至至處暑、每畝收量、約千餘斤、亦有多至四五千斤者、置於乾燥地方、可經至十日之久而不腐敗、當炎熱暑氣襲人時、食之可以止渴、且可辟暑氣、本地設有買賣場一所、專供鄉人買賣之用、當生產多時、每朝會集於此者、有七八千斤之多、除農民自已消費外、且有大宗輸入汕頭埠潮安城澄海城等處、

蟲害　西瓜之蟲害、最足以左右其生存者、有土狗、地蠶、及鞘翅目金花蟲科之瓜守、根莖一爲所咬、則枯死隨之、又有金龜子一物、爲害亦甚劇烈、

（註）西瓜爲外砂特產、亦爲外砂鄉出產之一大宗、

潮人風俗　凡人死後經過一百日、於最先之六月初五夜、其子孫必以濃綠皮瓜祀之、俗名過橋、農民利用此時機以居奇貨、平時每斤價格低則十餘文、高則二三十文、至此時期、竟有賣至七八十文者、故農民多喜栽之、

備考　農民經驗、瓜摘於十旬以前者、上部較下部味淡、摘於十旬以後者、上部較下部味甜、

查種西瓜地中、有二畝餘地方、土名金獅喉、以同一之瓜種、同一之肥料分量、同一之管理、分種於該地與別地、則將來所生產之瓜、生於金獅喉地者、其品質必較甜、清爽可口、食時不覺其有渣、想係土質之關係也、姑誌之、以待有心

者之參考、

(二)大菜(省城人稱爲潮州大芥菜即是此種)調查地蓬洲都大菜分爲哥蘆蕾、歪尾、赤葉、缺刻之四種、此種輸入之年代、及原產何處、均無可稽考、惟現今所結成之蕾、則較昔日爲圓大、葉柄亦厚大而長、蓋由其先祖經人工之淘汰及選種之精妙而成、則無可疑者也、每年栽培面積、約一千二百畝、總產額約有五百萬斤、即五萬担左右、每担約值價銀一元五六角、乃本地一大宗出產、歲入非少、至諸種之形態、哥蘆蕾之葉、類似葵葉而稍尖長、葉之中肋肥潤、色澤甚爲濃綠、長約一尺五寸、蕾位於中央、以肥厚之黃白色葉柄輪捲而成、重約二三斤、總計全株重量、約五斤、亦有重至十斤者、至歪尾、赤葉、缺刻三種、蓋取其形態而名、大概與哥蘆蕾相同、且種子亦皆褐紅色、形圓而細、品質皆有辛辣之味、(生鮮時爲然、醃鹹則否、)

大菜之栽培法　(一)選種、普通選種法、於花穗成熟將完全時、則連株刈下、曬乾便妥、此外更有一特別方法、其成績較爲優良、即於花穗下部、隨熟隨採、而曬乾之、(二)播期、播種時期、約在立秋至寒露之間爲佳、先擇壤土之地、設苗床、濶約二尺、高約五六寸、長則任意、以少許堆肥作基肥、將種子撒播於其上、覆以薄土、覆後澆水、以濕透爲度、約三四日後、漸見發芽、乃於每日朝露未乾時、薄淋以水、漸次發育、至有三四片子葉、又薄施以尿水、(尿約三〇%水八〇%)越二三日、再行補施、遞次施以較濃之尿水、至達移植期爲止、(三)移植期、播種後約二十五日爲移植期、先以水澆灌苗床、使土質濕透、繼以手握近頭部、用刀拔起、乃擇定適宜之地、翻鬆土壤、耙起成畦、畦高約五六寸、濶約三尺、長則任意、乃將拔起之苗、分兩行種植於其上焉、每株相距約一尺五寸、

大菜之管理法　移植後淋水、若遇天氣炎熱、則以稻稈於晨早蔽覆、使免直射於太陽光線之下、日暮則撥之畦傍、撥開後、即淋水、及至三四日、則將稻稈盡行除去、是後則審土質之乾濕、而爲之適當灌溉焉、若在生長期間、見有蚜虫發

生、則以毛筆或草根、吸葛籐水洗濕其受害部分、又於施肥時、見有雜草叢生其間、則以手拔去之、

土質　大菜之適宜土壤爲黏土、顏色爲褐黑、壤土次之

肥料　大菜之肥料、普通多用人糞尿、於移植後約十日、即行施第一次補肥、每畝約施一千斤、其施肥方法、或施於兩株間之穴、(先以手掘成、)或施於土面、又再十日、乃施第二次之補肥、每畝約二千斤、嗣後每越十日、遞次施以三千斤之、施至四次便足、亦有於第一二次補肥之間、再施以尿水者、

收穫　大菜收穫之適當期時、大約在大寒至驚蟄之間、當發育旺盛而未抽心之時也、至其收穫法、是於晨早、以刀斷其根部、放置於園中曬乾、每畝收穫量、約五六千斤、處理方法、有運售之於醬園、以供切成絲條或片塊、而製成菜絲或鹹菜者、本地農家、亦有照前法製爲已用者、除供本地農家食用外、大部分皆運輸他處、輸出外洋、亦有少許、

蟲害　大菜之害虫、只有蚜虫一種、當驅除蚜虫時、須要小心視察、其爲物細小、寄生於葉裏及心部、可以葛籐水治之、惟藥液非濕透蚜虫之身、則不致於死滅、仍猖獗如故、若當繁殖旺盛之際、葛籐水之濃度、以較厚爲佳、但以不傷害大菜爲度、

備考　現今所栽培之大菜、其成績所以優於昔日者、即應用特別選種法、前已畧述之矣、據云、種子過於成熟、則種植後、當其發育旺盛之際、即行抽心、若種子隨熟隨採、(即幼稚時收採、先二三日亦可、)則將來雖極端發育、亦不至有抽心之舉、

(三)萊菔　(潮人名曰菜頭廣府人名曰蘿蔔)調查地蓬洲都萊菔可分爲晚菜萊菔、脯菜萊菔、早菜萊菔三種、至其輸入之年代、及由何處輸入、均無可稽考、惟現今栽培、則已成爲極盛之蔬菜、就近數年平均計算、每年種子出口總額、晚菜萊菔約有二千餘石之多、(每石百四千斤、)普通價銀、每石值五六十元、共有十餘萬元之歲入、早菜萊菔約五六百石、每石價銀、以二十五元計、共有一萬餘元之歲入、但脯菜

之種子、並無出口、所收留之種子、只供本地之用、

晚菜萊菔之葉似菘菜而長、且葉柄爲圓形、葉邊多缺刻、葉裏密生細柔之毛、葉長約五六寸、濶約二寸、其根部（我人栽培之目的物、）潔白而爲長圓形、肥大多汁、其味甘甜、早菜萊菔之葉邊無缺刻、根部較晚菜萊菔爲尖長、品質與晚菜萊菔相同、脯菜萊菔之葉、與晚菜萊菔同、但甲頂（葉柄着生於蘿蔔之處、名曰甲頂、）或呈紅色、或呈青色、此其特異、根部多纖維、無甘甜之佳味、此其價格之所以低廉也、

萊菔之栽培法 （一）選種、先認定甲頂細小者、俟其完全成熟、連株刈下、曬乾後、除去其枝幹、打碎其荚、簸淨其子粒、此選種之大概手續也、據本地農民言、若收爲自已下次用之種子、選切斷結實部分之幼稚部、（不可太稚、）作爲種用、則將來成績、較爲優美云云、早菜脯菜選種法、均與前法相同、（二）播期、晚菜播種之時期甚長、自寒露至冬至、均所適宜、但以留種用爲目的者、約在立冬至小雪爲最佳、早菜在立秋至秋分爲播種期、但以留種用爲目的者、約在立冬至小雪爲最佳、脯菜與晚菜同、先用犂翻鬆其土、使之精碎、繼用耙耙起成平畦、畦高約一尺、濶四尺、乃於畦上、用足開五六行之溝而條播之、或用鋤仔、開伍六行之穴而點播之、此早菜晚菜脯菜三種之共同種法也、（三）移植、雨水至驚蟄、爲晚菜移植之時期、小寒至大寒、爲早菜移植之時期、脯菜則與晚菜同、但亦有不須移植者、先於苗床上拔取菜秧、切斷其葉柄、僅存一寸長、乃植於畦上、每株相離約五六寸、依畦之大小、而行數之多寡隨之、大概一尺餘濶之畦、植以二行者較多、

萊菔之管理法 下種子後、覆以二三寸厚之土、即行淋水、約有二三星期、苗已生有三四片子葉、即行第一次間拔、每穴約留二株、而此兩株之根部、不可相觸、並以草耙耙鬆其土、除去雜草、兼行培土、又於其根傍、施以人糞尿或尿水、若天氣炎熱、則於天將明時、灌溉更佳、及至根部稍膨大、再用草耙施行第二次中耕、除草、灌溉、施肥、但土質疏鬆、則含水力强、若巡澆多量之水、則根部受濕而腐敗、故

澆水量宜注意、此三種共同之管理法也、

土質　萊菔之適宜土質、以細微砂土八〇—九〇%黏土二〇—一〇%爲佳、

肥料　萊菔常用之肥料有四、卽大豆麵、尿水（尿三〇%水七〇%）人糞尿堆肥是也、每畝以一千斤堆肥作基肥、俟長至有三四片葉時、補施尿水五百斤、約距一星期、再施一次、大約施至三次便足、更有於第一次施肥後、約三四日、再用人糞尿千斤、或大豆麵三四十斤、用鋤仔開穴施之者、基肥大抵在未將土翻鬆之時、散布於地面、大豆麵或人糞尿、則施之根部、

收穫　晚菜萊菔之時期、約在大寒立春左右爲佳、早菜萊菔、約在冬至小寒爲佳、脯菜與晚菜同、其收穫量、晚菜萊菔每畝約伍六千斤爲常、亦有多至七千斤者、早菜萊菔約四伍千斤、脯菜萊菔約伍千斤、至其處理法、將收穫之萊菔、切斷其葉柄、以清水洗之、如表面有鬚根、則切斷之、乃將其切成二片、或四片、或切成絲條、曬乾之、醃以鹽、而成爲菜脯、菜絲諸食品焉、

備考　上述之移植方法、食用者（非以鹽醃者）不行之以其一次之移、則將其結根部之能力、轉而爲結果之用也、質之、萊菔受移植、則障碍根部之發育也、且收穫期亦較遲大約在立夏小滿間、

農民之留種、所以取其幼稚部者、據云、子粒幼稚、則養不多、養分不多、播種後不致發育過於茂盛、而生長枝幹之能力、轉而爲結生根部之用、斯爲優美云云、

萊菔收穫之豐歉、可依人工及天然二方面決定之、土質不當、稍多黏土及砂礫、則土壤之組織堅實、而不能遂其發之功、斯爲不得多收穫之原、螟蟲侵害、當繁殖旺盛時、其全部受蠶食淨盡者有之、或收量減少者亦有之、此天然之關於收穫之豐歉者也、收穫失時、不勤於中耕、除草、培土、灌漑量不適當、施肥失時、則收量之多少係焉、此人工之關於收穫之豐歉者也、

（未完）

（出自《农林季刊》第一卷第一期，一九二三年）

澄海蓬洲都農業調查（續第一期）

謝廷文

（乙）作物調查

（一）番薯（潮人名曰番葛）　外砂

本作物各品種之名稱，無正當確實者，歷來習慣，由農民因其形狀，品質等，而與以一相當名稱，茲就其栽培最普通種，述之如下，曰雙叢齊心黃肉種，曰雙叢尖心白肉種，曰雙叢白皮白肉種，（單稱雙叢，又曰大夢種，）曰甜粿種，曰香種，曰接芋種，曰接冬瓜種，曰秋瓜種，曰籐仔種，曰蘿茱種，曰企芽番虎，曰楓樹種，曰企種，至各種之形態，如籐仔種，則其籐細小，芽皆向上伸長者也，企種，則葉狀似芥藍葉，皮肉俱白色，企芽番虎則心（籐之生長點）色白，籐則色紅，塊根形圓，品質軟[illegible]，紅皮白肉，楓樹種則紅皮白肉，接芋種又分爲紅皮白肉，紅皮黃肉，白皮白肉之三種，形態相同而品質畧異，甜粿種品質似甜粿，皮紅而肉白，其餘可由其名稱推想而知之也，

經營　本地人口之統計，雖無確實調查，大約在六萬左右，而此六萬人終歲寄食於番薯者，蓋什八九也，近二十年來，氣候溫暖，雖屆冬季時期，亦可以種植，故番薯一種，實爲本地農作物之主要品，亦即本地主要食品也，其經營狀況，實較他種農品爲特別發達也，

地勢　種植番薯之地，須擇其不高不低而爲中庸者，蓋過高則缺乏水分，不能極端發育，過低則易受濕而腐敗也，大約畦底闊約三尺餘，高約二尺，土地則以稍乾爲宜，不可過於濕潤，

土質　砂土爲佳，砂質壤土次之，土壤畧瘠，亦無大碍，

產額　每年番薯之總產額，約在七八千萬斤，

種期　番薯之種植時期無限制，四季俱可種植，但大多數則種植於驚蟄春分間，俗名曰早葛，清明穀雨間，俗名曰半早晚葛，夏至小暑間，俗名曰菜只園，立秋處暑間，俗名曰晚葛，秋分寒露間，俗名曰雙叢葛，（因其皆種雙叢，故名，）冬至俗名曰拖春之六時期，

前後作物　番薯收獲之豐歉，與前作物頗有關係，而番薯收獲後，應種植何種作物，此不可不知也，玆將六時期，分述如左，

(A)早葛之前作物爲大麥，早茶菜菔，蔗，荷蘭荳。後作物爲倒宿花生，陽歷七月所種者，謂之倒宿，）萊菔，（食用）亦有作爲秧床者，

(B)半早晚葛之前作物爲早茶，荷蘭荳。（食用）

(C)晚葛前作物爲早花生，藍，後作物爲茶花，（萊菔移植時，名曰茶花，留種用），

(D)雙叢前作物爲白荳，藍笋，（移植）後作物爲白荳，藍笋，倒宿花生，晚花生，亦有作爲秧之苗床者，

(E)茶只園前作物爲茶菔，後作物爲腼茶萊菔，

(F)拖春前作物爲晚稻，後作物爲白荳，早秧，（作苗床用）

種苗　選擇種苗法。先由自己之志願而定一品種，次擇其藤芽之強壯者，乃於距先端長約一尺左右處，以刀仔刈斷後，放置於淸凉之地方，越三四日，若自己無適意之品種，則探問鄰家而與之承買，每百條約八九分銀，

番薯之栽培法　（一）整地。耕鬆所欲種植之地，用竹耙耙起成高畦，畦之大小，上已言之，長則任意，（二）種法。乃以放置三四日之種苗，取出濕水，斜插入畦中央之土中，深度約苗長什五六，每株相距約一尺，（三）種期既如上所言之六時期，大概於紅日西下時舉行之，（四）肥料。每畝先以堆肥一千五百斤作基肥，種植後，約越一月，即行施人糞尿一千斤：或大荳麵八十斤，如是便足，

管理　當種植種苗之際，若土壤稍乾燥，即須薄淋以水，在發育初期，審土質之乾燥與否，而行適當之灌漑，但其性耐旱，種植後，約一月餘，若有雜草叢生其間，當用草耙除之，兼行中耕，越數日，畦上之土，漸行瀉下，速即用牛拖犂培起溝底之土，再以竹耙培起之，又於發育旺盛時，見有藤蔓延於溝底，即速行牽藤，但數日後，仍然蔓延於溝底，故須分多次行之，

收獲　因爲終年可以種植，故收獲時期，亦無一定，大概種後約有四個月，便可掘取，亦有三個月而可收獲者，每畝產量約三四千斤，亦有多至五六千斤者，

銷售　番薯爲本地農人之主要糧食，又爲家畜之飼料，亦有切成片晒乾，而成爲番薯乾，以備荒年者，每年亦有大宗輸出汕頭埠，澄海城及海陽屬之庵埠，本地亦設有一墟，以便鄰鄉之貿易，上等番薯，每百斤約值銀一元二角，

備考　反觀上述，知番薯之品種，爲數十有三，又知種植之時期有六，而十三品種之於六時期，何去何從，前已述及但其品質，則不無差異，如香種之於半早晚葛早葛兩時期，栽培固皆適宜者也，然種植於半早晚，則品質鬆而芬芳，種植於早葛，則其品質較粗劣，且畧生纖維質，

（二）稻　　外砂鄉

稻作物分爲早晚二種，今將其佳良品種，述之如下，

（子）晚稻種　白脚赤　紅脚白　有芒（又名芒公）徙稻　斳頭種　白殼仔　埔古　快種　大粒綏　銀魚古　兩公種　綏古

丑　早稻種　大早有芒　大早無芒　大早花羅

尙有糯稻一種，早晚俱可植也，其佳良品種有四，一曰烏殼糯，二曰大葉烏，（又名牛碑糯，）三曰綏古糯，四曰紅脚糯，

茲將上述各種之形態，品質，產量，特徵，說明如左，

白脚赤○莖之下部白色，米色亦紅，形圓，質粗硬，下產，

紅脚白○莖之下部紅色，米色白，形尖長，質中庸，中產，

有芒○米質甚軟粘，形長，上產，

徙稻○米形長粒，質精緻，中產，

斳頭種○米質粗硬，形長，葉粗硬，恍似芒葉，中產，

白殼仔○米質軟粘，形長，殼色白，上產，

埔古○米色白，質軟粘，中產，

快種○米質軟粘，形長，中產，早收穫，（大約先一節候，）

大粒綏○米形豐圓，質粗硬，下產，收穫遲，

銀魚古○品質最精緻，形尖長，殼色又有黃白二種，中產，

兩公種○米粒大，品質中庸，中產，

綏古○穗細著生密，品質中庸，形狀大小中庸，上產，

大早有芒　米形細小，品質軟粘，稈細短，上產，

大早無芒　形大而圓，稈大而粗硬，品質亦粗硬，上產，

大早花羅　品質軟粘，色赤褐，中產，

烏殼糯　殼色烏，品質軟粘，中產，米色白，

大葉烏　米粒大而品質稍粗硬，葉色烏，上產，

綏古糯　品質中庸，形圓大，中產，

紅腳糯莖之下部色紅，品質頗軟粘，形圓長，中產，

經營　本地農家，除以番薯為主要食品外，次為稻作譬如每人每餐食五碗，番薯占三碗，粥占二碗，食飯者甚少，因恐番薯之或有不足，常於早晚季，將沙園暫整理為沙田之用，但沙園地有所限，且沙園又非可盡變為沙田，故經營稻作物之狀況，不甚發達，亦不至於衰落，惟得維持其現狀也，

地勢　本地之稻田有二，一為沙田，一為水田，又名壟田，皆為有秩序有規則之區域，聚集數百畝而成為壟，亦有多至一千畝左右者，乃以一溝貫通壟之中央，其壟之廣大者，則開二溝，溝之入水口較停水處為高，而溝兩傍之田，近溝處較遠溝處為低，溝內週年有水，沙田則不成為壟，然亦為有規則有秩序者，概言之，水田較沙田為低，沙田比沙園為高也，水田在休植時期，皆滿貯以水，沙田則曝露於日光之下，故水田極濕潤，沙田極乾實，

土質　水田多屬黃植壤土，沙田多屬沙質壤土，故水田極肥沃，沙田畧遜，

產額　稻作每年產額，約二百餘萬斤，

種子　本地農民，不讀書者居大多數，無農學智識，自不待言，故稻作選種法，沿先祖之舊法，極其簡單，即於其穀黃熟時，將稻作盡數割下，打落其穀粒，晒乾篩淨留若干為種用，乃特別晒乾貯藏於罐缸中，上蓋以蔴苧袋，以備來日用焉，

稻之栽培法　將昔日貯藏之種穀，秤出若干斤，傾入籮中，置入水中，以手攪之，浮起者撈去之，以稻稾覆其面上，不使浮出水面，約浸有三四日夜之久，便可出芽焉，乃以之撒播於苗床，先播下種子，次覆以土，又次淋以水，濕透其土為度，最後以竹掃打壓之，早稻播種期約在雨水，晚稻種播期約在夏至，移植期，早稻在穀雨前後，晚稻在立秋前後，插秧式有四點金直行橫行三種，每株相距約八九寸，肥料種類有二，曰綠肥，曰麩類綠肥如番薯籐，花生籐，麩類如大豆麵花生麵，綠肥施於移植後十日，大荳麩施於移植後一月，但水田肥沃，多不加施大荳麩，

管理　播種後，須注意灌漑，每日晨早，淋水一次，使苗床濕透爲度，至二十餘日以後，便可停止灌漑，秧田（沙田水田）則用牛拖犂，犂鬆其土，復以耙耙平其面，移植後，約十日，即施補肥，在發育時期，見有雜草發生，即行除草中耕，如有三化螟虫二化螟虫發生，（惟早稻有之）則以煙枝截成小塊，分插田間，自可減少其患，因其熏成爲熅，當充滿多量之水，故無灌漑之必要，然沙田則需水量非常之多，計自移植後，約隔數日，即須以水車車水，灌漑一次，

收穫　收穫時期，早稻種約在立秋處暑間，晚稻種約在大雪小雪間，總而言之，移植後有三個月之久，視其穀粒黃熟，即爲適當收穫時期，

副產品　副產品有三，藁糠稃是也，藁用以蓋屋，做草鞋，製繩，席，飼養家畜，及用爲家畜之薦草，每百斤値銀三毫，稃與糠，用爲肥料燃料，及家畜之飼料，稃每百斤値銀三毫，糠每百斤値銀二元五角，

僱工　當稻作收穫之時，農婦多休居家中，故工少而難僱，普通長工每名每月工値約五六元，屆此稻作收穫忙碌時，每名每日工値須四毫以上，

備考　上述之新頭種，所以得名之由，實因該種之秧苗，旣經移植，俟生長至有一尺餘長之莖，乃於離地面五六寸長處，刈斷之，則將來所結之穀粒，極其堅實，而其切斷之莖部，再削去其尾部，中間約存有八九寸長之譜，尙可插於土中，遂其生根發育結實之能事，此稻作物之特異，而其名之所由來也，

丙　農品製造調查

（一）藍靛（又名水靛）　外砂

原料　製造藍靛，須先預備藍莖熟石灰水三原料，先刈取藍莖上部長十之八，縛成小束，置於無日光處，俟製造時，纔將其繖入藍桶中浸之，又先往石灰局購買適用之熟石灰，再加水少許，變化其本質，使成粉末，放於灰桶中，用時乃取出和之，

製造法　製造之法，先將藍桶置於一處，次以水傾入，大概每桶注入二十担左右，又其次，則繖入藍莖，每桶約繖入一百三十斤便足，浸至十三四小時，（下午四五時至明日早五

六時），乃將藍菜撈出然撈出之遲速，頗與藍靛之品質有關，其觀察法，則視天氣之涼熱而異，若天氣涼時，即以葉色爲灰色，水色爲白色者乃合度，天氣炎熱時，則以葉色爲黄色，水色爲柑黄色者乃合度，既將藍菜撈出，乃用小桶杯出熟石灰，以手攪拌，使其細微白紛末，漸次和入水中，最後所剩餘之粗塊，則傾去之，大概每藍桶須和石灰七八斤，乃用木桿擣擂之，約經二十分鐘之久，攪拌，令之澄清俟澱，至八小時時候，即將藍桶下層之木塞拔去，則桶中之上層水，漸漸漏出，而下層沈澱之物，即藍靛也，又曰水靛，而製造用之器具，甚爲簡單，不外藍桶一名大桶（即盛水浸藍之桶也）小桶（即撈水傾入藍桶之桶也）與木桿等物而已，

價值　藍菜每百斤約價值九毫，石灰每員可買八十六七斤，總計每百斤藍靛所需之工料約四員左右，而每百斤藍靛，值銀或五員或五員五角，而六員亦或有之，要因市價及品質之優劣而變易，無有一定，而每百斤藍靛，約需藍菜四百斤，石灰二十一斤左右云，

銷售　售之上海，興寧，半河等處

副品　製造藍靛之副品爲藍尾（浸後撈出者）石灰滓，每百斤藍靛約得藍尾二百四十斤，石灰滓三四斤，藍尾每元有可購買五桶，（指藍桶）用爲肥料及燃料，石灰滓則用以打灰場，然究屬少數，

附說　本年氣候適宜，雨水調和，故藍作物甚佳，統計外砂一部地之產額，約三萬餘担，經營是業者，共有二百餘家，夫造製期間，不過一月左右耳，而竟有十餘萬元之歲入，亦地方之一大富源也，

本地種植之藍爲大葉藍，高約七八尺，亦有高至一丈左右者，藍靛之優劣，色澤帶紫者爲最優，帶灰亦色爲劣，

（二）　荳醬　　　外砂

原料　先預備麥（大麥小麥俱可）黄荳，鹽三種。選擇麥黄荳之佳者，先將麥舂去其殼及糠，而黄荳則去其殼，磨成荳片焉，

荳醬之製造法　欲製荳醬，當先製荳酵母，而荳酵母之製造法，即以整理完善之麥，傾入釜中炒之，直至外層破裂，乃取出，冷之，磨成細粉，又將整理完善之豆片，煮之或炒之

(水不可太多以足荳片吸收爲度)使熟，置之竹器中，以濾去其水分，至水分淨盡時，乃與麥粉互相混合而攪勻之，其配合之比例，爲麥粉一〇%荳片五〇%，將其平鋪於密匾中，厚約五六寸(過厚則溫度高，過薄則溫度低下)使其行醱酵作用，約經一星期之久，而醱酵已完，是謂之荳酵母，然荳酵母經過之情形如何，製荳醬者，不可不有以知之，茲述之如左，

既混合後，平鋪於密匾中，約經二十四點鐘之後，即生白菌絲，再三日後，則白菌絲變爲黃色，此得最適宜之溫度也，若欲得適宜之溫度，則須常常以手探之，大概以覺微溫爲合，過高則使降低，過低則使增高，須保持一定溫暖，蓋過高熱則白菌絲變爲黑色，過冷則不能起醱酵作用，不可不注意也

荳酵母既成，乃將整理之麥，煮成麥粥，傾入桶中，俟其溫度低降，至微溫時，將荳酵母混入麥粥中而攪拌之，然後裝入甕中固封其口，置於有日光之處，以行其化合作用之功，蓋日光有催促其化合成醬之能力也，自是經三星期之久，即可取食焉，計每百斤製品，需用麥一十五斤，荳酵母一十五斤，鹽十觔，餘則爲水分。

價格　大麥每百觔約值銀三員五角，小麥每百觔約值銀四員三角，黃荳每百觔約值銀五員二角，鹽每百觔約值銀二員三角，品質甚優，味甜而甘，不甚鹹，用以配菜，極爲佳味，本地無白油，故用此以代之，品質既佳，價值自昂，然無輸外處，

副品　麥殼麥糠黃荳殼三者，乃製荳醬之副品，然品質粗硬，無甚價值，黃荳殼麥糠用以喂家畜，麥殼則用爲燃料，每百觔製品，可得麥糠麥殼共一觔餘，黃荳殼一斤半，

附說　荳醬爲外砂之一大宗製造品，人人不可少之副菜品，計每家人口少者，必備二三百觔，多者六七百觔，其製造之大宗，概可想見矣，

(二)甜瓜脯　西瓜子　　外砂

原料　荳醬，西瓜仔，甜瓜，鹽四者，爲製造瓜脯西瓜子之原料，凡製造者，須先預備，步行瓜園中，見西瓜大如碗，(愈細小愈妙，)及極端發育而未黃熟之甜瓜，摘而取之，乃以竹刀刮去其西瓜仔之外皮色素，無須剖開，而甜瓜則以小

刀中剖之而爲二片，除去其核，荳醬則昔日自己所製造者，

製造法　取既整理完善之西瓜仔甜瓜，醃以鹽，置諸木桶或缸中，壓以重石，使排出其液汁，翌晨，取出，置於日光之下，晒至晚間，復將其置於前此之鹹瓜汁中，越晨，再取出晒之，如是者四五次，但甜瓜稚者則二次，老者則三次而已足，若當晒瓜之時爲陰雨，則視瓜汁量之多少，而爲之多晒幾次，至是西瓜仔甜瓜整理之手續已完，乃將其裝入甕中，甕內是已盛有荳醬者，越數日之久，則甜瓜脯已可取食，惟尚未飽吸荳醬汁，仍有酸味，若稍經時日，則品質甘脆而不甚鹹，至西瓜子，則因其無剖開，荳醬汁難以浸入，須經有一月餘，或二月餘之久乃可取食也，每百斤製品需甜瓜或西瓜仔二百斤，鹽十餘斤，荳醬無定，以能掩沒瓜爲度，

價格　甜瓜每百觔約値銀七八毫，西瓜仔每百觔約値銀一員，荳醬每觔約値四分銀，鹽每百觔値銀二員三角，

製成之甜瓜脯西瓜子，其品質極優，甘脆而不甚鹹，因其品質佳良，當爲世人所好尚，除自己用爲助膳外，每以之爲餽送朋友親戚之禮品，

副品　製造中之副品爲瓜核，味甘甜，用爲家畜魚類之飼料

附說　西瓜甜瓜，皆爲本地之特產，產額極其大宗，而西瓜仔除爲製造用外，皆無所用，甜瓜生食者甚少，多數用以爲甜瓜脯西瓜子，故甜瓜脯西瓜子，亦爲本地之特產大宗，據我確實調查，每家人口少者，必預備數十斤，以爲常鹹，人口多者，須預備四五百斤，雖自己并無栽培斯物，必購買數十斤，或二三百斤，以供製造，統計每年之製造總數量，當在四五十萬斤左右也，

備考　前此製造中，尤宜注意者，西瓜仔甜瓜整理完善，浸入荳醬面中，當淹沒而無浮出醬面，且須將其甕置於有日光之處爲要，蓋浮出醬面，固吸收醬汁不勻，且接觸空氣，品質因以大損也，置於接受日光之處，則可促其起發酸酵作用也，

丁　經濟狀況調查　　上蓬區

甲　農戶耕地　每農戶耕五畝以下者，約百分之十七，五畝至二十畝者，約百分之五十，二十五畝至五十畝者，約百分之二十，五十畝至一百畝者，約百分之十二，一百畝以上者

不過三四農戶耳，

乙田地價　沙田每畝地價約二百五十員，水田每畝地價約一百二十員，沙園每畝地價約一百八十員，

丙田地租　沙田每畝地租一十五員，水田每畝地租約七八員，沙園每畝地租約一十員，

丁工價　長工價每人每月四員，短工價每人每日二毫，然此爲忙碌時之工價耳，若在閒時，則每日一毫五分，價有供過於求之趨向焉，

戊肥料價　人糞尿每百斤約值銀一毫五分，尿每百斤値銀一毫二分，大荳麩每百斤約值銀五員二角，草木灰每百斤値銀二毫五分，堆肥每百斤約値銀二毫，

己農具價　犂每具約値銀二員五角，田耙每具約値銀六員，草耙每具約値銀二毫五分，竹耙每具約値銀三毫五分，鋤頭每具約値銀一員三角，鋤頭仔每具約値銀四毫，

庚農產價　牛肉每斤價銀二毫，猪肉每斤價銀三毫，羊肉每斤價銀四毫，鷄肉每斤價銀四毫，鷄蛋每個値銀一分六厘，（每毫以十分計算下同）鴨肉每斤値銀三毫，鴨蛋每個値銀二分七厘，鵝肉每斤値銀三毫二分，烏魚每斤値銀一毫六分，草魚每斤値銀二毫，穀每百斤値銀四員二角，豆每百斤價艮五員二角，大麥每百斤値銀三員五角，小麥每百斤價銀四員，麥粉每百斤値銀九員，番薯每百觔値銀一員二角，（指上等）芋每百觔値銀四員，蔗每畝値銀六十員，糖每百觔約値艮八九員，花生油每百觔約値銀二十二員，菜脯每百觔約値銀一員，大菜每百觔約値銀一員六角，大白菜每百觔約値艮一員七角，土白菜每百觔約値銀一員八角，芥藍每百觔約値銀二員，菜荳一名豆莢，每百觔約値銀二員五角，藍靛每百觔約値銀四員五角，鹹草（織蓆之草也）每百觔約値銀三員二角，

戊　水牛黃牛調查　　上蓬區

甲種類　多屬役用牛每日能耕田四五畝，園六畝左右，而水牛黃牛之能力，大畧相等，速力則黃牛過之，

乙飼料　役用牛之飼料，無工作之時，則由牧童牽往雜草叢生之處吃食，有工作之時，則多以番薯藤，番薯皮，花生籐，稻藁及雜草喂養之、給要之量無定，任其食至不食而止，

丙管理　平時由牧童牽帶外吃食，天明而出，日入而歸，出時牛舍內之糞，須整理淨盡，先牽往塘邊處吸水，且水牛又須俟其尿排洩，然後出外吃食，俗謂之叫牛尿，因其尿量特多且肥，故不排洩不外出，本地水牛管理之習慣也，歸來之時，若天氣炎熱，則縛於樹蔭之下，天氣寒冷，則牽入牛舍內焉，但水牛性喜水，每一見溪澗之水，即走入其中，輾轉反側，以致身上時染汚坭，故暮歸之時，當先以清水洗濯爲要，若在夜間休息之時，常有蚊虻，三五成群，聚集於牛身上，穿皮刺肉，吮血而飲，每一舉喙輒見其肌肉顫動，當爲所苦，故宜拔蒿束之，置火於中，覆以穀殼，其煙勃鬱，乃以扇撥其煙，旋繞於牛身上則蚊虻受煙刺激，各自飛去，而牛得以安然無苦矣，又牛之性情，有極傲慢者，亦有極溫和者，然究屬少數，故爲管理便利起見，皆以繩穿其鼻孔，以限制之，至牛舍之式樣，並無一定，有擇屋舍之傍而附設焉，上蓋以禾草，厚約三四寸，又於牆壁上，開一大窗，以通空氣，以透日光，前面則開一門，以便出入，而牆壁有用石灰磚砌成者，俗名曰灰塗角，亦有用坭磚砌成者，俗名曰塗角，

闊約一丈，長約一丈五尺，地面則鋪以散草，作爲薦草之用焉，

丁數目　本區內養牛之總數，以能工作者計之，大約有一千二百頭，計開水牛五百頭，黃牛七百頭，

戊疾病　本區牛之管理飼養，皆爲兒童之應有事，而偶有瘟疫疾病之發生，即漠然置之，無醫治之術，瘟疫疾病之特徵，如鼻眼流出鼻水眼水，口流出口水，亦有成爲白泡者，行動不靈敏，精神不振，小則全隴全鄉之牛盡死，大即全區全埠之牛盡死，損失之大，不可勝計，

己　家禽調查　　外砂

甲種類　鷄鴨鵝

最佳良種之鷄，每年能生蛋一百四十個至一百八十個，鴨則三百個，鵝則七十個，

最佳種之鷄，最重量八斤至九觔，鴨(指土鴨)則四觔，鵝則十五六觔，間竹巷之鵝，若給與足量之飼料，能長至二十四五觔重者，

乙飼養　鷄之普通飼養法，以脚鉢子盛米糠熟番薯之混合物

喂養之，或單以熟番薯喂養之，除此之外，則不給與飼料，任從外出覓食焉，鴨當生卵時期，則以穀或麥喂養之，未生卵時期，除上述二種之外，更以熟番薯切片喂之，或以螺蚌類喂養之，鵝當生卵時期，則以穀麥或穀殼喂養之，且須加給與蛤蚌類殼之碎塊，未生卵時，則以番薯(生熟俱可)穀殼喂養之，總而言之，鵝則以草類爲常食品，飼養料僅爲其補助品耳，

丙數目　本地無養雞以爲營業者，故所有雞類，皆家居婦女之私養物，每婦女有多至二十餘頭者，亦有十餘頭者，不一而足，鴨鵝則有養成群而爲營業，其最大群之數，鴨則四五百頭，鵝則二百頭左右也，

丁管理　雞除正午日暮二次，給與少許飼料外，即任其出外覓食，且於屋傍構成一茅舍，以爲休息之所；鴨則須一人管理之，以專職務，稻作物未收穫時，則驅之溪澗間，稻作物收穫後，則驅之壩田間，日昇而出，日入而歸，暮歸之時，若天氣炎熱，則以竹籬圍於屋之庭前休息，若天氣寒冷，則驅入鴨舍內焉，但生卵時期，驅之外出，不可太早，須在紅日東升時，始可驅出，蓋恐其蛋之移生於別處，且舍內必須散以較厚之草，以爲薦草之用焉，晝間於正午下午二時間，則以飼料喂養之，夜間又須以桶盛水，置諸舍內，半夜時，再喂以飼料，鵝則與鴨畧同，惟舍內無散布較厚薦草之必要，蓋鴨生卵於舍中，而鵝則須另擇幽靜之屋舍也，

品種　鴨有土鴨番鴨半菜鴨之三種，土鴨顏色有赤而雜灰斑點者，有純白者，有淺黑色者，體重約二三斤，亦有重至四斤者，番鴨色黯黑綠而有艶麗之光輝，體重約八觔。半菜鴨則與番鴨畧同，惟光澤不甚悅目，然體重則過之，大約可有九觔至十觔。此外尙有一種色粉白者，體重與半菜鴨不相上下，若將純白之雌土鴨與雄番鴨交配，則其第一子代，即成爲粉白半菜鴨，將淺黑雌土鴨與雄番鴨交配，則將來第一子代，即成爲黑半菜鴨，但此二種鴨，祇供食用，不能作種用，蓋不能生蛋也，雞之品種，則有竹絲雞大種雞灰雞錦雞潮陽雞烏雞九觔雞絨雞

附説　本地家禽之總數，大約鴨四萬頭，鵝七千頭，二者皆屬營業性質，而雞則不然，蓋皆屬於深居家中之婦人私養物

，上已述之矣，故其總數，甚難調查，但鷄雛爲婦人之私養物，而喂養飼料，則由公家供給，故其所生之蛋，一經孵化爲鷄仔，所得雄者，須盡數歸之公家，是亦家庭經濟問題中別一生面也，

（出自《农林季刊》第一卷第三期，一九二三年）

西林村之現狀

黃漢祥來稿

（位置）西林村位居潮安縣屬北屏之登榮區。。握韓江中樞。。依山面河。。高山左右環拱。。實具天然獨立之形勢。。惜乎滿清末業。。河身日涸。。常患洪水。。農人苦之。。爭相逃出外洋。。其坭守舊識。。不尋變通。。殊爲可嘆。。近年以來。。得一二有識者之提倡農業。。始可稍觀。。是亦事因人成之謂耳。。

（面積）全村週圍約計十里之外。。山佔其七。。田居其三。。田園統約成千畝。。而有山田、中田、低田、之分。。三田之中。。中低又佔多數。。而低田每年布谷一次。。常因水患之故。。三年不過一收。。中田則兩年收成一次。。所可希望者。。惟山田而已。。夫欲求田園之發展。。非待疏濬韓江不可。。

（戶口）全村百餘戶。。男丁四百有奇。。除老小不能耕種之外。。中年不過百餘。。婦人助之。。平均耕種每一壯丁約耕六七畝。。農務餘暇。。咸多墾山栽植波蘿。。

（教育）數十年來。。全村教育敗落非常。。迨民國十年始由黃照庭聯絡整頓。。歸併私塾。。設立國民學校一所。。學童五十餘人。。共聘教員二位。。惟規模形式未臻妥善。。

（風俗）全村以僻居一隅之故。。民情儉樸。。盜賊最淨。。惟無遠大眼光。。心胸狹窄。。動輒齟齬。。互相仇視而已。。此亦教育未能普及。。風氣未開之所致。。

（生菓）全村多植密柑、橄欖、梅、柹、龍眼、橙、於山脚近田之處。。每年獲利頗豐。。

（山利）十數年以來波蘿『一名王梨一名番梨』罐頭盛銷。。全村人民從事爭植。紀元前全村不過數萬株。現在則增至五六十萬株。『尙逐年大增。』一望山原。處處皆是。進步之速。甚爲可嘉。

（植法）不論土地肥瘦高山岡陵『愈高岩愈妙』均可栽植。未植之前。先將預植之山鋤墾約深二三尺。不論何時將未生過之波蘿去淨。其根由日晒至半枯。用橫格形排掘一孔。孔中下薪灰一把。『無灰亦可惟生育不久耳』每株距離一尺。直格形須離七八尺。橫形離數丈之外。應留直路一條。以備採摘。採後在春月時。尤宜將直形之空土鋤壓其頭。但該土宜節留十年之用。每年尤須除草兩次。

（收獲）植後越年二月間卽生波蘿。第三、四、五年爲生育最旺之期。經十年後則須另行墾植。其生後在三月間。卽用木有叉形者打去其柄脚之芽。『芽大小可植。』後將波蘿尾之葉用手打去。『名曰去臍。』迨夏至左右。卽用少許禾稿曲遮于臍處。以禦烈日。除此工夫之後。卽無別種手續。只待熟採摘而已。其葉亦可括去外面靑皮及兩傍之莿。後用長流山坑水漂白。晒干爲波蘿苧。以供紡織。。其利甚薄。。

綜上以觀。。波蘿一物。。見利之速。。獲利之豐。殆非別種山菓可比。惟收成之人力。。因高山之故。。未免較別菓爲苦。。甚願種植家有以提倡之。。

茲將植法之格形列左

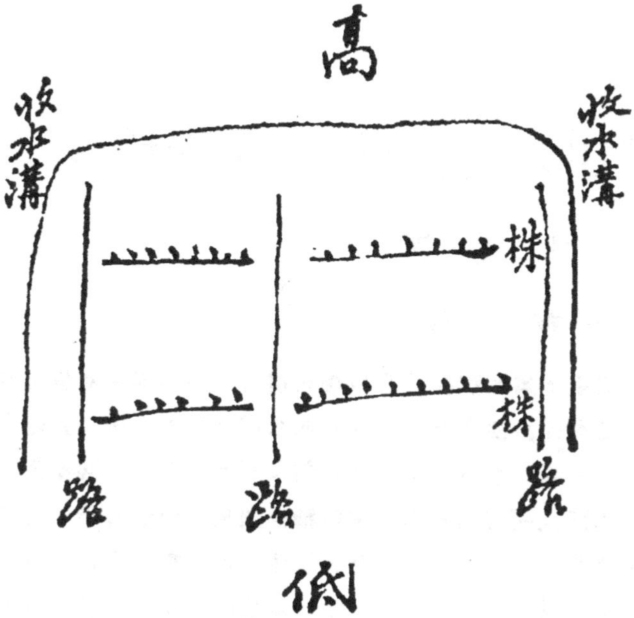

（出自《农事月刊》第一卷第六号，一九二三年）

梅縣槢陽鄉103戶農家經濟調查研究

魏 雙 鳳

第一章 緒 言

私立南華學院農學系農業經濟組，為明瞭梅縣農村經濟情況，及供給本省農村建設參攷起見，擬舉行全縣各鄉村農家經濟抽樣調查。茲為便利進行調查，決先由近處調查至遠處。本調查乃於十月廿九日起，由本系黃主任友謙及筆者二人，率同本系二年級全體學生廿人，前往敎溪口附近之槢陽鄉各保，進行抽樣調查，至十月卅一日止，調查工作告一段落。此次調查共得一百十五戶，調查所包括之週年期，為民國卅三年八月一日至卅四年七月卅一日止。因調查時間倉促，錯誤或遺漏之處，在所不免，故整理表格時，特為慎重，除發現其中十二戶，有矛盾之表格剔除外，共得一百零三戶。又分析統計時，亦曾經核對一次至三次，惟舛誤之處仍恐難免，倘荷閱者，賜與指正，實為感幸，今將調查分析結果列述如下：

第二章 調查區域概況

一、疆域地勢與河流

梅縣位於廣東之東偶，踞潮惠之上游，當贛雯入潮之衝，遏閩汀搗粵之路，為三省之咽喉，兼六縣之車輔，東西相距一百廿華里，南北相距一百五十華里，東接大埔，西連興寧，南界豐順，北鄰蕉嶺平遠，面積約為九千七百二十七方里，共分四十九鄉三鎮，為廣東省一等大縣之一。

境內山嶺重叠，地勢斜長，東西狹而南北寬，中部稍低，為縣城所在地，南向一望平原，約有九十方公里，純為河流冲積土。城之東西北一帶約有四十方公里，則為谷底冲積士，二者合計約爲九十萬公畝，(伸約一十三萬五千市畝)。本要山脈有王壽山，鐵山嶂，陰那山，丫髻嶂，大峰嶂，清涼山，其中以陰那山爲境內最高山，其中五指峯高一千三百一十公尺，但還不及西藏高原之一半，故梅縣地形大致稱爲丘陵地。

梅江爲本縣最大河流，發源紫金與龍川，經五華與寧入縣境，過松口折向南走，至大埔三河壩，入韓江而至汕頭出海，沿岸有局部盤地，爲農業繁盛地區。次爲程江，發源於平遠，經石坑，大坪，南口，至樹湖坪入梅江。又次爲小河，自福建武平經蕉嶺，會平遠水出白渡梅屏，入金盤會梅江。再次爲松源河，小黃沙河，均發源於武平，流入松口後注入梅江，錯雜縱橫，分流境內，繪成一幅優美圖畫。

二，土壤氣候與作物

本縣土壤，據國立中山大學農學院土壤調查所報告稱：境內所有低地，概屬近代冲積士，其中大部爲谷底冲積，其次如附城之水南三角地一帶，及畲坑丙村白渡松口等處，沿岸之低地，多爲梅江及其他河流之沉積物，因本縣河流，水流顯急，沉澱物不易停積，故純粹之河流冲積土，祇附城南面之一片段，面積較大耳，本縣土壤高地可分爲嘉應系佔全縣陸地八一丶三四%，廣州系佔全縣陸地一〇丶四一%，南山系佔全縣陸地一丶九一%。低地可分爲梅江系佔全縣陸地四丶一一%，石牌系佔全縣陸地面積一丶六七%，司馬埔系佔全縣面積〇三五%。

本縣氣候春季寒暖無常，夏季天氣炎熱，秋季溫暖，冬季寒而不冰，三月至九月雨水甚多，七八兩月期間常有水患，春季多西南及西北風、夏季多西南及東南風，秋季多東南風，冬季則多東北風。年中最高氣溫約在大暑前後，最低氣溫約在大寒立春之間茲將梅縣氣候表列如下：

民國卅年至卅三年氣候報告表　(表一)

季節	寒熱度S	雨量 mm.	常風	備攷
	最高20.7			
春	平均16.9 Co	810.4 mm	Sw.Sw.	

	最低11.1		
	最高32.3		
夏	平均28.0 Co	486.0 mm	Sw.SE.
	最低23.7		
	最高36.1		
秋	平均21.0 Co	589.7 mm	SE.
	最低26.6		
	最高28.7		
冬	平均21.8 Co	179.1 mm	NE.
	最低15.0		

本縣耕地面積有三十一萬六千七百五十七畝，全年約共產谷 百一十萬担（米五十萬石），產麥二十五萬担，其餘豆類薯芋等，各種雜糧，約共三十萬擔，蔬菜無大量出產，僅足供給市民之需要。

梅縣農產品年產數量表——材料來源梅縣要覽（表二）

種類	數量
食米	一，二三五，〇〇〇担
糯米	一二，〇〇〇担
小麥	八一，〇〇〇担
番薯	五〇〇，〇〇〇担
蔗糖	一〇，〇〇〇担
青果	八〇，〇〇〇担
荳類	二〇，〇〇〇担
茶葉	三三〇，〇〇〇担
木材	產估約四百餘萬元

三，水　　利

梅西灌溉渠，爲劉志陸先生倡導興建，組織扶貴、長灘、大竹、西街、四鄉灌溉生產合作社，向省行貸款，負責辦理，於長灘鄉之七里徑，築陂一座，攔程江河水，築一總渠長十五里，支渠三條，引水灌溉長灘，大竹，扶貴，西街等鄉農田共一萬餘畝，對於梅縣糧食當增產不少也。

松北鄉車田村灌溉工程，乃由該村原磨坊水陂處，築水陂攔截桃皮坑水，利用原有磨坊水溝一段，引長導水至赤濤坑對面半路過，經凉亭窝山嶺至姑婆塘，接原有灌溉圳，灌注農田七百餘畝，對該鄉糧食增加甚多。

四，交　　通

本縣交通，尚稱便利，水路以梅江爲主幹，横亘全境，匯注韓江而達潮汕，舟楫可通。其餘如程江小河松源河及其他支流，曲折環流，分流全境。陸路則省道三：1，梅松公路（由縣城至松口），2，梅興公路（由縣城至興寧），3，梅蕉公路（由梅城經蕉嶺至福建）。縣道則有：1，梅正路（由縣城至平遠石正）2.梅大公路（由縣城至大坪），3.梅瑤公路（由縣城至瑤上），4.梅石公路（由縣城至石扇）5.梅畲公路（由縣城至畲坑）6，梅丙公路（由縣城至丙村），7，梅宮公路（由縣城至宮市），以上各路除梅興公路，梅蕉公路照常行車外，餘皆因戰爭影响，或因車輛缺乏，或因公路破壞，不復行車，現戰爭已勝利，想不久又可通車矣。

五，教　　育

梅縣教育，始於宋代，民元以來，更爲發達，將官立，務本，東山，師範，梅東四校，合併爲梅州中學，二年開辦縣立高小及私立東山中學，三年設立女子師範（即今省立女師），五年美教會設廣益中學及廣益女中，六年設師範講習所（即今縣中），十三年創辦學藝中學，十五年設嘉應大學，不久停辦，同年私立廣益女中改辦新制，二十一年設省立梅州農業職業學校，由本系主任友雷創辦，長校十年，成績卓著，對嶺東農業建樹殊多；自學制改定後，各鄉鎮爲便利學子求學起見，添設初中及高中者甚多，據卅一年一月統計，本縣公立學校共十一所，內省立五所，縣立一所，區立三所，聯立一所，私立學校共十四所，已立案者十一所，校董會准案者一所，未立案者二所。

本院于二十七年成立于香港，創辦人爲鍾魯齋，曾友豪二博士，暨旅港各名流，校董會經教育部核准立案，惟教部以大學應設於國內爲原則，令設正校於梅縣，本院奉令後，經於廿八年秋賃定教溪口爲校址，延聘專家，開辦正校，現有學生三百餘人，經教部核准學系，有工商管理系，文史系，會計系，農學系，商學系及外文系六系，現爲嶺東最高之學府。

自卅三年冬韶關淪陷後，遷入梅縣之學校更多，如國立中山大學，國立僑二師，私立中華文化學院等，凡十二所，自戰事勝利結束後，則遷來梅各學校，又紛紛遷返廣州復課矣。

六，墾荒與推廣良種

本縣可耕荒地，據「梅縣建設」載：共有荒地估計有一萬四千畝以上，其中東區佔四千九百七十九畝，中區佔六千五百四十九畝，西區佔二千八百八十八畝，其種植作物，多爲木薯、黃豆，粟仔，玉蜀黍，山禾，番薯等，其中尤以豆類木薯爲最。

本縣糧食，年缺白米一百餘萬担，平時多仰給鄰縣，或外來洋米救濟，自民廿八年中大韓江稻作場，在梅縣設後，即與中央農業實驗所，梅州農校，合作改進梅縣稻作，並舉行優良稻種之示範試驗，至近年止，育成良種早造有三江早，四川早，久黃禾，東莞白，百日早等，晚造有粵老禾，大冬糯，假早子，金山粘，齊眉一號等，均較普通增產百分之廿以上，民廿九年用換種法，將優良稻種分發農民栽培，計早造發出種子三千七百餘斤，栽培面積三百餘畝，晚造發出種子七千五百斤，栽植面積二千一百五十畝，近幾年來，推廣成績，極爲優良，瞻望前途，曷勝欣喜。

七，人口

本縣人民，來自中州，始自東晉，盛於明清，語言尚存中原古音，禮俗多守唐宋遺制，故有客家之稱，民國以來，地方多故，未遑編查，每屆選舉册報戶口人數，多由約畧估計，未臻確實，自潮汕陷後，惠潮各屬難民避地來居者，絡繹不絕，所居成聚人數遞增，民國廿八年梅縣政府舉行調查，除出洋或往他省他縣外，全縣現住九萬六千三百五十七戶，三十六萬九千六百一十七人，廿九年十月實施新縣制，舉行複查，合現住及外籍寄居總共八萬九千五百八十戶，五十四萬五千二百九十六人，自去年韶關淪陷後，人口激增，本年三月間，僅梅城居民凡十五萬人，至本年八月戰事勝利結束後，各地義民紛紛返鄉，至月前止又減少多衆。

第三章　土地耕種權之分類及租佃狀況

一，土地耕種權之分類

土地耕種權之分類方法，共有兩種，一為全體農戶，按照土地所有之多少而劃分者，如零畝至五畝，五畝至十畝，十畝至廿畝等，此種分類，其優點有三：1.可以明白土地集中程度，2,可以明白使用土地分散情形，3.可以比較大農場與小農場之生產效率：其缺點即不能表示各種農戶社會性質。第二種是依照社會性質而劃分者，又有兩種：1,將農戶分為自耕農，半自耕農，佃農及雇農四類，2,根據土地關係而分為地主（經營地主及收租地主），富農，中農，貧農，雇農五種；此兩種分法，前者可看出土地所有集中程度之高低，後者則更易明白各農戶之社會性質，過去研究農家經濟者，多採用前者分類法，本調查亦依照此法而研究也。

土地私有，由來已久，耕種權之分配，成為土地問題之重要問題，梅縣摺揚鄉一〇三戶農家調查結果，以自耕農為最多，佔全體農戶百分之六〇·一九，半自耕農次之佔百分之二二·三三，佃農又次之佔百分之一〇·六六，雇農最少佔百分之六·八，茲將其戶數及百分比列下：

民國卅四年梅縣摺揚鄉一百零三戶各類農場面積戶數及其百分數(表三)

農戶種類	每戶農場面積	戶數	百分比
雇農	3.65	7	6.80
佃農	18,22	11	10.68

半自耕農	18.55	23	22.43
自耕農	24.71	62	60.49
合計		108	100

二，自耕面積租進面積與當進面積之比較

上節據農戶種類而分以自耕農佔最多數，現以土地擁依自有面積，租進面積與當進面積而分，自耕面積最多佔百分之六五，當進面積次之佔百分之二三，租進面積佔百分之一二，從此可知大部分之土地，存在自耕農手中。茲將三種面積之數目，及百分數表列如下：

民國卅四年梅縣瑠陽鄉一百零三戶農家之自有，租進，當進，
面積之數量及其比率　（表四）

農戶種類	總面積	面積畝數			百分數		
		自有	租進	當進	自有	租進	當進
雇農	25.50	6.9	19.[illegible]0	0	0.42	5.9[illegible]	0
佃農	200.50	52.50	148.00	0	3.72	46.35	0
半自耕農	489.70	267.30	152.40	70.00	18.92	47.70	13.54
自耕農	1,534.00	1,087.00	0	447.00	76.94	0	86.46
合計	2,249.70	1,412.70	319.50	517.00	100	100	100
百分數		65	12	23			

三，租佃狀況

據調查所得，梅縣瑠陽鄉每畝交租之數額，約佔總收穫百分之五六，而其所交租額，概屬谷類，交租之法大部係佃農送至地主家中，租期以定期者最多，佔百分之六五，其他次之佔百分之二○，不定期佔百分之十，分佃佔百分之五。此處所謂其他者，即輪流耕種也，蓋此地農民，耕種祖田而輪流耕種者甚為普通之故；根據此次調查

，租佃期以定期爲最多，其實，田地各租給佃農有定期性時，佃農每至最末年，常不加肥料，或任耕地荒蕪，所以定期者，當不如永佃制之利也。茲將承租方式之百分比表列如下：

民國卅四年梅縣摺陽鄉一百零三戶
農戶承租方式調查(表五)

類別	分百率
永佃	5
定期	65
不定期	10
其他	20
合計	100

附註：其他即租田輪耕之謂

第四章 農場面積及使用土地之種類

一，農場面積

農場面積之大小，與人口疏密家庭大小，有直接關係，而與經濟政治社會則有間接關係，據調查所得：自耕農之農場平均面積爲二四·七四畝，半自耕農爲一八·五五畝，佃農爲一八·二二畝，屈農爲三·六五畝，一百零三戶之總平均，農場面積爲十六畝又二分，以如此之面積，而養五·六口之家，實爲困難，而欲改善農家之生活，擴充耕地面積，實爲必要，茲將各類農戶農場面積列下：

民國卅四年梅縣摺陽鄉一零三戶各類農場面積(表六)

農戶種類	屈農	佃農	半自耕農	自耕農	平均數
每戶農場面積	3.65	18.22	18.55	24.74	16.2

由上面吾人可知，梅縣播陽鄉農戶平均所耕農場面積之小，同時吾人據調查所得，其所耕之農場，不但離農家遠(平均約四、五里)，而且田場分割亦甚細小，所以今後改進農業，吾人必須注意耕地重劃，及擴大面積，而實現大農經營也。茲將各類農場總面積坵數及平均面積列下：

民國卅四年梅縣播揚鄉一百零三戶各農戶之耕地面積及其坵數(表七)

農戶種類	耕地面積	坵數	平均面積
雇農	9.5	15	0.63
佃農	150.1	178	0,84
半自耕農	319,0	334	0.95
自耕農	786,7	780	1,09
總計	1265.3		3,51
總平均			0.877

由上表吾人可知，田場分割之細小，總平均每一耕地面積僅〇·八七七市畝，同時在表中又可看出雇農之耕地面積最少，僅〇·六三畝，佃農次之僅〇·八四畝，半自耕農為〇·九五畝，而自耕農為最大但亦僅一畝餘而已，由此可証明田場分割細少，對農業耕作之不經濟矣。

二，使用土地之種類

農家使用土地，可分水田、旱地、山村地、池塘地、及荒地等五種，內以水田面積最大佔百分之三三·三，山林地次之佔百分之三〇·九三，荒地又次之佔百分之二三·九，旱田又次之佔百分之八·〇七，池塘地最少佔百分之三·七九，茲將各類農戶，使用土地之種類數量及其百分率如下：

民國卅四年梅縣摺陽鄉一百零三戶各類農戶使用土地之種類數量及百分率(表八)

農戶種類	各類土地畝數(市畝)						各類所佔之百分數					
	水田	旱田	山林地	池塘地	荒地	合計	水田	旱田	山林地	池塘地	荒地	百分比
雇農	5,50	4,00	4,30	0	0	9,4	0,5	1.62	0.46	0	0	3
佃農	131,50	18.60	20,00	16.60	11,00	187.1	12,91	7,54	2,11	13,80	1.5	6
半自耕農	280,40	38,60	95,00	25,00	121,00	659.0	27,53	15.65	10.04	21,55	16.42	17
自耕農	601,20	185,50	827.00	75.00	600,00	2283,7	59,02	75,19	87,39	64.65	82,08	74
合計	1018,60	246,70	946,30	116,00	731,00	3014,2	100	100	100	100	100	100
百分數	33,3	8,07	30.93	3.79	23,9		100					

根據上表所示，雇農所佔之各類土地最少，佃農次之，半自耕農又次之，自耕農則佔各類土地最多，同時雇農及佃農所佔荒地甚少，而自耕農則佔所有荒地中凡百分之八二•〇八，此乃因自耕農佔有大量之水田旱田，而無暇顧及開闢原有荒地之故也。

土地分配不平均，不但爲本調査之結果，且爲全國之普遍現象，據調査所得一百零三戶中，自耕農佔有土地總面積百分之七四，半自耕農佔有百分之一七，佃農佔有百分之六，雇農僅佔有百分之三，由此足見土地分配之不平均矣。

第五章 農家家庭與人口

據調査所得榴陽鄉一百零三戶農家中，共有人口五百卅人，平均每戶約五人强，內有男子二百九十二人，女子二百卅八人，玆表列如下：

民國卅四年梅縣榴陽鄉一百零三戶農家人口調査表（表九）

農戶種類	人口總數		百分率	
	男	女	男	女
雇農	17	17	5.82	7,14
佃農	28	24	9.59	10,09
半自耕農	76	84	26.03	35,29
自耕農	171	113	68.56	47.48
合計	292	238	100	100

又據調査所示，一百零三戶農家各種職業人口中，以農業工作者爲最多佔百分之四五•九七，商人佔百分之二一•二，學界佔百分之一九•一，工界佔百分之九•二，軍政界同佔百分之一•八四，醫界最少僅佔百分之〇•九二，玆表列如次：

民國卅四年梅縣榴陽鄉一百零三戶農家人口各種職業調査表（表十）

農戶種類	農業工作者	工	商	學	軍	政	醫
雇農	16	2	7	1	1	0	0

佃農	21	7	4	5	0	1	0	
半自耕農	[illegible]	10	23	22	4	1	1	
自耕農	103	21	58	55	3	6	3	
合計	200	40	92	83	8	8	4	435
百分數	45.?7	92	21·2	19,1	1,84	1,84	0·92	100

第六章　農家收支分析

一，農家收入情形

從收入種類研究，各田場平均，穀類佔收入百分之六九·二，特用作物佔百分之七，畜產佔百分之六·一，蔬菜佔百分之五，五，此與卜凱之中國七省十七處六六六田場收入類所佔百分數，大同小異，據卜凱氏調查結果爲穀類佔收入百分之七〇，畜產佔百分之八·一，蔬菜佔百分之五·九，茲將本調查農戶各項收入所佔百分比表列如下：

民國卅四年梅縣摺陽鄉一百零三戶農家各項收入所佔之百分數（表十一）

農戶種類	穀類	特用作物	蔬菜作物	菓樹	畜產	什項	總計
農戶	52	12	5	0	3	28	100
佃農	78	4	6	0	8	6	100
半自耕農	75	5	4.5	2	8,5	5	100
自耕農	72	7	6.5	4 5	5	5	100
總平均	69.2	7	6,5	1,65	6.1	11	100

梅縣摺陽鄉因人口稠密，耕地細小，各農家全靠農場收入，實難維持生活，是以在此環境之下，出外經營商業者頗多，佔田場以外總收入百分之五七，家庭工業收入佔百分之一六，出外傭工佔百分之一一，地租及教育佔百分之五，投資佔百分之三，茲表列如下：

民國卅四年梅縣稻陽鄉一百零三戶農場以外之他項收入（表十二）

種類	傭工	家庭工業	地租	行醫	經商	教育	投資	其他	合計
百分率	11	16	5	1	57	5	3	2	100

再由農家作物收入中，各種農戶平均家用佔總收入百分之七九·三，出賣佔百分之一一·五，交租佔百分之五·三，餵家畜佔百分之三·九，由此可知農家三分之二以上之農產，全用於家用，茲表列如次：

民國卅四年梅縣稻陽鄉一百零三戶農家作物收入總值及其百分率（表十三）

種別	作物收入總值				百分率			
	出賣總值	家用總估	交租總值	餵家畜	出賣	家用	交租	餵家畜
雇農	17,000,00	93,520.00	8,000.00	0	2.3	2	3.4	0
佃農	30,000 00	370.030.00	12[illegible]100.00	6.806.00	4.1	11	54.9	6
半自耕農	82.600.00	788.8[illegible]5,00	98.000.00	61,700.00	11.2	24	41.7	52
自耕農	607,000,00	[illegible].951,4[illegible]1.00	0	49,900.00	82.4	62	0	42
合計	736,[illegible].00	3,218,786.00	235,100.00	117,400.00	100	100	100	100
百分率	11.5	79.3	5.3	3.9	100			

二、農家支出情形

農家支出可分二面言之，一為農場人工用費（包括工資及伙食費），一為農家其他用費（包括生產費及非生產費），據調查所示，稻陽鄉一〇三戶農家農場人工用費，家工佔百分之六五，傭工佔百分之廿，傭工其他用費佔百分之一五，茲表列如次：

民國卅四年梅縣稻陽鄉一百零三戶農場工人用費之百分率（表十四）

類別	家工	傭工	傭工及其他用費	合計
百分率	65	20	15	100

至於農塲其他用費，據調查所示，生產方面佔百分之四二，非生產方面佔百分之五八。由此可知農家之其他用費於非生產方面，較生產方面多百分之十六，再由生產部分觀察，其中地租佔最大多數凡百分之十五，其次爲工畜租佔百分之四·七·再次爲肥料修溝渠等，至非生產部分糧食佔百分之廿，其次爲捐稅佔百分之十，茲表列如次：

民國卅四年梅縣𢴈陽鄉一百零三戶農塲其他用費之百分率(表十五)

用途類別	百分率	用途類別	百分率
生產	42.00	非生產	58.00
地租	15.0	地稅	5.3
工畜租	4.7	其他捐稅	10.0
買種子	2.0	食糧(家用)	20.0
買禾苗	1.0	婚事	10.0
樹苗	1,5	喪事	5.4
魚苗	1.5	生活改進費	4,0
肥料	4 6	其他	3.3
修溝渠	2.4	總計	100
修農具	2,0		
修房屋	2,1		
其他	4,2		

第七章　農家負債分析

一、負債戶數

農村中每因金融之滯滯，需要之緊急，乃向親友告貸，而鄉間之富商及地主，則乘機高利之放。據調查所示，梅縣𢴈陽鄉一百零三戶農家中，負債者佔百分之七八·五，不負債者僅百分之二一·五而已。

再以農戶種類而分，雇農及佃農每戶均負債，而半自耕農及自耕農則較少，此乃因雇農佃農生活貧苦，非借債無以度日，而自耕農戶則以收入較豐，故負債者較少耳，茲表列如次：

民國卅四年海縣擢揚鄉一百零三戶各類農戶負債與不負債戶數及其百分率(表十六)

類別	戶數		百分數	
	負債	不負債	負債	不負債
雇農	7	0	7.3	0
佃農	11	0	15.0	0
半自耕農	20	3	24.7	13,9
自耕農	43	19	53.0	86,1
合計	81	22	78.5	21.5

二，負債數額

據調查所得，擢陽鄉農戶平均每戶負債額為一〇·五二五·〇〇元而每次借款平均數量為三，〇七五·〇〇元，雇農佃農每戶負債額數較低，而每次告貸之數量亦少，而半自耕農及自耕農則相反。其負債額不但大，而且每次告貸之數量亦多，此等趨勢乃因農場面積大者，彼之信用力較農場小者大，同時在急需之際而假借所需之量亦較小農場為大之故也。茲表列如下：

民國卅四年海縣擢揚鄉一百零三戶各農戶每戶負債數量(表十七)

類別	每年平均數量	每次平均數量
雇農	6.000,00	1200.00
佃農	8,600,00	2600.00
半自耕農	12,500,00	3500,00
自耕農	16,000,00	5000,00
合計	42,100.00	12.300,00
總平均	10.525.00	3,075.00

三，貸款之用途

關於農家貸款之用途，吾人必須觀察其是否用之於生產，如大部貸款用之於生產，則此種現象可擴大再生產，對農家經濟大有裨益，倘大部分用之於非生產，則對農家經濟之負擔當更重矣。據調查所得摺陽鄉農戶借款用之於生產者僅佔百分之二八，而用之於非生產者竟佔百分之七二，非生產當中之家用糧食為最多，佔百分之五六，從此可知彼等終年勞苦，尚不足維持其最低生活，安能有餘力擴大再生產耶，茲詳表如次：

民國卅四年梅縣摺陽鄉一百零三戶農家借款之用途（表十八）

用途類別	百分數	用途類別	百分數
生產	28,0	非生產	72,0
買肥料	11,0	食糧（家用）	56.0
買土地	3.3	婚事	8.4
買農具	4.0	喪事	5.6
買牲畜	2.5	其他	2.0
工資	4.2	合計	100,0
其他	3,0		

四，貸款之利息

按東江各縣近年來借款利息，均以實物利息每年每元若干勺計算為多，據調查所得，摺陽鄉貸款利息，每元五勺六勺為最普通，如每元五勺計算則每十元五合，每百元五升，每千元五斗，目前一担谷價為三千元，每千元五斗計，則借一担谷利息為一石五斗，此種情形，不但梅縣如是，即東江十數縣，在數年內亦盛行也，此種高利貸對農民之剝削可謂慘酷矣，茲將借款年利谷表述如下：

民國卅四年梅縣搢揚鄉一百零三戶農家貸款之年利谷(表十九)

年利谷	一勺	二勺	三勺	四勺	五勺	六勺	七勺	八勺	九勺	一合	合計
百分率	0	1,0	2.0	15.1	45.3	24.0	6.2	3.0	1.4	2.0	100,0

由上表吾人可知貸款利息以五勺爲最多，佔百分之四五·三，六勺次之佔百分之二四，四勺又次之佔百分之一五·一，而一勺及一合爲最少，如製成曲線則恰成一常態曲線也。

五，貸款之期限

梅縣搢陽鄉農村貸款，多以有定期爲主，據調查所得，無限期之貸款總額，僅佔百分之一二·三，其他均爲有定期貸款，有定期中又以一年爲期最多，佔百分之四六·四，其次爲六個月者佔百分之一四·七，再次爲二年者佔百分之一三，而五年以上者最少僅佔百分之二，由此可知農家貸款大部爲短期性，但農業有季節性，且爲長期性生產，而此短期性之貸款，對農村雖有多少補益，實則對農家方面，則無大效用也，玆將農家貸款時期表列如下：

民國卅四年梅縣搢揚鄉一百零三戶農借貸調查(表二十)

期限	無定期	六個月	一年	二年	三年	四年	五年以上	合計
百分率	12,3	14,7	46,4	13,0	6,0	5,0	2.6	100,0

六，貸款來源

貸款之來源，以縣城商人爲最多，佔總貸額百分之五四·二，次爲地主佔百分一五·一，再次爲親戚佔百分之一一·四，能從合作社借得之款最少，佔百分之五·五，此一因合作社不發達，二：因合作社多爲少數富農地主所把持之故也。

民卅四年梅縣榴陽鄉一百零三戶農家借貸來源(表廿一)

類別	商人	地主	朋友	親戚	合作社	其他	合計
百分率	54.2	15.1	10.2	11.4	5.6	3.6	100.0

七，借貸之保證

關於借貸保證之手續，以借貸時所定之借帖內，以有無抵押而區分，信用借款與抵押借款二種，信用借款乃憑中保人與債務人簽字，純以担保人及借款人之信用爲依歸，而抵押借款對人之信用可不注意，而祇以動產或不動產作借款之抵押，在東江一帶，抵押品尤其是不動產，不能一物押兩主，如押兩主，債權人則不以承認也。

據調查所示，本縣榴陽鄉以抵押借款佔多數，無抵押借款僅佔百分之二三・五，抵押借款中以田地契抵押爲最多，佔百分之四八・六，次爲農產品佔百分之一〇・八，再次爲房契佔百分之九・四，耕畜爲最少，茲表列如下：

民國卅四年梅縣榴揚鄉一百零三戶農家貸款之抵押(表二十二)

種類	無抵押	田地契	房契	耕畜	農產品	合計
百分率	23.5	48.6	9.4	7.7	10.8	100.0

第八章　戰時戰後農家對物品之缺乏與需要

八年苦戰，勝利已臨，今後工作，當在復員，我國以農立國，凡五千餘年，廣大農村，經此長期戰爭，所受敵僞之剝削，摧殘，當甚嚴重今後農業復員，首先須明瞭戰時農家缺乏何物？戰後農家需要何物？然後施行救濟，跟着予以復員，梅縣榴陽鄉雖未受敵僞直接摧殘但間接則受敵僞之影响，當今高唱農業復員之時，吾人將此所得之結果，表列如次，以供各界之參考：

民卅四年梅縣榴陽鄉一百零三戶戰時農家對物品之缺乏調查(表廿三)

項目	經濟(日用品)	耕牛	肥料	種子	人工	其他	合計
百分率	40.0	20.1	15.2	5.3	11.1	8.3	100.0

由上表所示，戰時農家對日用品最爲缺乏佔百分之四十，由是可知農家經濟之枯竭矣，次爲耕牛之缺乏佔百分之二〇·一，肥料佔百分之一五·二，由此可知農業生產手段之缺乏，再次爲人工之缺乏佔百分之一一·二，此乃因戰時農人，大部應征參加戰爭，致人丁缺乏也。

農家在戰時之缺乏物品，已如上述，現敘及戰後農家之需要物品，據調查所得，潛陽鄉農家戰後之需要，以外滙能通者最多，佔百分之三二，因此處農戶過去多靠外洋，寄回款項以補農業收入之不足，以維持家人之生活，故需要外洋通滙爲最多，其次爲希望家人回鄉，此乃因戰爭已八年矣，鄉人均盼自己兒女或父母兄弟早日回來，以敍天倫之樂，此純係出於農人「思親」之感，再次爲新居室佔百分之一三，新衣著佔百分之一三，又次爲糧食佔百分之十，天年豐收僅佔百分之五，由此可見農人在戰後，對糧食之威脅已減淺矣，茲列表如次：

民國卅四年梅縣潛陽鄉一百零三戶農家戰後對物品之需要（表廿四）

項目	外滙通	新衣著	新居室	希望人家回鄉	豐收	糧食	其他	合計
百分率	32	10	13	24	5	10	6	100

第九章　結論

根據此處潛陽鄉一百零三戶，農家經濟抽樣調查結果，吾人對農家經濟情形，當可得一概畧認識——一般農戶都在飢餓綫上掙扎着——今後應如何改進農民生活，改善農家經濟，確爲今後吾人所迫切商討者，茲根據農家經濟實況，提供數項改善之意見，就正於賢達。

（一）擴大農家耕種面積——農家耕種面積之大小，對農家經濟有直接影响，據調查所得自耕農之農場平均面積爲二四·七四畝，半自耕農爲一八·五四畝，佃農爲一八·二二畝，雇農爲三·六五畝，一百零三戶之總平均農場面積爲十六畝又二分，以如此之面積而養五·六口之家，實爲困難，而欲改善農家之生活，擴充耕地面積，實爲必要。

（二）調查租佃關係——我國租佃關係，制限着生產力發展，欲使農村生產力擴充，對租佃關係，當先調整，據調查所得，梅縣搯陽鄉農戶，每畝交租數額約佔總收穫百分之五六，而其交租物類概屬穀物，交租方法大部係佃農送至地主家中，租期以定期為最多，佔百分之六五，輪流耕種祖田者次之佔百分之二〇，不定期者又次之佔百分之十，永佃者為最少僅佔百分之五，其實，耕地租給佃農，如屬定期性時，佃農每至最末年，常不施用肥料或任耕地荒蕪，對土地保持力損失甚大，同時地主在期滿之時，更換佃農，但在耕地少佃農多之環境下，佃農為獲得耕種權，常將「批金」「按金」或其他禮物，進貢地主，（參閱拙著中大農聲二二七期，粵東五華農村經濟調查觀感），希冀獲得耕種權，地主亦時用此機會盤剝農民，所以調查租佃的關係，亦為改善農家經濟之善法也。

（三）限制田場之分割——我國農場分割之細小，為世界其他農業國所少有，據調查所得一百零三戶農家田場之總平均面積為〇．八七畝（雇農田場面積平均為〇．六三畝，自耕農田場面積為一畝），由此可見我國田場分割之細小，據卜凱教授之意，田場過小，其缺點有三：一為不經濟，如浪費畜力勞力與工資等，二為少效能，不能應用機器，使農具無合理使用，三為不能充分改進農業，如改良生產及提高生產力等，是以今後吾人當側重田場面積之增大，但增大之法，第一發展工商業，吸收大量農業人口，使農場面積擴大，第二開墾荒地，使內地人烟稠密之農民，移入邊疆，第三實行長子繼承制，第四推行合作農場，使大家共同經營，擴充田場面積，（參閱拙作大光報七月一日至三日戰後我國農業復員問題），果如是，才能增加農家之收入，改善農家之經濟。

（四）土地分配不均——土地分配不平均，不但為本調查之結果，即全國農村普遍現象，據調查所得，一百零三戶農家中，自耕農佔有土地百分之七四，半自耕農佔有百分之一七，佃農佔百分之六，雇農佔有百分之三，同時，雇農及佃農所佔荒地最少，而自耕農則佔所有荒地凡百分之八二．〇八，此乃因自耕農佔有大量之水田，旱田，而無暇顧及開闢原有荒地也。

（五）減少農業人口——我國農業人口多，而耕地少，所以田場面積無法擴大，今後欲增加農業收益，當發展工商業，吸收大量農業人口，據調查所得一百零三戶農家中，參加農業工作者佔總人口百分之四五．九七，商界佔百分之二一．二，學界佔百分之一九·一，工界佔百分之九·二，軍政界同佔百分之一·八個，醫界僅佔百分之二·九二，比之全國農業人口與其他職業人口，似相差不甚過遠也。

（六）增殖特用作物——遠在數年前，當戰爭最艱苦，糧食最恐慌之時，董時進先生發表一篇「農業政策」文章，其中心政策是指「今後我國之農業政策，不是一畝田出產多少谷子的問題，而是說一畝田能產多少塊錢的問題」。亦即是說增殖特用作物，但在斯時（戰時）嘗給社會人士批評，但自此時（戰後）則至理名言，蓋種植特用作物，對農民收益較大也。據本調查所得，農家種植谷類佔總收入百分之六九·二，特用作物僅佔百分之七，其他佔百分之二四·二五，所以今後增加農人收益，應提倡增種特用作物也。

（七）減輕農人負担——據十一月十八日汕報郭大力先生之「論今日農村最迫切的需要」一文，已具體提出當前農人最迫切需要者，為減輕人民之負担，此端言也。據本調查所得一百零三戶農場其他用費中，生產方面僅佔總費用百分之四二，而非生產費佔總費用百分之五八，再就生產方面言之，地租及工畜租又佔去百分之一九·七，而買種子肥料修溝渠修農具等佔百分之二二·三，至非生產方面，地稅及其他捐稅費佔百分之一五·三，糧食（家用）佔百分之二〇，婚喪事佔百分之一五·四，而生活改進費僅佔百分之四，根據恩格斯定律（ENgEl'S Law），吾人可知農人生活之貧苦矣。

（八）流通農村金融——根據筆者去年考察粵東農業之結果，粵東各縣農民需借款維持生活者，估計為百分之六十（參閱拙作大光報十一月十一日粵東農業考察觀感一文），而據本調查所示，負債者佔總農戶百分之七八·五，不負債者僅佔百分之二一·五，比之東江各縣，更多一八·五，此乃因本地鄉人，在過去多依靠南洋等地匯款救濟，自戰事發生，外匯斷絕，均舉債度日也，至其負債數額，每年平均每戶為一〇·五二五·〇〇元，每次平均數量為三，〇七五·〇〇元，至其貸款用途，在生產方面佔百分之二八，非生產方面佔百分之七二，其家用糧食費佔百分之五六，足見生活之苦矣，貸款利息亦甚重，普通一年利谷每元為五勺，佔百分之四五·三，六勺者佔百分之二四·四，四勺者佔百分之一五·一，其他或有二、三、勺，七、八、勺不等，此地借谷均申算為市價，然後以一元若干勺為單位，如一元五勺計，則十元五合，百元五升，千元五斗，目前一担谷值價三千元，則申算利谷為一石五斗，連本利歸還則爲二石五斗，利息不謂不重矣，再貸款時期又短，一年者佔百分之四六·四，六個月者佔百分之一四·七，二年者佔百分之一三，其他則爲三年四年及無定期佔百分之二五·九　時間又短，利息又高，影响農家經濟，可想而知矣。是以今後健全農村合作機關，加强農貸業務，實爲切要工作也。

（九）今後農家之缺乏與需要——自戰事勝利結束後，農業復員爲當務之急，㨢陽鄉農家，雖直接未受戰爭蹂躪，但間接已受到影响，茲爲供政府今後復員農業參攷起見，曾作戰後農家缺乏物品與需要物品之簡要調查　所得結果：在缺乏欄，以日用品爲最多佔百分之四〇，耕牛次之佔百分之二〇，肥料又次之佔百分之一五·一，人工佔百分之一一·一，種子佔百分之五·三，其他佔百分之八·三，由此可知農家除缺乏日用品外，以耕牛與肥料爲最，今後復員，當側重生產工具之救濟也。

至需要欄據調查所得，以外滙通爲最多數佔百分之三二，希望家人回鄉佔百分之二四，新居室佔百分之一三，新衣著佔百分之一〇，糧食佔百分之一〇，豐收佔百分之五，其他佔百分之六（當進行調查時中央已宣布豁免田賦及停止征兵未塡入），因此是農戶過去多靠外洋滙款接濟，故戰事結束，咸盼家人早日回里，或滙款救濟，以解燃眉之急也。

據如上述，足見農民生活之困苦矣，我國農民已受生產力之延阻，又受生產關係之約束，是以欲改善農民生活，繁榮農村經濟，必先增大農民之生產力，及調整農村之生產關係　果如是，農業前途，乃可樂觀，農業建設，有厚望焉。

三四年十一月廿二日於數溪口

（出自《南华学报》第一卷第一期，一九四六年）

粵東五華農村經濟調查觀感

魏樊鳳

（一）引　言

本年三月「國立中山大學農業經濟系，受農林部委託調查廣東農家經濟及地區調查，本系當即決定五華始興爲廣東二代表區，于暑假期內分別出發調查，筆者奉命率領同學七人，前往五華調查，經二旬餘，工作完畢後，遄返渠源僚。茲將此行所得觀感，簡要敘述如下，至詳細調查報告，待整理分析完畢，送呈農林部核准發表後，再公諸世，祈讀者諒之。

（二）本縣地勢人口面積物產概述

五華位于廣東省之東部東部與興寧相接，東南與豐順揭陽毗連，南界陸豐，西接紫金，西北與龍川相連；南北長約一百六十里，東西廣約九十里，其南部幅員廣濶，北部較狹隘，西出于興寧龍川兩縣間，全縣陸地面積約有九千六百零四方里，即約有五、一八六、一六〇畝，其中除山嶺河流水塘地道路墳址與及荒地棄田以外，全縣現有耕地面積約有二十七萬畝，人口總數爲三十七萬八千四百五十一人，其中男子二十萬零三千二百七十一人，女子一十七萬五千一百八十人，土地肥沃，物產豐饒，人民都能勤于耕作，努力生產，故五華糧食可以自給自足，不受糧荒之影響。

五華現分三行政區，各區有各區特點，第一區爲五華縣城所在地，在縣之北部，本區之西北部，山嶺崎嶇，而東南部則較平坦，中有岐嶺河及潭江河，在五華城南會合而向東南流稱爲五華河，本區內分新橋，孔化，興林，龍源，岐嶺，大田，長浦等十九鄉，本區陸地面積約有三千四百七十三方里，即一八七九五一〇畝，耕地面積約佔八萬四十畝，有人口一十萬九千一百餘人，其中出外謀生者，約九千餘人，故實在本地居住者，約九萬六千二百一十六人，每年有餘二月之食粮，即約穀六萬擔，本區除出產大綜米穀外，并儲花生栽培面積頗廣，至冬期作物蕃頭、大麥、黃豆、豌豆，等出產頗多，在潭白鄉，大田等鄉，有許多杉木及薪炭等運出也。

第二區位于縣之中部，地勢較平坦，平原沖積田分布面積頗廣，中有五華河琴江河貫流其間，二河滙流于本區之七都鄉，向東流經棒皋，而入興寧縣境，形成夏旱、水寨、錫坑、大布、黃龍七都等鄉之滸河沖積田，全區共有陸地面積約二千四百二十九方里，即一、三一七、〇六〇畝，耕地面積約七八、三二四、三四畝、全區人口約一十三萬八千四百餘人，出外謀生者約一萬五千人，而其實長居于本區者，約有十二萬三千人，本區因人口稠密，土地面積較少，故全年約缺少食糧一月，即約穀四萬担，但不是數額，可由第一區及第三區運入也，本區從每年出產二季米穀外，寸頭，花生出產頗豐，其次麥黃豆豌豆蘿蔔等出產，亦比他區爲多，尤于水寨之寸頭，夏旱之蘿蔔，更著其名。

第三區位于琴江上游，地勢較高，山脈綿亙而高峻，山坑細小，泉源極盛，多繞山谷而流，北滙于琴江，本區計分硇砂，棉洋，河東西，周潭，枚林，華陽等十八鄉，全區共有陸地面積約三千六百九十二方里，即一、九九二、六八〇畝，耕地面積一〇三、〇三二、一二畝，人口約十三萬二千八百餘人，其中出外謀生者，約九千八百人，而長居于本區者約十二萬三千人，本區因田地面積廣濶，年中可餘五十五日之食糧，即約穀糧六萬担，大部輸出第二區各市鎮，本區每年除出產兩季穀米外，柑桔爲本區之特產，每年出產約百餘萬斤，其餘甘儲粟米及其他什粮等出產亦多，又本區多叢山峻嶺出產薪炭，及其他木材年中運往潮汕各地銷售極多，自潮汕失陷後，則減少矣。

(三)本縣之佃租制度

本縣爲山多田少，人口稠密之境，故土地之獲得，頗不易易；加以近年來農村經濟之破產，封建地主之剝削，致本縣佃農數量，日漸普遍，據筆者此次調查所得！第一區佃農約佔農戶之半數，第二區佃農約佔農戶百分之六十，至第三區佃農僅佔十分之三四。以全縣言，純佃農約佔總農戶百分之五十以上，半佃農即是以佃爲主，而自有少數田地者極其普遍，此等半自耕農之身份及性質，往往與純佃農相差無幾，二者合計，約佔全縣農戶三分之二以上，其嚴重情形，不言而喻。

租佃方式，以定期居多，不定期及永佃亦常有之。大祇偏僻之區，如第三區永佃較多；人口多田地少如第二區則佃期短而變動大，普通採用永佃制，主佃之關係較密切，土地利用較集約，反之佃期愈短，租額愈高，佃農愈感不利，地主剝削愈甚也。如筆者此次調查發現本縣第一二三區之地主，尤其是小地主，剝削佃農之苛，誠不可多見，如某佃戶欲向某地主租進一畝田地耕種時，首須繳納按金二百元，繼請該地主及該鄉仲士宴飲，名曰「做田酒」，目的在公告該鄉人士，某地主田地已爲余所租進矣，做田酒後，又須送禮給地主，普通以現款百數十元爲準，此名之曰「殺田」，再每逢年節，必送「田進鷄」若干個，如有少欠，地主隨時可將該田晚批他人，租田時期，普通爲五年，但有未滿到期而先例行上述各種剝削者，因此地主對佃農之壓廹或剝削亦日甚一日，所以五華佃農永無翻身之日，即千子孫孫，永世作地主牛馬，其次佃戶無力償負「做田酒」「殺田」「田進鷄」時，只得將耕地，不加肥，不保護，不管理，使昔日肥沃之地，變作貧瘠之區【則準備五年後不耕此田】，長此下去，農村破產，將更加速，此點關係五華農村問題甚大，希當局注意焉。

納租方式以穀租爲最普遍，錢租，力租，均少見，穀租又以定租爲主，分租較少，荒歉之年，多行分租制，常年用定租法，租額普通爲主四佃六，間亦有主六佃四者，租額均于租進田地時，于契約上註明，全縣租額約佔收獲物之半，佃農交租則在二分之二，故在佃農交租以後，青黃不接之時，粮食穀漲時受地主操縱，故徵實徵購，均爲吾人所急廹提倡及實行也。

主佃糾紛，不甚嚴重；但爲社會隱憂，當無疑問，糾紛原因，不外地主提高租額及佃農欠租兩端，目前地價上漲至每畝四千五百元，農產品價格高漲，少數地主乘機提高租額，主佃双方，遂生糾葛，至佃農因天年或其他【不良習慣】之影响，不能按額交租者固多，藉故拖延，不交租穀者，間亦有之，以故時常發生糾紛，所幸目前尚未多見耳。

本縣大地主，每年收租穀約千挑者【2】，凡廿餘戶，在第一二區佔多數，小地主則到處均有，彼等對于佃農常較苛刻，蓋本縣小地主常爲該地紳士身份，故對待佃農常較苛刻，而佃農之受其嚴酷，亦徒呼奈何而已，目下佃農之因物價高漲，缺粮缺[illegible]，所在皆有，合作社及農貸機關，肯予切實協助者，實不多見，言不下勝感慨。

(四)本縣之農場經營

本縣農家耕田面積，均甚細小；且塊地分散，田場距離甚遠，據此次調查所得，平均每一農家耕田面積爲四•二市畝，田塊距離農家平均二•三六里，最遠者二•八里，在經營方面言之，殊不經濟，其中以種植蔬菜果等集約經營者，面積較小，種植水稻者，面積稍大，種植甘藷花生等什粮者，面積更大，本縣各區，每年生產次數，少者二番，多者三番，故耕地面積雖小，作物繁殖，凡數倍耕地面積也。

農業經營，多以家庭勞力爲主，每逢忙碌時，或僱用短工與鄰家換工進行耕作，耕牛之使用及交換與分散之影響，當受限制。近年來，牛瘟盛行，牛隻缺乏，牛價高漲，每頭約一千四百元，耕牛使用，多用人力代勞，本縣耕牛除農民自養自用者外，尚有飼牛出租，辦法行包耕制度，于每年春秋兩季，牛主代爲耕耙，每畝收租谷八斗至一石，亦有僅向牛主租牛，而自己耕種者，但付租谷較少，至多每畝五斗而已。

農場組織，甚爲單純，範圍亦小，投資無多，勞力概由自給，農具比較簡單，種子肥料多由自力供給，而收入數額亦低，多數農家入不敷出，據筆者此次調查所得，農家負債凡十之七八，多者凡二萬元，少者亦八百元以上，農家副業生産亦少，多以飼育豬鷄爲主，手工業尚未普遍，農家剩餘勞力之利用，多在交通便利區以挑販爲主，如安德一墟，每日往東海挑販白鹽者，不下三千人。但在春雨降臨或交通不便之處，農民多數賦閑，時染不良惡習，至本縣婦女，既任田間作業，又負家庭重担，終年無可舒展身心，是故，改婦女生活，提倡家庭手工業，運用賦閑農工，實刻不容緩之舉

（五）本縣之農村金融與農貸事業

農村金融之枯竭，爲本縣普遍之現象，戰時農産物價之高漲，農民現金收入較多，就幣值低跌，農民收入仍不足買望購牛及構築房屋購買田地，至于交通不便之鄉村，農村金融，仍感貧乏，一般高利貸，依然存在，農家負債，有增無減。

本縣農村金融之需要，以購買肥料農具及清還舊債及家庭費用爲多。需要資金時期，多以春耕前青黃不接之時，最爲迫切，蓋春耕前，農民所需用之物品價格較廉，至青黃不接之期，因小農多在此時，借款購買糧食，通當利率爲二分至三分，間亦有借穀之種種不合理現象。至借款還穀者，即今年春間借谷一担，至秋收或明年春，除償還原穀一担外，另納利穀若干斗，如不依期償還，則又加重利率，重重盤剝，因此，債戶喫虧頗大，糾紛當有發生。

本縣合作社，至去年底既組有社二百餘個，但不甚普遍，多集中于縣城附近各鄉村，至第二三區，則寥寥無幾。本縣廣東省銀行五華辦事處，在去年一年放出農貸約七十萬元，但其中當有不合理之事發生。如筆者此次調查所得：第二區某鄉紳聯合七人，假組織水利合作社之名，向農貸機關借飲款數萬元，名爲發展該鄉水利，實則以高利轉借貧農，剝削農民，似此，指導組織合作社者及放款之農貸機關，未免過以疏忽。想此種現象到處均有。當農村金融枯竭之時，農民又需資金融通之際，祈合作社及農貸機關，特加注意焉。

（六）值得介紹之耕田會及沙頸會

此次前往五華調查，以第二區夏阜鄉調查最詳，該地農民有耕田會及沙頸會之組織，方式與蘇聯勞力組合相仿，茲將其內容分述如下：

耕田會，爲夏阜鄉前清孝廉魏翊良先生所提倡，當民國十七年春，先生因感湖塘山田五畝【距夏阜鄉約廿里】，無人耕種，殊爲可惜，乃集合該村農民十五人，組織耕田會，先生自己亦加入該會爲會員，每年當段內地田【3】，種植完畢後，即糾合全體會員，往山田工作，共作共息，同飲同食，樂也融融。收穫後，將所有農物，存先生處，交先生管理，初時每年可收五擔穀，經十餘年之經營，努力；面積擴大，至去年可收得廿餘擔穀糧，一部救濟貧苦會友，一部充作公積金，另一部逢新年過節時，由會長召集各會友，聚敘一處，痛飲一餐；座中商談今後進行方法，及檢討一年來之工作，如發現某會員，在工作中有惰性，或生活上有不良習慣時，即提大會批判之。此舉收益甚大，惜組織過小而已。近年來，附近合村民紛紛效法，想織耕田會，利用多餘勞力，共同

租田，合力耕作，以謀生活之安適，來日提倡集體農場，或合作農場，當較便當也。

又超蓀鄉之沙頭會之組織，乃因該鄉之圍湖田「低地」，多爲低窪之地，渠道常淤塞，一般勞苦農民，乃組織沙頭會，仿耕田會之組織，集合年輕力壯農民，開渠修堤，灌漑排水，至收穫時將會經受灌漑排水之利者，每垃稻禾橫直割一行列，以作酬勞，經數年後，至該會基金充裕後，自動放棄疏渠權，另由某農民組合經營之，此種沙頭會，各會友目的，在新年過節時，集合在一起聚餐，并每人分給豬肉若干斤，以補年節之消耗也。

上述兩種組織，各有其特點，實際上耕田會組織意義，實較沙頭會深長遠大，但耕田會已有長久性，且經會相當充裕，應設法改善原有組織及擴大工作，至每年殘殺一次可省免，將所省之款，另組織教育基金保管委員會，幫助貧苦會友或其他農民子弟進學。至沙頭會之組織，應統一，不應純以謀利爲目的，至每年消耗之錢殘費相當大，亦可省免之。總之上二種農村固有組織，如得政府農業機關指導之輔助之，其前途當未可限量也。蓋政府可利用農民原有組織，進行技術改良及生活改善，惜本縣農會機關及其他農業機關，對此不切注意，致原有之組織，無法發展，殊深嘆惜。

（七）關於農林部農家經濟調查表格意見

一種調查工作，成敗與否，調查表格，關係甚大。此次筆者，參加五華調查，感農林部所委託調查之表格，實有數點應提出商確，茲分述如下：

首先吾人感覺農家經濟調查表格，過於繁複，調查此份表格，非有二小時不能完畢，其實，農民得有整個上午或下午，供吾人調查者，實爲難得。如此次往五華調查有少數農民，估調查至中途或因事離開，或因厭煩而逃跑，此是証明！調查表格不應過繁過長，否則將反巧拜細也。

其次農家經濟調查項目不齊全，據農林部所擬表格，除僅有：田地面積，作物及副產，牲畜，牲畜產品及副產，田場雜入，田場以外收入，人工及畜工，田場資本，家庭人口，田場支出，家庭費用等項外，其中農家借貸，租佃情形，則未列入。本來農家借貸數目及租佃制度在農家經濟中，佔絕對重要地位，如筆者調查五華農家經濟，百分之六十以上農戶，均需負債；二分一之農戶均需租進田地耕種。但農林部表格則欠缺如，因之此項珍貴資料，未克詳盡調查，誠屬憾事。

再次農家經濟表格，各項目諸多重複，致被調查者，常感煩厭，如作物及副產表，已有油菜，桑葉之調查，至田場雜入又再調查；牲畜表中已有水產調查，至田場雜入又再調查；田場支出已有捐稅一項，在家庭費用又有各種捐稅：在家庭費用生活改進欄，已有拜佛香燭調查，但在同表雜項欄，又加朝山進香一項，諸如此類，不勝其繁，此種重複，不但調查時不便，即分析時，亦有錯誤發生，所以製造表格時不可不留意焉。

又次：作物及副產表中，我國南北均有大量之甘薯，花生，芋頭，甘蔗等出產，但表則未有此項目。本來，項目有無，不關重要，但調查者每見原表未有，當有不再調查，或因兩類節之事發生，所以主要項目，不應節畧。又農具及用具表中，小項目如糞杓掃帚已有，而桌椅床箱鍋缺等則無。又家庭費用欄項目雖甚詳盡，但調查時確不易得眞確結果，蓋項目已繁，時間又短，且農家又無記帳，欲得詳確數字，頗不容易。所以下次製表格時，應着重數項主要節目，不應過於繁瑣，徒耗精力也。

附言：此次作者往五華除負責調查農家經濟及地區調查外兼調查該地地權變動情形村概況情形，待整理分析後再行發表，并祈指正。

註：【1】關于調查報告，經農林部審定後，得用農林部及本院名義發表，參加工作人員均得列名，未經農林部同意以前不得發表。

【2】每挑等于

【3】段田即平原田地，山田即山坑地，段田播種收穫，均較山田遲，故該鄉農民每在段田工作完畢後即往山田耕種。

民卅一年六月于栗源堡

（出自《农声》第二三七期，一九四二年）

石正鄉農業狀況

何振歐

石正屬平遠縣十五鄉中之一鄉，振歐居於此。位於縣之西南部，橫約十里許，縱約十七八里，四圍多山，東北部之南台山爲隣近各縣有名勝景，每當春夏之交，遊人甚衆，全鄉居民，約有萬餘，十之八九，皆以農爲業：但多守陳法，無甚進步。茲將全鄉農業狀況，述之於後，以供注意農業者之參考焉。

(甲)農產：農產物種類，約有百餘種，論其主要而其生產較多者，則有下列各種。

一．水稻——全鄉農民，俱以此是賴，故每家耕田至少者亦三十餘担，(鄉俗稱一石谷田爲一担。以下同。)多者百餘担不等。每年行兩熟制，如遇豐年，則有餘以輸出外境，歉年則僅足自給。

二．雜糧——番藷薯芋三種，幾無家無之。是以補助米食之不足。

三．豆——有黃豆黑豆紅飯豆綠豆及花生等等。中以黃豆產量最多，花生次之。

四．蔬菜——普通蔬菜，家家均栽培，儘足以供自用。

五．茶——茶不特爲吾縣出產大宗，即吾鄉出產茶葉亦居第一。全年統計出產額數，達三千斤以上。其中有一公司，專營茶葉，名曰，「羣益公司」茶以地方爲名，「曰銀坑」。集合股金數千元，闢地百餘畝，產茶最多，占全鄉產額數之半。餘皆爲私人營業，每家出產不過二三百斤，或一百八十斤。種茶地點，爲一山地，互相毗連，距振歐居約六里，茶味香甘，惟復水時，香甘之味，則減少十分之六七矣。現時闢地種茶者，繼續不絕，產額年見增加，惜乎固守舊法，未見改良品質耳。

六．梨——梨約三種，一曰青梨，二曰香水梨，三曰赤梨。(此名本鄉人所呼)大小相差無幾，而其色澤食味及成熟期，則各自不同。茲畧述如下。

(a)青梨，色帶青白。味較香水梨淡。梨柄短。成熟早，在陰曆五月尾，產量不多。

(b)香水梨，色與淡水沙梨同。味亦相等。梨柄較青梨長，較赤梨短。成熟期畧遲，在陰歷六月間。產量最多。

(c)赤梨，色比香水梨稍深，味與上兩種不同，稍帶澀，惟摘後貯藏，俟其澀味除去，則味頗佳。成熟期在香水梨後。出產較青梨多，較香水梨則少。

上述三種梨，遇豐年全鄉約共得銀五六千元，若遇歉年則無定矣。農民不知果樹園藝學，任其自生自滅，毫無管理，以致有隔年結實，穫利不能預算，殊爲憾事。

七‧柿——柿成熟摘取後，浸以鹽，曰鹽柿。浸以石灰，曰石灰柿。皆售於市或往來人多之處。又有乘柿將成熟時，投資設廠，專收柿青。去其皮，晒於日光，製爲柿乾，然後發售。年約穫利四五百元。

(乙)畜牧：雞最多，猪次之，羊鳧鴨鵝則甚少。每家養雞至少有十餘羽，除自用外，至端午及年關，售於市上，以易他物。每斤約三毫零。養家者，多爲肉用。每家以一頭爲單位。亦有養母猪者，專繁殖仔猪。大抵養肉用猪，經年身量約百一二十斤，售銀三十餘元。

牛十有九家豢養，專爲耕田之用。有時牝牛產仔，亦可獲利。但鄉人習慣，養黃牛者多於水牛。至牛老弱不能力耕時，則售去之矣。

(丙)農民和地主：農民自有田產者，不過三分之一左右。其餘無田產之農民，均向地主租田耕種，每年供納租谷，租谷之多少，隨早造晚造，及其田產優劣而不同。大約平均每担谷田，早造三成，晚造二成。此租谷由農民送至地主家中，用膳一餐，如不用膳者，每石可扣回谷二升，名曰「飯餐錢」(鄉土語)農民終年勤苦，幾不得一飽，長爲地主之牛馬，隱忍吞氣，而懷得過且過之思想。耕作日見退步，田疇日見瘦瘠，改良農業，亦云難矣。

(丁)經濟狀況：吾鄉金融，不甚活潑，借貸頗難。借谷每石年利三斗四斗五斗不等。借銀則每元月利三分爲普通。間有四分五分者。更有一種借貸，令人寒心者，即當農民青黃不接之時，糧食將盡之際，借銀一元，於收成後完谷三斗或四斗。總之，無論何種借貸，均需的實人担保，或實在抵押品，方能借得。且於一年內，未曾完淸時，則由債主擇益，由銀仲谷，或由谷仲銀，以行複利法，近年來各處雖有義倉之設，專借諸貧苦農民，但爲數無多，普濟有限。故農民一生，眞是剜肉補瘡，難望其農業有改良也。

（戊）農民生活狀況：農事忙時，男女合作。完畢時，男子强有力者，出外傭工，求些許工錢，以供家用。少者老弱者，則牧牛或割草造廐肥。女子特具勤耐性質，終年胼手胝足，過於男子，無一暇時：搬木薪，挑石炭，亦謀利供家用。但男女所得之利，均屬微薄，不足一日之用。全鄉農民，不務華彩，衣食住均極單簡粗陋，全年糧食，約食米三分之二，雜糧三分之一，農民屬中等者，日中生活，尚可支持。屬下等者，不堪問矣！

⊙ ⊙ ⊙ ⊙

（出自《农声》第二十一期，一九二四年）

廣東省南雄縣各區戶口及農戶數統計

區別	戶數	人口數			農戶數				農民數		
		合計	男	女	合計	自耕	半自耕	佃戶	合計	男	女
總計	37,307	195,354	96,803	98,551	30,602	7,685	14,607	8,310	94,510	42,136	52,374
第一區	8,996	44,458	22,625	21,833	4,030	888	1,695	1,249	11,714	4,691	7,023
第二區	5,673	31,689	15,786	15,903	5,180	1,380	2,220	1,580	17,200	7,900	9,300
第三區	8,197	4[illegible],076	21,622	13,454	7,800	2,200	3,800	1,800	25,100	11,200	13,900
第四區	9,970	53,405	25,630	27,775	9,330	1,410	5,460	2,460	29,700	13,300	16,400
第五區	4,471	20,726	11,140	9,586	4,262	1,809	1,232	1,221	10,796	5,045	5,751

附注：1.本表材料係由本室直接派員調由該縣各鄉調查估計。

2.第五區戶口尚有三千未列入在內。

3.調查時間：二十九年七月，下旬。

廣東省南雄縣各區中貧農戶平均每戶各項收支統計

單位：國幣元

區別	平均每戶全年收入數						平均每戶全年支出數												收支相抵戶數	
	合計	耕種收入	工資	[illegible]收益	租項	其他	合計	食物	衣着	田租	房租	燃料	醫藥	器具	嗜好	[illegible]	教育	其他	剩餘	負債
平均	514.7	400.5	[illegible]	61.2	5.8	53.5	569.3	388.5	19.1	87.3	.4	10.2	7.2	13.9	11.2	25.8	10.1	20.6		
第一區	329.3	425.8	108.9	52.1	6.5	—	339.8	245.8	18.6	169.0	—	32.4	4.8	8.2	11.2	7.0	8.9	8.9	8	10
第二區	516.5	318.0	92.5	66.5	—	39.5	503.5	377.0	15.3	40.4	.2	2.2	4.5	15.1	9.0	15.0	2.0	22.8	15	4
第三區	739.7	515.8	52.8	80.5	14.6	76.0	388.8	421.0	30.5	58.7	1.5	16.0	9.1	17.9	22.5	72.0	3.3	38.1	13	5
第四區	597.6	355.0	118.0	49.0	1.8	73.8	572.4	424.0	18.5	54.1	[illegible]	[illegible]	5.8	12.8	7.0	[illegible]	20.3	20.0	18	5
第五區	596.5	87.8	66.5	58.0	6.0	78.2	572.5	349.5	12.5	114.2	.5	.5	11.6	16.0	6.5	35.0	5.7	20.5	15	2

廣東省南雄縣各區二十家農戶平均每戶各項收支所佔百分比

區別	全年收入數%						全年支出數%											
	合計	耕種收入	工資	副業收益	租項	其他	合計	食物	衣著	田租	房租	燃料	醫藥	器具	嗜好	婚喪	教育	其他
平均	100.00	65.15	15.25	9.96	.94	8.70	100.00	65.06	3.24	14.81	.07	1.74	1.21	2.28	1.9	4.38	1.72	3.59
第一區	100.00	68.36	22.25	8.35	1.04	—	100.00	56.71	3.05	27.72	—	5.31	.80	1.34	1.63	1.15	1.45	.64
第二區	100.00	61.56	17.91	12.88	—	7.65	100.00	74.87	3.93	8.03	.04	.45	.89	3.00	1.79	2.98	.40	4.52
第三區	100.00	69.74	7.13	10.88	1.97	10.28	100.00	61.14	4.43	8.63	.22	2.32	1.82	2.60	3.27	10.46	.47	5.24
第四區	100.00	59.41	19.75	8.20	.29	12.35	100.00	74.07	3.23	9.45	—	—	1.00	2.15	1.22	—	5.38	3.50
第五區	100.00	65.00	11.15	9.72	1.01	13.12	100.00	61.05	2.18	19.96	.08	.09	2.02	2.79	1.14	6.11	1.00	3.58

廣東省南雄縣耕地及荒地面積統計

單位：畝

區別	總面積	耕地面積				荒地面積				
						可耕荒地				不可耕荒地
		合計	水田	旱田	其他	合計	水田	旱田	山坡地	
總計	3,806,089	1,659,811	307,350	130,402	1,222,059	1,189,182	1,660	4,371	1,183,151	720,041
第一區	264,620	134,112	36,991	21,562	75,559	4,8281	70	160	48,051	59,842
第二區	935,000	521,500	75,000	41,500	405,000	201,009	1,000	2,009	198,000	164,000
第三區	958,000	408,200	86,000	31,900	290,300	375,900	100	800	375,000	182,000
第四區	728,700	265,000	77,500	22,500	165,000	222,500	300	200	222,000	179,000
第五區	919,769	320,999	31,859	12,940	286,200	341,501	193	1,211	340,100	185,099

附註：1.耕地其他欄數目係包括一切林地在內

2.平均每農戶耕水田10畝旱田4.2畝林地39.9畝

廣東省南雄縣各種農產統計表

農產名稱		種植面積（華畝）	每畝年產量（担）	年產總額		每担價格（國幣元）		
				數量（担）	價值（國幣元）	最高	最低	普通
普通農產品	粳稻	289,592	2.9	823,096	8,230,960	12.0	9.0	10.0
	糯稻	17,300	2.2	36,892	405,812	13.0	10.0	11.0
	大麥	60	6	36	288	8.0	8.0	8.0
	小麥	214	6	130	1,300	10.5	9.5	10.0
	甘薯	21,829	4.5	91,812	229,530	3.5	1.5	2.5
	芋	10,141	4.3	43,922	136,158	4.0	2.5	3.1
	豆類	5,380	7	3,530	98,840	85.0	20.0	28.0
	花生	85,917	1.2	41,048	513,100	15.0	9.0	12.5
	瓜菜	14,038	5.5	78,253	218,012	10.0	2.5	4.0

（續　附）

農產名稱		種植面積（華畝）	每畝年產量（担）	年產總額 數量（担）	年產總額 價值（國幣元）	每担價格（國幣元） 最高	每担價格（國幣元） 最低	每担價格（國幣元） 普通
特種農產品	菸葉	27,852	1.1	29,060	2,324,800	120.0	65.0	80.0
	苧及黃麻	815	.6	142	18,028	40.0	25.0	34.0
	桐油	…………	……	34	3,400	105.0	95.0	100.0
	茶油	…………	……	259	24,087	100.0	85.0	93.0
	菜油	1,036	0.16	150	12,600	90.0	80.0	84.0
	果類	125	1.3	155	3,100	30.0	15.0	20.0
	蔗	6	6.0	36	288	10.0	7.0	8.0
	瓜子	420	.2	84	13,020	160.0	150.0	155.0

附註：年產總量係廿八年各造收成總量，總值及價格係以本年六月一日市價為準，其無市價者則照二十八年下半年市價，苧及黃麻一欄以黃麻為多故其價錢照粗黃麻皮價格列入，果類則以柚為多，其價格亦以柚價為代表，菸葉以原庄為準。

廣東省南雄縣農戶及耕地荒地各項所佔百份數

項別 ＼ 區別	全縣	第一區	第二區	第三區	第四區	第五區
農戶佔總戶數	82.03	44.80	91.32	95.16	95.58	95.35
農民數佔人口數	48.38	26.85	54.28	55.68	55.61	52.03
自耕農佔農戶數	25.11	21.99	26.64	28.20	15.11	42.44
半自耕農佔農戶數	47.73	47.02	42.86	48.72	58.52	28.91
佃農佔農戶數	27.16	30.99	30.50	23.08	26.37	28.65
耕地面積佔總面積	43.61	50.68	55.78	42.61	36.37	35.99
水田佔耕地面積	18.52	27.58	14.38	21.07	29.25	9.63
旱田佔耕地面積	7.86	16.08	7.96	7.81	8.49	3.91
其餘耕地佔耕地面積	73.62	56.34	77.66	71.12	62.26	86.46
荒地面積佔總面積	50.16	40.90	34.04	53.02	55.10	57.25
可耕荒地佔荒地面積	62.29	44.61	55.07	74.01	55.42	64.85

（續前）

區別 項別	全縣	第一區	第二區	第三區	第四區	第五區
不可耕荒地佔荒地面積	37.71	55.39	44.93	25.99	44.58	35.15
水田佔可耕荒地面積	0.14	0.14	0.50	0.03	0.14	0.06
旱田佔可耕荒地面積	0.39	0.33	1.00	0.21	0.09	0.35
山坡地佔可耕荒地面積	99.47	99.53	98.50	99.76	99.77	99.59

附註：1.農民係指從事耕種之男女；其未有職業之兒童則不列在數內。

2.其他耕地係包括一切林地。

廣東省南雄縣各區稻田每畝每造生產成本統計

區別	田別	每造每畝生產費用：合計	田租利息	人工費用	種籽	肥料	畜力	農具折舊	捐稅負担	每畝每造產穀担數	每担穀生產成本
總平均	上田	26.48	11.35	8.78	0.99	1.60	2.52	0.50	0.74	2.77	9.56
	中田	22.68	7.75	8.65	1.03	1.68	2.52	0.50	0.52	2.00	11.34
	下田	17.98	4.13	8.50	1.15	0.92	2.48	0.47	0.33	1.42	12.66
第一區	上田	28.56	12.05	9.28	1.05	2.08	2.60	0.50	1.00	2.78	10.27
	中田	25.05	9.00	9.28	1.05	1.83	2.60	0.50	0.79	2.27	11.04
	下田	20.82	6.61	8.85	1.10	0.88	2.60	0.50	0.33	1.79	11.62
第二區	上田	27.64	10.27	10.58	1.64	2.00	2.47	0.66	0.62	3.23	8.56
	中田	23.94	6.78	9.97	1.06	2.75	2.44	0.60	0.34	1.99	12.03
	下田	19.22	3.30	10.34	1.17	1.13	2.45	0.68	0.20	1.47	13.03
第三區	上田	24.78	12.04	7.08	1.08	1.04	2.38	0.58	0.58	2.34	10.58
	中田	20.70	8.18	7.08	1.10	1.09	2.38	0.58	0.38	1.82	11.37
	下田	16.94	4.20	6.78	1.16	0.76	2.18	0.54	0.32	1.01	16.78

（續　前）

區別	田別	每造每畝生產費用：合計	田租利息	人工費用	種籽	肥料	畜力	農具折舊	捐稅負擔	每造每畝產穀担數	每担谷生產成本
第四區	上田	26.89	12.28	8.30	0.94	1.80	2.49	0.44	0.67	2.94	9.15
	中田	22.70	8.04	8.30	1.06	1.80	2.49	0.44	0.47	2.02	11.24
	下田	16.81	3.02	7.90	1.18	0.96	2.49	0.44	0.32	1.38	11.82
第五區	上田	24.54	10.10	8.64	0.86	1.08	2.68	0.34	0.84	2.57	9.55
	中田	21.03	6.36	8.64	1.03	1.01	2.68	0.36	0.62	1.88	11.19
	下田	17.73	3.52	8.61	1.13	0.92	2.68	0.36	0.48	1.44	12.31

附註：1.表內各區稻田每造每畝生產費用係由各該區所轄各鄉之稻田分別上中下三等平均計算得來復以各區之平均數分類平均之而得南雄全縣稻田之總平均生產費用。

2.各區每造每畝產穀担數係以各鄉各該類稻田所佔面積畝數乘其每造每畝可能產穀担數之和而除之以全區稻田面積。

3.每担穀生產成本係以每造每畝產穀担數除以其生產費用而得。

4.本表各平均數均係用算術平均法計算。

5.調查日期廿九年七月。

6.本表所用單位：費用及成本爲國幣元，產量爲市担，面積爲華畝。

廣東省南雄縣各區借錢借糧利息統計表

區別 \ 項別	向人借貸戶數		借錢借糧戶數佔全體戶數百分率		每月利息%					
					最高		最低		普通	
	借錢	借糧	借錢	借糧	借錢	借糧	借錢	借糧	借錢	借糧
總計	16,354	7,900	24	11	3.6	4.2	1.0	1.7	2.0	3.3
第一區	1,814	1,904	20	20	3.0	3.5	1.0	1.7	1.5	2.1
第二區	5,550	1,994	43	25	3.0	4.5	1.0	2.5	3.0	3.3
第三區	3,650	1,874	45	23	3.0	4.[illegible]	1.0	2.5	3.0	3.8
第四區	5,000	1,050	50	10	3.0	4.2	1.5	2.1	2.0	3.3
第五區	3,540	1,582	79	35	3.0	4.[illegible]	1.0	2.0	2.0	3.3

廣東省南雄縣各區農業工資統計

單位：國幣元

區別		長工每年工資			月工每月工資			短工每日工資		
		最高	最低	普通	最高	最低	普通	最高	最低	普通
全縣	男	150	60	90	15.0	4.0	7.0	1.20	.20	.45
	女	80	30	50	7.0	2.0	5.0	1.20	.15	.40
	童	20	6	18	2.5	1.0	1.5	.40	.10	.15
第一區	男	80	60	90	10.0	4.0	7.0	1.20	.40	.45
	女	50	36	50	—	—	—	1.20	.40	.45
	童	34	10	16	2.5	1.0	1.5	—	—	—
第二區	男	100	50	70	9.0	4.0	7.0	.80	.40	.40
	女	—	—	—	—	—	—	.70	.35	.40
	童	20	8	12	—	—	—	.40	.30	.35
第三區	男	100	50	80	9.0	5.0	7.0	.80	.20	.20
	女	80	40	70	7.0	4.0	6.0	.50	.15	.20
	童	30	10	20	—	—	—	.20	.10	.15
第四區	男	100	60	85	12.0	6.0	9.0	1.20	.40	.60
	女	70	30	50	6.0	3.0	5.0	1.20	.40	.50
	童	18	6	12	2.0	1.0	1.5	—	—	—
第五區	男	150	60	90	15.0	6.0	9.0	1.00	.40	.70
	女	60	30	50	—	—	—	1.00	.40	.50
	童	24	10	16	2.5	1.0	1.5	—	—	—

附註：1.長工月工短工皆係供膳。2.農忙時短工工資與平時相差甚大。

廣東省南雄縣各區牛猪數量及價值統計

區別	牛		猪	
	現有隻數	平均每隻價值（單位國幣元）	現有隻數	平均每隻價值（單位國幣元）
總計	17,189	110	23,379	50
第一區	2,256	153	4,240	58
第二區	3,000	111	3,700	40
第三區	4,850	113	6,800	58
第四區	3,900	94	5,950	42
第五區	3,183	92	9,689	58

廣東省南雄縣各區現有林木估計表

區別＼項別	合計			松			杉			闊葉木			竹		
	面積	株數	總值	面積	株數	總值	面積	株數	總值	面積	株數	總值	面積	株數	總值
總計	1,190,965	94,833	9,444,410	787,000	47,219	5,837,210	148,807	8,350	1,748,570	82,818	3,260	1,082,400	172,480	38,104	1,281,230
一區	58,418	3,746	717,600	46,150	3,559	458,360	3,227	233	169,370	1,841	31	40,000	5,200	922	69,270
二區	441,300	27,540	3,125,840	290,000	14,000	1,700,000	106,000	6,000	1,000,040	14,800	620	245,800	30,500	6,120	185,000
三區	282,700	15,331	1,757,100	185,250	12,223	1,197,500	9,100	520	155,000	32,550	1,388	380,600	5,900	1,250	44,000
四區	176,900	14,076	1,590,500	133,300	9,050	1,140,000	9,400	570	98,500	20,200	661	236,000	14,800	3,375	125,000
五區	281,497	34,190	2,247,510	130,100	7,555	840,880	21,850	1,227	888,710	28,427	642	202,000	110,080	24,420	807,900

附註：單位：面積：華畝
株數：千株
總值：國幣元

（出自《广东统计汇刊》第二期，一九四〇年）

粵漢鐵路樂昌至坪石農業情形調查記（錄鐵路協會雜誌）

（一）由樂昌至坪石種植之品以穀米茶葉爲大宗煙葉花生茶油等物亦有小數出產至豆子芥菜之類所出不多無足指數

（二）此間植物收成以穀米花生爲最佳但耕種之地面積甚小自樂昌上二英里起至坪石下七英里一帶山野祇種松杉稍長即行斬伐如種蔗然其樹幹從未有長至徑大六英寸者此外並無別物種植

（三）因查是處商界農界尙無結合團體以謀農事之改良墟市貿易純屬個人買賣貨物價格均臨時商訂並無規定之章程以節制供求之緩急土人狃於積習不知通力合作之益若期以自行改良則更非所望矣

(四)現查禾田最佳者每年耕種之時不過三數月或至半年而止其餘數月即任其荒廢此由鄉愚無知及懶於耕作使然其山野荒地棄置未用者尚多亦由於此查是處冬間宜種稻麥荳薯等物夏間宜種桑棉菽荳等物均收成甚佳又可保存土壤之腴沃凡此之類宜由農人各視其所宜實行試驗若增設森林事業則十年之後所有荒蕪山野將必蔚爲茂林是宜種五六寸大之杉庶目前小有收成參以大樹爲久遠之計且可增進各方面之實益此等森林宜由政府或鐵路建設若辦理得宜則於北江下游滋益甚大蓋其藏聚暴至之雨泉可免釀成水潦且使是處一帶地面天氣温和也

(五)查是處農人尚無教以改良之法者鄙意以爲對於鄉愚空談無補雖著書演說終恐無濟於事惟有該處建設模範田場森林實地試驗任人縱觀成績方足以資觀感而收實效似此辦法僅就荒蕪之地稍事培植所費當不甚鉅但無論費用幾何必須由政府或鉄路倡辦而後可盖土人貧瘠雖有良好教法亦苦於資力有限不足以獨任艱鉅也且此等舉動自鄉愚視之必且竊竊疑慮不知其利益之何在將必意存反對勢須確見實験始徵信也

(六)查出產之品除留爲食料外餘俱運往別處銷售如穀米茶葉茶油花生煙葉糖等物以運往廣州者爲最多運至湖南者甚少因進輸費鉅及路程險阻之故凡此不

過少數貿易其大宗貨品則爲四寸至六寸之小杉產於樂昌坪石山野間亦有較大之樹木產於江北上游坪石西南之間

（七）現查是處尙無別處秧種牲畜運來移殖因土人貧苦殊甚雖有此志願亦爲力所不逮也

（八）是處農人所存之穀種及花生種往往爲最劣之品蓋精良者均已選擇赴市祇留劣品以充食料及播種之用是以物質漸漸退化其弊不在土壤而在人工其於牲口亦然是處農家不畜良種之牛隻雞豚其牲畜多由發育不全之母牲孳乳而成是以劣弱不堪

（九）查穀米四月播種八月收穫通常禾田多是單造亦間有雙造者茶葉二月收成花生時期與穀略同是處冬間降霜約有半月之久斯時池沼之上有薄冰蓋面厚約英寸八分之一天氣平均比廣東省城約低五度至七度

按畜牧與種植不宜偏廢鄙意以爲交通部宜注意畜牧使與種植並重方爲勝算現在畜產之所以不能發達者由於運輸不便若將來鐵路告成交通利便則廣州香港小呂宋等處均爲銷售牛隻牲畜之良好市場也又查美國政府日前曾由中國採購樹種運往移植辦有成效業經報告可以藉資參考以證某種植物宜於此處試驗又飛獵濱農林部亦有報告鄙人均可調查鄙人性嗜農務於此甚爲熱心苟力所能逮無不竭誠相助也（下略）

（出自《农林公报（北京）》，一九三一年）

粵漢鐵路沿綫農業情形調查記

（錄鐵路協會雜誌）

一調查本路沿綫地方應移換籽種之種類性質

查本路沿綫地方（此係指已成及已興工路綫而言）由首段南海縣屬黃沙起點至第十六段樂昌縣屬楊溪止計共四百六十九華里所經南海番禺花縣清遠英德曲江樂昌等七縣由黃沙至小坪站係南海縣地土膏腴向以種植菱藕茨菇孛薺茭筍荔枝石榴龍眼等爲大宗次則或種禾稻白菜蘿蔔黃牙菜（種由北省帶來）香芋生薑冬瓜節瓜苦瓜絲瓜生菜芫茜葱蒜甜桃花生桑蔴荳等類又由番禺縣屬小坪站至新街站由花縣屬新街站至銀盞坳站再由清遠縣屬銀盞坳站至舊橫石站向皆種植禾麥稻粟茶葵芝蔴花生甘蔗竹筍菜蔬等項亦有於山坡高處種植松杉木類者由英德縣屬第七八九十十一各工段沿線地方向來所種竹木禾麥蔴棉薯芋冬菰草菰桃李栗子梨桔花生芝蔴等類由曲江縣屬第十二十三十四十五各工段沿線所經地方向以種植稻麥花生菜油子紅瓜子芝蔴黃

豆冬笋草菰松竹甘蔗等類爲大宗間有種植棉蔴香蕉橘柚之類者至樂昌縣屬第十六工段內所種各種植物亦與曲江縣屬各境種植情形相仿各屬地土雖各有所宜。然在毗連縣屬土地。均可移換籽種因質類亦略相同也

二調查土宜

南海番禺花縣清遠等屬多係泥土宜種禾稻荔枝瓜菜菱藕桔橙等類英德曲江樂昌等處地方多屬黃沙土宜種樹木如菩提樟腦棉蔴茶葵等類

三聯絡商會農會

除南海番禺花縣等處設立商會農會得以接洽外其餘均未成立且釐廠抽收未能整一故貨物輸運尚欠發達仍當隨時切實聯絡以免障碍

四勸導農民

各屬農民安於故習且資本微薄稍得收成日給有賴即無他想農會既未普設故勸導普及猶待時也

五印刷廣告白話淺說

將來農會普設而後擇繁盛地點廣設農事試驗場將試驗而著成效各種植物刷印佈告則可冀農民自習慣而漸改良於農事固可振興即鐵路營業亦藉可增收利益惟現在各屬未嘗聞有印刷何種廣告者

六此路與彼路交換運輸

本路成後上接湘鄂而達京師下連廣九而通外洋若農事推廣辦有成効則粤東之菓木如橙荔杉樟等必能運赴北地而湖漢之荳粱麥麫遼東之油菽花生與夫西蜀之藥材穀米亦將南運外洋此交換輸運之大概情形也

七此省與彼省甲地與乙地互換籽種

粤東氣候溫暖地土卑濕與他省迥然不同由燕魯間移植本土者惟花生黃牙菜莧茼等籽種本處移種北省者則茉莉花絲瓜黃瓜等類餘如稻穀菜油子等籽種甚佳可以移植他省

八規定農民留存下年籽種

各屬農民大率擇其向所植品如五穀瓜菜樹木等類留存下年籽種並無規定之法

九調查種植後成績報告

稻穀於春間播種入秋收穫一次或二次不等每畝收成約六百觔花生甘蔗荳麥等每歲收成一次菓子則自種植後三五年始得收效樹木則自種後十五年乃可採伐間或栽種一二年即砍伐作柴薪之用者

（出自《铁路协会会报拔萃》第一—二卷第一—十五期，一九一一年/一九一二年）

連縣河西四和兩鄉農村概況調查簡報

本處合作工作隊

一、前言

改善農民生活，活潑農村經濟為推行合作事業之主要目標，自抗戰軍興，經濟重心已由都市移至農村，故農村經濟之良窳，對於抗戰殊有絕大影响，所以應如何發展農村經濟實為今日從事經濟建設之主要課題之一，本處合作工作隊奉命組織農村經濟調查隊，出發連縣河西及四和兩鄉，實地調査，意在取得農村經濟建設之各項資料，作為研究改良農村之根據或參攷。連縣乃本省戰時後方根據地，經濟建設之主要區域，本處設有合作示範區，以為推行合作事業之示範，工作計劃尤多藉重於實地調査者也。

二、環境概況

河西鄉位于縣城之西，東界縣城，南鄰高良下鄉，西連上山鄉，東北接四和鄉，全鄉共有一五保，一六一甲，二、一七四戶。人口總數為一一，四一四人，其中男子佔六、〇一八人，女子佔五、三九六人，耕地面積合共二〇，五三六，三三五市畝，其中水田佔一七，四七二，一九四市畝，旱地佔三，〇六四，一四一市畝，四和鄉位于縣城之東北，東界龍坪鄉，南接縣城，雙壽鄉，西北連水口及河西兩鄉，東北鄰元塘及賓于兩鄉，全鄉共有一三保，一四一甲，一、四三八戶，人口總數為六、七八七八，其中男子佔三、四七八人，女子佔三、三〇九人，耕地面積合共一四、〇一〇，五四五市畝，其中水田佔一二，三八一，三五二市畝，旱地佔一，六二九，一四九市畝，兩鄉地勢平坦，山之大者有月光嶺，巾峰山，及馬鞍山等，至於交通情形，陸路有韶連路可至曲江，連東路可至東陂，連賀路可經三江至雞山而入廣西之賀縣，連坪路可經星子至坪石而與粤漢路通，其他至各鄉大路，均可通行。水路則有三江河，星子河，除三江河水較淺外，其餘均可利用民船暢行，沿連江而下可達陽山縣而至連江口，由連江口可北上至曲江，又可南下至清遠，水陸交通，均稱便利。

二、調查經過

本隊工作計劃，第一期原定調查連縣河西及四和兩鄉，計該兩鄉經抽查者共有十八保，四九七戶。茲將調查結果分述如下：

（一）農戶成分

在農民中，尚有各級不同階層之分別，即以自耕農及佃農而言，其生產關係所處地位，各不相同，因而經濟富力，亦多不一致。故每一階層之農民，實不足以代表農民之整體也。茲將農戶成分統計表列如下：

農戶成分統計表

項別	戶數	百分比
地主	九	一、八
自耕農	九九	二〇
半自耕農	一二六	二五、三
佃農	二六三	五二、九
合計	四九七	一〇〇

綜觀表列數字，即佃農尚佔半數以上，而佃農生活，普通多屬清苦者，因彼等除一般負担以外，尚多加一重地主之剝削也。

（二）農業概況

河西四和兩鄉主要農產品以谷米爲最大宗，其次則爲薯、芋、花生、玉蜀黍等什糧。此外冬耕在該兩鄉，至爲發達，尤以栽培綠肥作物爲最多，而此類作物，則又以蘿蔔子、紅花子兩種爲最普遍。茲將農產品分類概況表列如下：

農產品分類概況表

項別		數額
水稻	面積（畝）	八、三二四
	產量（担）	二四一、四八二
	平均每畝產量	二、九一三
什糧	面積（畝）	三、三〇七
	產量（担）	一一、五七九
	平均每畝產量	三、五
備考	「產量」及「平均每畝產量」兩項數字係以一糙計算	

（三）教育情形

一國之盛衰，恆以其國民教育是否普及以爲斷。而欲圖改良農業生產，發展農村經濟，其與農民之智識水準，關係亦切。茲將教育調查統計表列如下：

農村教育調查統計表

項別	人數	百分比
識字	一、一五八	四一、六
不識字	一、六二〇	五八、四
合計	二、七七八	一〇〇

從表列數字觀之，則文盲尚佔百分之五十八以上。農民因缺乏教育，故農業推廣，數十年來未有若何進展，農民無教育則不知農業科學爲何物，因而保守性甚强，至今尚本其數百年前之生產技術以從事生產，

習以爲常，不思改進，故欲求農村之繁榮，農業之發展與農民之富裕，必須普及農村教育，提高農民智識水準，務使農業上之科學方法爲農民所利用，經營爾易于收效，農業改良，始克有濟。

（四）收益與支出之比較

農民之收益及支出，實爲農業生產與農民生活之反映，玆將農民經濟概況統計表列如下：

農民經濟概況統計表

收入		支出	
項目	數額（元）	項目	數額（元）
農業	一二、九〇三、八九三	生產費	三、八六八、五〇一
副業	一、一四五、六四六	生活費	八、一六七、四四五
其他	一一九、五一〇		
合計	一四、一六九、〇四九		一二、〇三五、九五一
備考	「數額」欄所列數字均係全年計算		

農民之收入及支出雖足敷因應。惟生活費用比之生產費用賍一倍有奇，由此可知農民終年勞苦所得，除納稅還租外，餘則以維家計，其能用于增加生產者，則甚鮮矣。

（五）租佃制度

河西及四和兩鄉現行之租佃制度，約有兩種，一種爲定額物租制——此爲連縣最普遍之租佃制度，其方法即爲地主與佃農以契約或口頭規定每年繳納之租額（每畝約納谷一担半）佃農於收割後如數交與地主。惟此種制度，多非硬性，有過歉收時，可由佃農商請地主同意，酌量減少，必要時則由地主與佃農雙方共同監視收割，將收成所得平均分配。第二種爲力租制——由地主將田若干畝租與佃農耕種，而佃農則有幫助地主經營農業，以其勞力所得，代替地租。

此外尚有所謂錢租制者，惟因物價動蕩不定故錢租標準均以谷價折合計算，時至今日，此種制度，亦爲物租制之另一形態也。

（六）借貸情形

借貸關係，在各種社會，有其不同。而連縣農民借款，通常均在青黃不接之際，其用途多非用以農業生產，而是維持生活，故債務人與債權人是立于對立地位，因其需以自己之血汗而支付利息也。此爲半封建社會，在連縣借貸關係中所表現者。

連縣農民借貸，有借錢與借物兩種形態，而借貸利息，亦有貨幣及實物兩種，普遍每借谷一担，須償還一担半者，期限長短不一，均由雙方自定，惟一般情形，則多由借到之日起至是籍收割後清還。至于借錢月息，約以百分之十五計算，即每借一百元，月納利息十五元也。此外尚有青苗貸款，其利息更苛。例如借款二百元，（約以當時谷價之半數計）于收割後，即須還谷一担，貧苦農民爲着維持生活，不得不借錢，而高利貸者則特別提高利率，從中剝削，貧農只有咬牙忍受而已。

合作事業在連縣，年來積極推進，對農村金融之流通，頗著成效。縣各級合作社組織，在河西及四和兩鄉，由縣經合部組成，其他各種專營社，亦紛紛設立。至于合作貸款，本年度連縣貸款總額爲一百八十萬元，月息一分二厘，十月一日起，雖已增至一分五厘，然比之高利貸之利率，相去甚遠。

此外尚有土地信用貸款一種，當局爲逐漸改善農民生活，繁榮農村經濟起見，本年度由中國農民銀行在粤北之曲江、樂昌、連縣、南雄等四縣，推行乙種扶植自耕農放款，（即貸農購買耕地放款）其辦法爲首先組成土地信用合作社，需要購買耕地之社員，可向合作社轉請中國農民銀行貸款，利息較低，期限又長，分年攤還，最長可分十五年清還。而每年償還本息之總和比之繳納地租爲少，在還清借款以後，每年土地所出，全歸已有，此種合作組織，在連縣已積極推進矣。查我國土地政策，對于解決農民問題，是以「耕者有其田」爲目的，而土地信用貸款，乃為運用金融力量，使農民之缺乏土地而為佃戶者，協助其取得土地，以資耕作，扶植自耕農之意義，即基于此。

綜上所述，則合作貸款在農村所起之作用，雖有未能盡如理想之處，然而農民因此所獲利益，已非淺鮮矣。

四、結論

社會性質之變動，亦即生產關係之變動，下層經濟機構本質上如有變化必影响上層政治，文化等之變化，故大後方農村社會變動如何，頗堪注意。且抗戰重心在農村，而致勝之道尤賴足食足兵，連帶農業生產，因戰時物價飛漲不已，影响成本增加，而其所得利潤，又遠不及商業之多，由是利之所在，人皆趨之，至使大地主均不願從事大規模之農業生產，貧農因壓于飢寒之中，更無發展生產能力，生產遂形萎縮，農民走向赤貧化。今後改進之途，當以三民主義經濟建設為主，推行之道，固非專在合作一途，然而根本辦法必須從農民本身做起，則舍合作莫及。緣以三民主義經濟建設是以節制私人資本，發達國家資本，及平均地權，使耕者有其田目的，而合作所具機能，亦為防止資本之壟斷與操縱，不使利益為個人所獨佔，以消除階級鬥爭，減少勞資糾紛之對立，至於耕者有其田，如由政府強制執行，必易引起人民反感，若利用土地信用合作為一過渡之手段，漸使土地不為少數人享受，自可收平均地權之功，消除土地集中之弊，其精神與三民主義經濟建設之目的，正不謀而合。運用合作之和平方法，以達到理想之大同社會，此誠改良農村之根本法也。

（出自《广东合作通讯》第四卷第十七—二十期，一九四四年）

廣東羅定農村經濟調查

梁錫貽

一 前言

近年來中國各地農村皆鬧得七零八亂，「十村九困，十家九窮」確是中國農村之普遍現象，因此國人皆認定目前中國農村經濟已瀕於極度破產；同時對上述症狀，無論朝野人士，亦皆發出復興中國農村之呼聲，此種呼聲又已高達雲際，然而中國農村因何而致破產？復興農村之工作，又千端萬緒，孰先孰後從何着手？追問及比，無不「茫然」！

爲着尋求農村經濟破產之因果，非瞭解農村生產關係之本質及其生產技術之優劣不可；然而此種問題，乃實際問題，其內容又至爲複雜，「紙上談兵」固於事無補，「憑空臆斷」，更不着邊際，故非深入農村，實地調查，便無由瞭解農村之生產關係及生產技術諸實際情況者。

對於農村社會實際情況如無相當瞭解之人，便無法指出改造或復興農村之途徑；此與醫生在未診斷病人症狀以前不能開藥無異，良醫醫人，必須先瞭解病人之症狀，才不致「藥石亂投」，解決社會問題之人，亦必須先詳細調查社會病原之所在，才不致「削足就履」是以欲尋求復興農村之途徑，非深入農村實地研討其經濟崩潰之病原，即無從找出其復興之途徑！

羅定是中國之一環，其農村社會是中國農村社會之一區，故其農村社會情形之複雜　農村經濟之崩潰　當與全國有同一之現象，爲求明瞭羅定農村社會之情形及探討其農村經濟癥結之所在，爰於民國二十七年七月，乘暑假之暇，作羅定農村經濟調查之舉，但以時間無多，祇行「村」概況調查，未得作「農家」經濟調查，同時又因該縣交通不甚便利，故祇作「抽樣」調查，未能行「全體」調查；」此殊爲可惜！羅定全域現劃分爲六個行政區，即依此之分劃，作爲調查之範圍，在每區之中，擇二村以上舉行調查，蓋每區內距離不遠之諸村，若調查甲村當可推知乙丙諸村之情況也，故雖云「抽樣」然與「全體」亦無大差異。在調查之三十二村中，除有數村因交通不便而委托親朋調查外，餘皆親自行之。

同年九月底返抵石牌，本擬將調查所得之材料，着手整理，但俄而廣州事變，未遂所願，乃復攜返羅定，當時以國難日亟，無心整理，懸諸高閣；迨聞學校定期在古渼復課，乃於二十八年三月再帶來澂江，至六月上旬始開始整理；計自調查以至整理，所經歲月幾及週年，此乃爲時勢所阻，無可奈何耳！然該材料伴我逃難，伴我長征，今之輯成斯帙，非敢以言寫作，實欲明瞭羅定農村社會之形態，及窮究其經濟問題核心之所在，俾政府將來救濟羅定農村或建設羅定農村甚而至於復興整個中國農村時有所參考；同時亦藉以紀念此次之逃難與長征；區區之意，竊在地耳！

二 全縣概況

1. 沿革及位置

羅定之名，始見於明。在南朝時，梁置平原郡爲瀧州治；隋改縣曰瀧水，後經羅定城之河流，因亦名之。宋廢州留縣，及明改瀧州縣，置羅定州，轄東安（雲浮）西寧（鬱南）二縣，清仍因之；民國改州爲縣屬粵海道，現依自然之形勢　劃爲六區以利行政　至其位置，則位於廣東之西南部；東界雲浮，南及西南界信宜，西北及東北則界鬱南，城池則設於東北部，與鬱南地區僅一河之隔耳。

2. 地勢及河流

羅定全縣地勢，大概西南高而東北低，故所有河流皆由西南而東北，境內四面環山，其較大者東有尖崗山，南有八牌山，西有雲霧山，黎頭山，西北有西山嶺。至於河流：在二三四六各區皆有小流三四兩區之水，會於雷溪，經一區而入瀧南；二六兩區之水會於瀧庄，經泗綸等地而入瀧南，與經一區之水會於瀧南之東水口而直達西江，在二三四六各區，沿河之處，皆有灌溉之利，唯在一五兩區則無水利之可言。

3.面積及人口

據廣東地政季刊載：謂羅定全縣面積爲一，五一二，四八方公里，其中耕地面積有四三八，五四方公里，約合六五七，八一〇市畝，佔全面積百分之二八，九九強；荒地有二九，一七方公里，約合四三，七五五市畝，佔全面積百分之一，九三弱；山地有一，〇四四，七七方公里，約合一，五六七，一五五市畝，佔全面積百分之六九，〇八弱。其山地之多，耕地之少，於此可見。但據民國二十三年田畝清丈，統計各區田畝清冊，其總和爲三三九，八三二，九六市畝，僅及廣東地政季刊所載之半數，現稅收以此爲根據，故本文之材料亦以之爲準則，若依行政區而分之，則各區耕地面積之分配約如下表：

羅定各區耕地面積比較表　（表一）

區別	一區	二區	三區	四區	五區	六區	合計
畝數	27,563,26	49,602,61	56,969,06	71,469,18	61,907,70	72,921,15	339,832,96
對面積總數之百分比	8,11%	11,06%	16,71%	21,03%	18,04%	21,45%	——

全縣面積既如前述，至於全縣戶口之數目，據最近縣府編製之保甲簡明統計表載，則全縣有七五，五三六戶，共三五二，〇五六人，平均每戶有四六六人；就中男子一九五，一六四人，佔人口總數百分之五五，四四，女子一五六，八九二人，佔人口總數百分之四四，五六，若依行政區分配之，則以四六兩區之戶口爲最多，一二兩區爲最少，蓋前兩區之耕地面積較大，而後兩區則較小之故也：

羅定各區戶口比較表　（表二）

區別	總戶數	人口總數	每戶平均人口數	男子數	對人口總數之%	女子數	對人口總數之%	男對女之比例（女＝100）
一區	8,796	42603	4,84	28781	6,74	18872	5,37	125,74
二區	8890	39616	4,46	22261	6,33	17355	4,94	128,26
三區	11538	59214	5,13	32112	9,12	27102	7,70	118,45
四區	20943	92175	4,41	51809	14,71	40362	11,18	128,36
五區	12436	59118	4,76	32490	9,23	26628	7,58	122,01
六區	12931	59330	4,50	32761	9,31	26569	7,55	123,31
總計	75536	352056	4,66	195164	55,44	156892	44,56	124,38

綜上以觀，全縣面積（荒山及荒地在內）僅一，五一二．四八方公里，而全縣人口竟有三五二，〇五六人之多，平均僅到〇．〇〇四方公里便有一人，以與華北各省每五方公里始有一人比較，奚啻天壤！故普通說來，羅定之人口可爲密矣。

4．土質及氣候

因爲全縣境內丘陵起伏，是以崗田梯田多於其他各類田，因此其屬內土壤性質，亦以砂質土壤爲最多，壤土與砂土次之，粘土又次之，重粘土及冲積土爲數甚少。氣候在冬季最冷時，約爲華氏表三十六度左右；在夏季最熱時，約爲華氏表九十餘度，全年平均溫度約爲華氏表八十度左右。雨量則以三四五諸月爲最多。凡此條件，都宜於栽植各種農作物也。

5．教育及交通

在民國十七八年時，羅定之教育頗爲發達，較大之村落，多有小學一間，於是投考中學之青年學子亦隨之而衆。後以農村經濟日趨崩潰，不數年各小學即相繼停辦。至於中等學校，現有省立中學一間，縣立鄉村師範一間，區立初中一間；另鬱南縣因前清設有一書院於羅定城內，現亦就原址改爲鬱南縣立中學，其所招收之學生多爲羅定子弟。但上四校皆因經費缺乏，故設備甚差；三年前，各校之學生皆不甚多，但自抗戰後，戰區學生多向內退，向羅定各校借讀者大不乏人，故現在各校之學生人數頗有可觀。但上述諸校皆爲普通科或師範科，而非職業學校，故育出之學生，身無長技，除升學與執教鞭外，便成高等遊民！

至交通方面，羅定之水道交通不甚發達；但自民國十八年以還，即相繼興築公路，計已成者有五：一爲羅大路，由羅城至與鬱南交界之大灣，接鬱南之大江公路而達西江南岸；一爲羅泗路，由羅城而至四區之泗綸鎮此路可通廣西之岑溪，但後者未興築耳；一爲羅信路由城直通信宜；一爲由羅城經圍底萃塘而達雲浮之省道；一爲羅陽路擬由羅城直通陽春，但現祇成其半。就公路網而言，雖不若廣西屬內之完善，但亦不亞於廣東各縣，惜承商缺乏車輛，致影响於交通耳！

6．農村經濟崩潰之成因

羅定雖僻處廣東之西南部，但近十數年來，尤其是自全縣公路開始建築以後，因交通之較便，都市豪華，遂吹至僻靜之羅定，風尚所趨，漸形奢侈，匪獨紳豪之家競尚奢華，即農民之較富者，亦效爲淫佚。生活程度亦因而提高。生活程度既高，則消費者不得不量出爲入，紳豪們固多方羅掘以求其收支之均衡，而商人亦提高其商品價格，以圖厚利；商品價格愈高則紳豪們之支出亦愈大，而其羅掘亦愈切，其結果無不轉嫁於貧苦農民之身上。而農民本身之生活，無形中受城市生活之影响，隨亦提高；而農作物之產量又不能隨農民之消費以俱增，且農產品價格之漲度又遠不如商品價格漲度之速而巨，於是迫得將農產物賤價求售，而以高價購買其日用必需之商品；循此往復，貧苦農民不得不借債以渡日，此固爲紳豪商人們榨取貧農血汗唯一之工具也。抑又有甚者貧農於急需款項之時，每將其農產品預售於商店或紳豪富戶，而其價格則較收穫時爲低，暗寓厚利於物價之中，其剝削之慘重無以復加。

因生活程度之提高，農戶不特預售其農產物，且常有將其唯一之生產工具——耕地或抵押或典當或斷賣以求生者，於是農戶由自耕農而變爲半自耕農或佃農，或由半自耕農，佃農而降爲傭農，農戶不斷地變動，農村亦隨而不斷地崩潰。佃農傭農與離村農民之增加，即爲農村日趨崩潰之徵象！自民國二十五年以還，銀息之高五分，物息之高達六分以上，地租則主六而佃四，田賦平均每戶負担幾達二元，尚有苛捐雜稅仍須加到農民身上，舉凡足以促成農村經濟崩潰之條件，無不具備。

迨自資本主義之狂飈侵及我國後，沿海一帶，首被摧殘，而偏僻如羅定，亦漸遭波及：煤油燈照耀之地，即爲資本主義威力所及之區，昔之育蠶種麻以自織自給者，今皆拚棄而不爲，是以入口之貨年甚一年，而以衣布燃料爲大宗，近觀羅定全邑，不但羅城爲外傾銷之市場，即鄉村小鎮，亦洋貨充斥，資本主義者之威力爲如何於此可見。在近十數年來，每年流出之資金超過百萬元以上，而匯入者則爲數甚渺，若長此以往，則羅定農村經濟實不堪設想也！

三 土地分配

土地問題爲社會問題尤其是農村社會問題之核心，自古及今社會之變亂相尋，莫不由土地問題而起，遠之如我國歷代君主酋長之相爭，近之如意大利之併吞阿比西尼亞，及日本帝國主義者之侵犯我國，其目的皆在土地耳！是以土地問題若得不到相當之解决，則社會之變亂終難消弭。然土地問題又往往起於分配，苟分配不均則租佃僱傭等問題即隨之而起，故分配問題又爲土地問題之核心，由此言之，則土地分配問題，實爲社會問題核心中之核心矣。

我國土地問題尤其是土地分配問題，已至極嚴重時期，此當可諱言者，羅定是中國之一環，其土地問題之嚴重當與全國無二致。茲將調查所得，略爲申述之：

1. 各類農戶之分析

羅定僻處粵省之西南部，境內多山，其較爲開陽之處，又坵陵起伏，故平原之田地甚少，據廣東統計局之統計，則謂羅定有耕地六五七，八一〇市畝，約佔全縣面積百分之二十九弱；但據最近之田畝清丈，則謂羅定有耕地三三九，八三二，九六市畝約佔全縣面積百分之十五弱，此外廣東統計局之統計并謂羅定有荒地四三，七五五市畝，約佔全縣面積百分之二弱，然此所謂荒地，多屬崗嶺礫土，祇適於林業，能利用爲耕地者，尚不多見，羅定因僻處廣東邊陲，水陸交通頗爲梗塞，是以全縣生產，多仰賴於農業，而農業經濟乃成爲羅定經濟之骨幹，故屬內戶口，幾全爲農戶也，據三十二村之調查，各類農戶及其對總戶數之情形，有如下表：

（表三） 羅定三十村村戶中自耕農佃農及雇農戶數統計表

區別	調查村數	村戶總數	農戶數			
			自耕農	佃農	雇農	小計
一區	2	173	97	56	7	106
二區	4	1274	583	559	100	1242
三區	4	460	193	223	28	444
四區	5	4724	2686	1617	398	1701
五區	12	1599	860	634	88	1582
六區	5	433	93	315	17	425
總計	32	8663	5412	3404	638	8554
各類農戶數對農戶總數百分比			52·75%	39·79%	7·46%	——
農戶總數對村戶總數百分比			98·74%			

從上表觀之，農戶數佔總戶數百分之九十八强，足見全縣人民依靠農業生產手段（土地）而過活者幾佔全數，然則其農業經濟之地位如何，可想而知！上表中佃農之百分數雖低於自耕農，但在第五區之桃子埔，共有農戶四百戶，而佃農竟有三百六十戶之多，佔該村總農戶百分之九十，即每十戶中有九戶要田租耕種者；又在第

六區之農田村，有農戶三百零一戶，而佃農則有一百八十二戶，約佔百分之九十強，羅定耕地本已不多，而佃農竟有如許可觀之數，土地之細分與集中，自不待言！

2. 各區農戶佔有田畝

通常農業之不發達，農村之不繁榮，甚或由衰弊而至於破產崩潰，其中原因，一方面固由於生產技術落後，然他方面，則由於阻礙農業生產發展之各種社會關係，然尤以後者之影響爲較著，故吾人欲研究農村經濟，非從農業生產關係中底耕地佔有與耕地使用上去探討不爲功。在耕地佔有上；在三十二村中富力較大之十一村，多爲自耕農，據調查結果，平均每戶所有耕地畝數：一區爲四，二三畝，二區爲三，〇八畝，三區爲二，七一畝，四區其最多者不過四，〇八畝，五區三，八三畝，六區三，六九畝；而其總平均每戶僅三畝餘。（表四）若據民國廿年國府主計處統計全國田地，合計一，二四八，七八一，〇〇〇畝，農民五八，九六九，一八一戶，平均每戶可得耕地二一畝，則羅定每一農戶所占有耕地，實在微乎其微：

六區十一村自耕農每戶平均占有耕地畝數（表四）

區別及村名		村中富力	村戶總數	所有田畝數	每戶平均畝數
一區	下墉表	中	67	283,24	4,23
二區	田心村	中	78	240,09	3,08
三區	興隆村	中	69	187,18	2,71
四區	六廸村	中	50	203,87	4,08
	黎少口	中下	30	110,42	3,54
五區	登簡村	中下	78	125,[illegible]	1,61
	竹林村	中下	46	90,48	1,97
	格木橋	中	110	195,67	1,78
	新塘	中	200	766,20	3,83
六區	和峰村	中	47	172,41	3,69
	洞口咀	中	65	227,10	3,49
總平均		——	840	2601,99	3,09

3. 各區農戶使用田畝

其次在土地使用上，據廣東省統計局統計所載全縣共有耕地六五七，八一〇市畝，農民共六六，三五三戶，以此推算，則平均每戶使用耕地約有九，九一市畝；若從全縣戶口中除去城市居民約占百分之一，二，而以農戶占總戶數百分之九十八九戶計算，則平均每戶使用耕地約在十畝左右，但此數目經民國二十三年，舉行田畝清丈陳報後已證實其爲不可靠，據該陳報清冊載：謂全縣耕地面積有三三九，八三二，九六畝，又據縣政府最近之保甲簡明統計表載，全縣戶口七五，五三六戶，依此推算則平均每戶使用耕地約爲四，五畝：

各區農戶每戶平均使用田畝數（表五）

區別	戶數	畝數	每戶平均使用畝數
一區	8796	27563,26	3,13
二區	8890	49602,61	5,58
三區	115[illegible]8	56069,06	4,94
四區	20945	71469,18	3,46
五區	12433	61307,70	4,93
六區	12931	72921,15	5,64
總平均	75536	339832,96	4,50

同時在此次三十二村中之十一村農戶使用田畝之調查，則平均每戶使用耕地畝數，在一

区为四．四五亩，二区为五．一三亩，三区为四．五二亩，四区各村中之最多者为四．二九亩，五区之最多者为四．九一亩，六区之最多者为五．二四亩，而其总平均每户所使用者仅四亩强：

六區十一村農戶每戶平均使用田畝數　（表六）

區別及村名		村中富力	村戶總數	耕地畝數			每戶平均使用畝數
				自耕田畝數	租田畝數	合計	
一區	下埇表	中	67	283·24	14·91	298·15	4·45
二區	田心村	中	[illegible]	[illegible]	160·?6	400·15	[illegible]
三區	雙降村	中	6[illegible]	[illegible]	15?·78	[illegible]·96	4·52
四區	六𤰞村	中	[illegible]	[illegible]·57	10·7[illegible]	2[illegible]·60	4·2[illegible]
	黎少口	中	[illegible]	110·42	[illegible]·8[illegible]	[illegible]6·23	3·87
五區	登儲村	中	75	2[illegible]	83·56	[illegible]05·[illegible]	2·68
	竹林村	中下	6	[illegible]	1[illegible]·73	226·21	4·91
	格木𡋀	中	11[illegible]	[illegible]9·67	2[illegible]·[illegible]4	217·41	1·98
	新　塘	中	[illegible]00	766·[illegible]	191·55	957·75	4·78
六區	知縣村	中	[illegible]7	172·41	73·8[illegible]	246·30	5·24
	祠口咀	中	6	2[illegible]7·[illegible]	97·3[illegible]	22[illegible]·43	4·99
總平均		——	84	26[illegible]1·99	920·09	[illegible]5[illegible]2·98	4·19

从（表五）（表六）分析之结果，其总平均数虽略有出入，但相差甚微，江苏无锡第四区每一农户平均使用田亩为五．三九亩，东三省北满州每户为一六五亩，琼崖为九，九九亩，而罗定则仅为四亩左右，其每户使用耕地之少，于此可见，上述罗定自耕农较佃农为多（见表三）此并不是表示罗定耕地分配均匀之好现象，而是象征其分佈之分散与不足耳！

农民所处之经济地位如何？农村生产关係中之内容又如何？此则视其村中富力及其僱佣关係如何为转移，据此次调查所得，同时又参照陈翰笙先生农户类别之标准而区别为富农，中农，贫农，僱农等，则罗定之农民殆全为贫农无疑，据十一村调查之结果，占有农田二十亩以上者寥若晨星，占有十亩以下两三亩者，则占绝对多数，兹举第五区登储村为例，以明其田亩分佈之概况，该村七十八户农户有所农田之分佈，有如下表：

羅定第五區登儲村七十八戶農戶所有田畝階段分佈　（表七）

田畝階段	0·55	1·00	1·55	2·00	2·55	3·00	3·55	4·55	8·55	15·55	22·55	合計
戶數	11	18	12	7	10	5	4	6	3	1	1	78

從上表觀之，該村農戶占有耕地十畝以上者僅二戶，且二戶中有一戶為太公田，故在七十八戶之中佔有耕地十畝以上者僅得一戶而已；而占有一．五五畝左右之農戶則為最多，由此可見羅定農民因缺乏耕地，幾盡為貧農矣！至於僱傭勞動，在羅定尚不多見，觀乎（表三）則羅定之農業僱傭勞動可說是微乎其微！有之則用耕地較多而家中壯年男子又多出外經商，間或僱若工或長工幫忙耳，至若農僱工經營者，則有如鳳毛麟角，於此可見該縣農村生產關係中之耕地佔有及使用情形之一斑矣。

4．公有田之現狀

所謂公有田者乃指族田（太公田）廟田及學田等而言，此種田在羅定耕地之佔有上占甚重要，據三十二村之調查，除第四區之六個村無太公田外，其餘各村之太公田皆佔有相當多之耕地面積，其中尤以第五區之竹林村及第六區之新樂村為甚，其太公田之面積竟佔全村耕地面積百分之六十強：

羅定六區三十二村太公田占耕地面積百分數之分佈（表八）

太公田占耕地面積之%	0	5	10	20	30	40	50	60	合計
村數	1	6	8	2	6	1	6	2	32

在調查之三十二村中無太公田者僅一村，其太公田之面積佔全村耕地面積百分之五者六村；佔百分之十者有八村，此為最多數，亦即為最普遍之現象；佔百分之二十者有二村，佔百分之三十者有六村；佔百分之四十者有一村；佔百分之五十者有六村；而佔百分之六十者亦竟有二村，此種太公田所佔之地位為如何？於此可見。

太公田本為祭祠其祖先而設，顧宗追遠，使後世兒孫永永不忘其先人；其意良善，但各村中掌管族產者常為輩數最高，年齡最長或前清負有「功名」之輩，族產多由彼輩把持舞弊，甚至將太公田之田租，暗中移作私用，而租種太公田之農民，偶一欠租即在批頭扣除；或將田起回而另覓批；或將租作本按月計利，若貧苦農民借太公穀時，在指定期內仍未清還者，則利併作本，本上加利，至本利相等時，即將農民全部或部份之財產沒收，或停分胙肉，是以太公田祇對掌管族產者為有利，而對於一般貧苦農民，則似無多大利益，故近來各村農民多有主張將太公田出賣，而將其所得價按男丁平均分派者，在黑暗農村中間，此種論調若能實行，亦可幫助減少紳豪們之榨取也。

廟田在羅定所占之成份甚微，至於學田之數則頗然可觀；即以德義菁莪兩局而言，其所占之田畝，雖未得到其確數，但從歷年所收得之租款推算，總在五，六千畝以上，此個數字雖遠不若東莞明倫堂之宏偉，然在偏僻之羅定，領有九，八千畝耕地之地主則是絕無僅有！此種產業，在前清尚與名實相符；每每有獎勵文人學士之舉，但時至今日，則盡違反其本旨矣，每年除撥極少極少部份以補助中小學校外，餘皆移作他用，地方官吏看中此塊肥肉，輒垂涎三尺，多方謀取；土豪劣紳更不待言矣！且以紳豪們每當兩局改選管理委員之際，常出其卑鄙手段而賄選之，近年來兩局之瀕於破產，官紳之侵蝕固是其主因，而管理之不當，亦有莫大之關係焉！

此外如各區之自治團體在昔日為維持自安計，亦置有相當之產業，如第五區之協和當永和當等，皆擁有相當多之田產，但近年來亦如兩局一樣被紳豪們所侵蝕，就其現有力量而言，不特不能維持地方自安，即保護其本身，恐亦力有所不逮！

據調查所得，所有公有田，皆為封建殘餘勢力所把持，對於普通農民毫無裨益，與其益少數之紳豪，曷若將所有公有田平均分派於貧而無告之農民！此固可以使貧農多得一些耕地，抑亦可以消弭社會糾紛於萬一也。

1，地權轉移

近十數年來，全國農村經濟陷於極度破產，羅定之農村不特與全國有同樣現象，且有日加深刻之勢，在此時期，土地問題尤見嚴重，近六年來該縣土地所有權之集中並不見如何顯著，此固因羅定之農民幾全是貧農，而地方上又少有發富之輩，故在此農村經濟極度破產之際，各農戶皆尚是急需現金，而將其僅能維持生活之生產手段——耕地割受出賣或典當，田價惟見其日趨跌落，而承受或承典者則少有其人。據三十二村之調查，五年間田地價格變遷為：五年前一區之普通水田每畝價值為一四五元，今則值九十元度，二、四、五各區之田值亦有同樣之跌落，其中尤以第四區為甚。第四區之鄉民，多謀生南洋，近受世界經濟恐慌之影响，外匯減少，該區內之鄉民感困苦萬分，各將田出賣，但少人過問，是以田價特別低跌。其餘三、六兩區之田價則變動甚微，此亦有原因在：蓋三區則多為圳水田，得天獨厚，無旱災之虞，農民能自給自足，田地轉移數少，其田價自趨穩定；在六區則因該區耕地面積較廣，農民所得之耕地亦較別區為多，故亦能自給自足，田地轉移亦較少 然就一般而言，羅定之田價跌落，實無可諱言：

羅定六區三十二村民23與27年每畝田平均價格表 （表九）

區別	一區		二區		三區		四區		五區		六區		總平均	
年份	23	27	23	27	23	27	23	27	23	27	23	27	23	27
平均	145	90	92·25	77·50	92·50	92·50	153	116	108·33	86 25	110	114	115·17	96·04

上表所指示民23年與27年間，全縣耕田之平均價格在23年每畝為一一五·一七元至27年則為九六·〇四元。五年間每畝田價平均減少一九·一三元即減低百分之一六·六一度。普通說來，田價跌落，本為商人、地主紳豪吸收賣土地實行土地集中之最好機會，但在羅定，此種現象，則少看見。羅定農民殆全為貧農，而其他鄉民暴富者又甚少，此前已敘述，而自民國廿一，二年以來，受着世界經濟恐慌之影响，羅定農村經濟已臻極度破產，復經民國廿五六年之連遭三造旱災，農民更困苦萬分，甚至有採樹根菓核以充飢者，此時之田價，更慘跌落，在一五兩區甚至每畝減至五十餘元，仍少人過問是以近年來地權轉移，雖為數甚多，但購買者則多為中等或新興之農戶，此等農戶且又為缺乏耕地者 至於較富或田地較多之人，則卻步不前。故羅定之土地祇見日益分散，而集中之現象則甚鮮。

綜上所述，吾人不能以羅定自耕農之較多，而斷其為土地分配均勻之好現象，此實由於土地之分散與不足而致耳！大區各農戶平均每戶占有田畝僅三畝強，而各農戶平均每戶使用田畝亦不過四畝左右。至於農戶佔有之田畝亦以占有 ·五六畝者為多數，於此可以証實羅定全縣耕地之分散與不足矣 國際專家拉西曼氏謂：「中國人口與土地分配，倘屬地浮於人；不苦人不得地，只苦地不整理」。此種論斷 在中國其他各地或有如此現象，但在羅定則適得其反。羅定全屬現雖仍有荒地四三，七五九市畝 若以七五，五三六戶平均分此荒地，則每戶可多得〇 五七畝，加上原有使用畝數亦不五畝強，此區區九畝之耕地 焉能給養五口之家！羅定地狹人稠，已成為鐵一般之事實 同時羅定土地底占有，在目前仍帶着極濃厚之封建式的土地所有底色彩，吾人不能以其佃農及僱農數量之稀少或田地買賣可以自由而忽略其土地所有底形態（如族田廟田學田等具有公共性質者，在產權轉移時 必須徵得族長等同意方能典賣）。

羅定耕地既已不足，而在占有上亦帶着極濃厚之封建色彩，故欲解決羅定之土地問題，宜尋對其問題徵結之所在，對症施藥。將求其分散途徑。以管見所及，宜採取下列二法：

1）鼓勵墾荒與徙居；

2）將公有田平均分配於有關係之農戶（如太公田分給其裔孫是）。第一法是屬於政府，第二法則屬人民公意，若政府與人民皆能注意及此二事，則農村土地問題或可解決於萬一也。

四、租佃關係

研究租佃關係之目的，是在更深刻地認識土地問題。故欲決定農業之本質，必須要從農村與農業之主要生產方法及生產關係中去探討。本節所要研究者爲：土地所有者與農業經營者之社會關係，究竟是土地所有者與農業經營者對立，抑是地主與飢餓佃農對立？其所納之地租爲資本主義性之地租，抑爲封建性之地租？確定農村之本質究竟如何，從本節中加以研討，或可明其眞相。

1）佃田手續及使用時期

凡佃農向業主租種田地，多數要訂立租約同時又要交付批頭即押租金。普通佃農租田之初，須找中人介紹於業主，議定租額之後即寫租約。通常租約可有二種，一爲口頭契約，一爲書面契約，然以後者爲普遍，亦有不須契約者但爲數甚微。據三十二村之調查，須訂立租約者竟有二十五村之多，不須契約者僅七村而已。由此可知羅定之租佃制度將由封建社會之身份傳襲關係而變爲商品經濟之契約關係。書面契約之內容雖甚簡單，祇需明畝數，租額，交租時期，年限等。但此只有佃農對業主遵守，業主可將租約更改，而佃農則不能。故業佃糾紛，往往從此而起。此外尚有二種手續，一爲屬於投票定租，租田者按照該田之生產力而用票書明租額，額高者得租。一爲輪租，此無須租約，只按長次房順序輪流耕種，後二種乃屬太公田所取之辦法，私家田則常用前二法。據三十二村之調查，太公田少者常行輪租法，多者則輪佃投票兼用。至於批額節，據三十二村之調查，須繳納批頭者占二十六村，不用繳納者僅六村而已。不但租私家田要繳納批頭，即租與自身有關係之太公田亦須繳納批頭。批頭之高度無一定之標準，視田之肥瘠及租額之高低爲轉移，普通以占全年租額之半爲多。據各區之調查，每畝批頭有多至二十元以上者，然亦有小至三元左右者，其每畝平均之批頭約爲六．01元：

各區批頭（押租金）之高度（單位畝）（表十）

區別	一區	二區	三區	四區	五區	六區	平均
批頭（元）	3.50	10.00	4.63	7.80	5.73	4.60	6.01

租田之使用時期亦無一定：有長至十年八年者，有短至一年或二年者，然以四、五年之租期爲多。輪種之太公田則多爲二年或四年，當田主將地權轉移時，無論租期滿否，佃農即須將該田立刻交還。此在佃農方面則損失甚大也。至若租期太短，則影響於農業之發展甚大，蓋佃農所投下之資本，能於短期內得到再生產之報酬，故其皆不願多投資本及精細管理，因此農業乃隨之而不振也。

2）租佃方式

現在更進一步而研究羅定流行着之租佃方式：關於租佃方式，多採取分租制，定租則甚少。據三十二村之調查，採取分租制者：五區十二村中有十一村行之，六區五村中有三村，二區四村中有三村，一區二村則全採此制。於此可見分租制之普遍性：

六區三十二村分租與定租村數比較表（表十一）

區別	一區	二區	三區	四區	五區	六區	合計
調查村數	2	4	4	5	12	5	32
分佃制村數	2	3	—	1	11	3	20
定租制村數	—	1	4	4	1	2	12

一、五兩區之所以多分租制者，因該兩區無灌溉之利，祇靠天雨，輒易成災。三區則到水田幾占全數無旱災之慮；四區水利亦多；此兩區少歉收，故其田租乃多爲定租制。由此觀之，田租之爲分租或定租實有其自然，條件之限制也。

上述分租與定租，皆屬物租制，此外錢租制亦逐漸興起，力租制仍有存在，但爲數甚少。至於永佃制在公有田方面則多行之，但田面不是永爲佃農所有。當地權轉移時，新業主可隨時將田面收回，此異於其他各地永佃制之田面永屬於佃農者也。

8.田租之形態及其數量

羅定之田租形態亦隨其租佃制度而可分爲物租錢租及力租三種，然以物租爲最盛行；次爲錢租，但此多爲遙領地主，將應得之物租照市價折收貨幣。而非全爲錢租者，此半封建性之地租而非資本主義社會之貨幣地租；至於力租已在逐漸消滅，但未能完全肅清，現姑不具論。據此次調查，繳納谷租之村數有二十四村，納錢租者僅二村，兩種同納者有六村，於此可見現物租是最普遍而盛行者也：

羅定六區三十二村谷租與錢租村數比較表　（表十二）

區別	一區	二區	三區	四區	五區	六區	合計	百分比
調查村數	2	4	4	5	12	5	32	100·00
谷租村數	2	1	2	4	11	4	24	75·00%
錢租村數	—	—	1	1	—	—	2	6·25%
谷錢租村數	—	3	1	—	1	1	6	18·75%

普通說來，物租及力租是封建社會之地租形態，在資本主義社會中，其主要者是採用貨幣地租，從上表看來，現物租佔絕大優勢，然則羅定之地租形態仍帶着極濃厚之封建性，自無疑義。

地租數量是決定地租性質之重要標誌，故吾人研究租佃問題時，對於地租之數量，不可不加以深刻的探討，通常封建性之地租，乃包括全部份之剩餘價值；其所留與佃農者，祇是最低限度之生活資料耳。此種生活資料是相當於資本主義農業經營中之工資部份。

羅定之地租數量在現物租中，分租制度，乃按照預定比例分配全部農產品（此指豐年而言）。遇到歉收，佃農得請田主「臨田看禾」，請其在原定分配比例中，打個折扣。當田主「臨田看禾」時，佃農則盛備酒餚以待；蓋欲望田主大發「慈悲」多減些租額也。但有時，事不從人願，反爲得不償失。分租之租額，普通爲主佃各半，或主四佃六，或主六佃四，據各區之調查，其平均租額，佔正產量之百分率有如下表：

分租中穀租租額之高度　（表十三）

區別	一區	二區	三區	四區	五區	六區	總平均
平均占產量之百分比	40·00	38·75	45·00	33·60	40·42	37·50	40·88

在定租制中，大部份爲依租約之規定數量繳付農產品，然亦有少部份是繳付貨幣者　其繳納農產物者每畝約繳谷一石二斗强，約占全產量百分之四十度（在羅定每畝田普通可產谷三石度）。其繳付貨幣者，租額之數量，總平均占產量價格百分之四一·八九：

定租中錢租租額之高度　（表十四）

區別	一區	二區	三區	四區	五區	六區	總平均
平均占產量價值之百分比	—	43·33	42·00	36·95	44·58	42·60	41·89

羅定租中亦有軟硬租之分，皆屬於硬租者，無論遇到如何災荒，佃農都要照契約規定之租額，繳付地租屬於軟租者則不然，在災荒年頭，仍可請求地主減些田租。

定地租之高度，從十三十四兩表，可見其一斑，但在此吾人應當注意佃農所得到部份產物之中間乃包括種子肥料農具耕畜等類之生產成本，如將此種成本除去，其所剩下者往往不敷維持其一家數口最低限度之生活。故此種地租非但包括全部剩餘價值，甚至連相當於工資之部份仍被其侵犯，故一般說來。羅定佃農之生活皆甚困苦也。

4，繳租時期及其手續

穀租及錢租之繳納時期，多在農曆六，十兩月。太公田之納租期，雖間有在祭祠前或清明節繳納，但亦仍以六，十月繳納爲通行，至於繳納手續，在六，十月收割完竣後，佃農即須送谷上門或送至地主指定之地點，送租幷無減租或給脚之習慣　若是種太公田者則須送至値理（掌管太公數者）家中。錢租繳納手續：若是私人田者在收割後即須上門繳租，是太公田或其他同性質之公田者，則多在祭祠前送至値理家中，斷無欠租之通融，故租種太公田之佃農，往往因不能欠租而忍受高利貸者之剝削！

5，近五年來租額之變遷

羅定之租額，比五年前略爲減低，據此次之調查除三區爲特殊情形外，其餘各區皆略見低減。在一區民23年爲占產量百分之四二，民27年則減爲百分之四〇；其他各區亦有同樣之現象，若將各區平均計算，則民27年時之租額比民23年時減低百分之一强。

民23與民27年平均租額增減百分比較　（表十五）

區別		一區	二區	三區	四區	五區	六區	總平均
平均占產量之百分比	民23	42·00	50·00	45·00	35·00	41·80	39·50	42·21
	民27	40·00	48·75	45·00	33·60	40·42	37·50	40·88
增租之百分比		—	—	—	—	—	—	—
減租之百分比		2·00	1·25	—	1·40	1·38	2·00	1·33

近五年來所減之田租。其數量雖微，但其含有極大之社會意義，若非社會上客觀條件之影响，地主斷不肯減租一粒。上面曾叙述自民國廿二年以還，羅定受世界經濟恐慌之影响，農村經濟乃趨於破產，迨至民國廿五年連年三造，農村經濟更急劇崩潰，因此農民乃多出外謀生　農民之離村日多，地主恐其田地無人批種，同時亦恐貧而無告之農民多滋事端，撼動社會，此對於地主富戶爲不利者，故此彼等乃迫不得已，略降價格，利誘佃農，此乃其減租之主因，非政治力量所能推動者也。

羅定之租佃關係，仍帶着極濃厚之封建色彩，已如上述，因爲羅定耕地之不足，多數農民皆缺乏土地，故常使佃農們屈伏於高額地租之下，任受地主剝削及壓迫！然而，「朽腐的封建桎梏　已經羈束不住憤怒的中國農民；最近各省蔓延着的抗租風潮，就是農民勞動大衆對殘苛重剝削的一個消極的答覆」！設使羅定之地主們不洞悉時勢，不將其高度之租額減至相當之低度（最好減至正產量百分之三十），恐「抗租風潮」之燎源，終有蔓延羅定之一日！

6，田價與田租之關係

羅定田租租額之高如前述，現更將現物租額，折合金錢，或錢租租額　與每畝田價比較，則十數年之穀租或錢租之總和，便可購於每畝田之田價，即積十數年之谷租或錢租便可買受一畝田：

六區三十一村平均每畝田價與每年田租之比較　（表十六）

區別	一區	二區	三區	四區	五區	六區	總平均
田價（畝）	90·00	77·50	92·50	116·00	86·25	114·00	96·04
穀租額	8·00	9·75	9·00	6·72	8·08	7·50	8·18
錢租額	—	8·66	8·00	7·22	7·68	8·40	8·03

從上表觀之，在一區每畝價九十元，每年須繳穀租額爲八元；在二區每畝田價爲七七。五元每年谷租租額爲九。七五元　錢租租額爲八。六六元；在三區田價爲九一。五〇元　谷租爲九元，錢租爲八元，此即是表示：一區每畝田價九〇元每年須繳租八元，即經十一年後，田租之總和便與田價相等，二區每畝田價七七。五

元，每年須繳谷租九．七五元，錢租八，六六元，繳谷者經八年後，納錢者經　年半後，，則租額之總和　即與每畝之田價相等，貧苦佃農，竭盡勞力　繳納十年八年之苛重田租，其困苦必日益加深；而不勞而獲之地主收受十年八年之地租　其所有權，便可擴張一倍以上，佃農終爲佃農或降而爲雇農，苦力，流氓乞丐……，地主則終爲地主，或升而爲大地主，大商人……，社會階層之對立將從此而愈益尖銳化矣！

★表（十八）之田價，爲民國廿七年度之田價（參看表九）。在羅定每年每畝田平均約産谷五石餘（前節言每畝能産谷三石者乃指一造而言，而非一年之産量也），每石谷價以四元計算，依第十三及十四兩表之推算，即可求得其每年之租額。

五、僱傭勞動

1，僱傭勞動之成份

僱傭勞動與農業之發展有莫大關係，即僱傭多者，是表示農業發達而且已達到資本主義化之途徑，否則僱傭少者，是表示農業之不發達而仍停滯於先資本主義之下，或者資本主義正在此種農村社會中萌芽。羅定之僱傭勞者在全體農民中所占之成分如何？所處之地位如何？據三十二村之調查，在八，五五四農戶總數中，僱傭有六三八戶，占農戶總數百分之七．四六（見表三）。比之番禺六十九村二〇，八一〇農戶總數中雇農有二，二〇四戶占總戶數百分之一〇．六；比之黃河流域一帶　二十九處，二二八，三六一農人中有雇農二六，〇七〇人占總人數百分之一一．四一；亦相差頗遠。至於富農之數量，據調查所得在三十二村八，五五四農戶中，其雇用長工者，不過二五一戶，約占總戶數百分之四強（見後面表十八）；而此戶所雇用之長工，多爲一人，其雇用二人之戶數，絕無僅有，同時耕種十畝田地左右之農戶，多雇有長工一人，此乃因其家中壯年人多外出謀生，所有田地自己不能耕作　不得已而出於雇工幫忙之一途，而非企圖雇傭勞動經營農業者也，故吾人不以其僱有長工而即斷定其爲大地主或爲富農。至耕種十畝以下之小農貧農，除在農忙時節僱傭短工幫忙外，餘皆依靠家族勞動，有時或鄰家互相幫忙，此種幫忙不特不受工資，有時連膳食亦在自己家中準備。其互助精神殊足敬佩，在貧小農戶中間，僱用工人，遠不如家族勞動來得普遍，由於羅定僱農數量之過少，及其所處地位之低微，故可以斷定羅定之農業仍未趨發相當之發展而仍未達到資本主義化之經營途徑。

2，僱傭勞動之方式

羅定農業生産之落後　一方面固表現於僱傭勞動之數量，而他方面則又表現於雇傭勞動之性質，有人說勞動方式之發展是與整個農業生産之發展有密切之關係，如此論調爲正確者，則從雇傭勞動方式方面，亦可以推測羅定農業生産之程度爲如何！據此次調査之結果　奴隸的勞動方式（即從小買來之男孩，長大以後變成奴隸；及忠實而年青之長工與主人之婢女結婚後，則同在主人家中，終身服役而幹各種無報酬之工作　）已不多見，據老人家言：在三四十年前，較富之農戶家中　每有終身不去之家丁（所謂家丁即受某種條件縛束而終身在主人家中幹無報酬之工作）　但時至今日，此種家丁制度，已逐漸消滅。其次爲半封建式之雇役勞動及資本主義化之工資勞動，此二者在羅定各村皆甚普遍。茲據調査所得分別論述之：半封建式僱役勞動之形成，是由於（一）農民因缺乏土地而接受半強制性之工作，即每到農忙時期，佃農輒被迫而去接受地主之僱傭。此種現象在二六兩區較其他各區來得普遍　（二）農民因負債而接受債主之強制工作　此種現象在羅定各區皆甚流行，即貧苦農民在冬年時節或遇到急需時，即向地主富戶們舉貸，約定在農忙時以工作抵還本息，在此間吾人應注意者爲債主如有工作時　債務人一定要受雇於其債主，而不能捨其債主而受雇於他人；同時債主所給工資亦較當時流行之工資爲低，而債務人則忍氣吞聲無反抗之餘地，否則必受契約之制裁或遭其他種種之困擾。上述乃指短工而言，至於長工亦有同一之情形：借銀若干元則約定以若干年之工作相抵消。在工作期間債務人不能擅離職守，直至年期滿後，才能恢復自由。（三）農民因缺乏耕畜，而用人力去換取畜力：即地主富農將牛租與貧農看養（貧農取其廐肥），到農忙時，該貧農即須帶牛前來替其牛主工作一至三十天，在習工期內，牛主祇供飯食，而不付工資。同時亦有於農忙時以二天或三天之人力去換一天之牛力者。此種情形在羅定各區皆甚盛行。至於工資勞動之僱傭工人，則不受任何約束（長短工皆然）純依自由契約而傭於他人，工資亦依當時通行之工資而支取，不致受地主富戶們之魚肉而「強減」或「剋扣」。在雇主方面亦可自由僱工，不必限於僱傭有關係之工人。此於雇傭，雙方皆甚方便，不若半封建式雇役勞動之「古板」也。故工資勞動在羅定各區亦極盛行。譚慕樵先生言「華南——尤其是東南各省，資本主義之自由勞動已佔絕大優勢。」今引証於羅定農業雇傭勞動之方式，則其言未必盡是。農奴制在羅定亦間有存在，工資勞動雖甚盛行，但遠不若半封建式之雇役勞動來得普遍，從此以觀，則斷不能說羅定雇傭勞動已趨於資本主義化也。

3、工資之形態

羅定農業雇傭勞動仍帶着封建性，前節已有言及，而從工資形態上，亦能表示其仍帶有封建意味。據三十一村之調查，除貨幣工資外，現物工資仍甚流行，在各村中，長短男工多屬貨幣工資；但亦有些長工工資是以穀物替代貨幣者，短工中之男工亦有以現物替代貨幣，此在四區各村多有行之。至於女短工，在四區多用現物工資，間亦有些用錢，但以當時之穀價折合現錢支付耳，非訂明以現錢支付工資也。其他各區中之女短工其工資多爲貨幣與現物兼用，如在第五區之登悄村，傭傭插秧或割稻之女工，每日除供膳食外，仍須給米半升，錢一角或六分是。此外尚有以土地或畜力之使用權去抵償工資；如租田一畝，每年便要幫地主工作二十餘天，在農忙時，自已之稻雖熟，若地主之工作未完或得不到地主之同意則不能回來幹自已之工作。此種工資形態，其社會性質如何不言而明，至於用二天或三天之人力而換一天之牛力，此種工作之報酬，實在微乎其微，用耕畜來代替工資現在羅定各村已甚少看見。

從上述種種式式之工資形態中，可以看見其社會性質爲如何？通常貨幣工資是最前進工資之形態，資本主義性之雇傭，工人全用此種方式。羅定貨幣工資雖甚盛行，但吾人不能以單方面之觀察而肯定羅定雇傭工人，已趨於資本主義性之雇傭勞動，蓋在貨幣工資中，乃有大部份是包括半封建性之色彩勞役之故也。在交通比較梗塞及離城市較遠之地方，多行穀物工資，此是較落後之工資形態，用土地或畜力而抵償工資者乃是半封建式之雇役勞動，此較現物工資更爲落後，至於奴婢工資簡直是奴隸性之勞動方式，其落後之程度更不待言！

4、工資之數量

羅定雇傭勞動工資之數量，普通皆甚低微；據三十二村之調查，長工之工資，普通每年爲二十元至五十元，就以五十元而言，平均每日亦不過一角三分強而已；然間中亦有在二十元以下者，此則因受到某種約束而致得此低微之報酬，然亦有超出五十元以上而至一百元左右，但爲數不多；其獲如此高薪之原因，則多由於忠實而年年（甚至畢生）都在一個富戶家中工作之故。第一區之赤泥村，有一雇農在一家中服役至三十餘年之久，而其工資現已加至九十餘元，便是一個例証。至於短工，農忙時男工之工資在四區爲最高，每日約爲四角三分；六區爲最低，每日僅二角而已；女工之工資亦以四區爲最高，每日爲三角，次爲二區每日爲一角五分，最低亦爲六區，每日僅六分而已，女工除支付貨幣工資外，仍須另給米半升，名爲晚餐米　蓋女工多不食晚餐之故也，若將該米照時價折合貨幣支付，則四區女工之工資約爲三角六分，二區爲二角一分，六區爲一角一分。農閒時男工之工資，在一區爲二角五分，四區爲二角二分，六區爲一角四分；女工之工資，在四區爲一角八分（已將米價折入），一區爲一角一分。六區爲最低僅八分而已。全縣平均在農忙時男工爲三角一分，女工爲二角；農閒時，男工爲一角九分，女工爲一角一分：

羅定各區男女短工工資比較表　（表十七）

類別		區別	一區	二區	三區	四區	五區	六區	平均
	忙工	男	0.30	0.30	0.24	0.43	0.36	0.20	0.31
		女	0.16	0.21	0.18	0.36	0.17	0.12	0.20
	閑工	男	[illegible]	0.20	0.16	[illegible]	0.18	0.14	0.19
		女	[illegible]	0.10	0.10	0.18	0.09	0.08	0.11

羅定農業勞動工資之低微，從上表可以看見一斑，若與城市產業工人之工資比較，則有天淵之別，例如民國十八年上海各業工人每日之平均工資計有七角一分，就以工資較少之棉紗工業而言；其工資亦有五角五分，此已高於農忙時短工中最高之工資，若與農閒時短工之工資或長工平均每日之工資（約一角三分）相比，便要高出幾倍，在此對比上，吾人可以看出羅定之雇農如何過着其比較城市工人更慘淡之生活。工資之低微，直接固不利於雇農，卽簡接亦不利於雇主，蓋工資跌落結果農村購買力薄弱，農產物價格低降，雇主亦隨之而蒙受損失。

工資數量乃與工資形態保持着一定之聯繫；普通愈落後之工資形態，則其勞動報酬亦愈益低微，如上所述租種一畝之田，便須替田主工作至一十餘天之多，以二天或三天之人力而換一天之牛力；雇農娶雇主之婢女爲妻，便須終身在雇主家服役；在此微薄之報酬中，吾人不難看出雇農們所忍受之悲苦生活！

由於工資之低微，雇農終爲雇農或降爲苦力，甚至於其生活無法維持時，挺而走險，以至流爲匪寇；由於封建殘餘勢力之壓迫過甚，雇役農民再難忍受其慘酷之壓迫，必設法打破其頸項上半封建之枷鎖而求達到康莊大道！有此二動因，羅定之農村社會在不久之將來，難保其無險惡之轉變；爲避免此種危機之發生，宜稽其結癥之所在，而設法調整之，則此種危機自可消弭於無形矣！

六、農業經營

1. 經營形態

羅定農業經營之形態，可由經營面積及農業勞動二者以決定之，羅定人稠地狹，耕地面積不多，已如前述，若以全縣而論，其農業經營之平均面積，還在其他水田區之下，較之華北各省更爲狹小，據三十二村調查之結果：一區每戶平均經營面積爲四・四五畝，二區五・一三畝，三區四，五二畝，四區四・〇八畝，五區三・五八畝，六區五・一六畝，而總平均僅四畝強（見表六），但在華北黃土區之河南輝縣四村各類農戶之經營面積其最少者亦其十畝以上；華南水田區之廣西二十二縣之平均，每戶耕地面積其最少者爲蒼梧道，但亦有六・八畝，卽就德國以小經營馳名之巴登（Baden）地方而言，每個經營之平均面積，亦有三・大公頃（約合六十三中畝），從上述各對比上看來，可見羅定農業經營每戶平均面積，確是狹小不堪，經營面積既如是之小，其農業經營，焉有較大規模之經營者耶？

其次吾人再從農業勞動方面而觀察羅定之農業經營是屬於何種形態？在各區佔有小小耕地之農戶中，不但壯年男子要到田間工作，卽其妻小孩，甚至年邁之祖父母亦要同往田間操作。近年來因爲農村經濟瀕臨破產，村中壯年男子，多出外謀生，因此女性參加田間工作，更占重要位置，據三十二村之調查，女性參加田間工作者皆多於男子，有些村落，甚至占十分之八九，而男性則僅占十分之一，二而已，六區鳳山鄉便是一個例証，但有些農戶，因爲耕地較多（十畝左右），而家中壯年男子，又已出外謀生，在此情況之下，則間有僱傭長工或短工幫忙，故僱傭長工者非卽爲大規模之經營也。且各村農戶僱傭長工之數量又甚低微，在此點上，更足證明其無較大之經營。在六區三十二村八・五五四農戶中，僱傭長工之戶數，有如下表：

六區三十二村農戶僱傭長工戶數表　（表十八）

區別　戶別／農戶數	農戶數	自耕農	佃農	小計
一　區	160	23	——	23
二　區	1242	82	3	85
三　區	444	38	——	38
四　區	1701	104	5	109
五　區	1582	72	——	72
六　區	425	24	——	24
合　計	8554	343	8	351

在所調查之八，五五四戶中，僱傭長工者僅三五一戶，約占總戶數百分之四強。其僱傭勞動如何低微，從此低微之農業僱傭勞動中，則反映出家族勞動之重要地位，然此三五一戶之僱主，佃農雇長工者僅八戶，餘皆爲自耕農僱傭，而在自耕農中，又因不得已時（如家中壯年男子出外謀生或其他原因），始雇工幫忙，並非因其所有農地多到自已不能盡耕或在實行集約經營而特僱工經營者也。

經營面積之狹小，家族勞動居於農業勞動之首要位置，因此便構成典型式的細小農業經營，此種細小經營便鑄成羅定農業生產底形式，決定羅定農業前途底命運！

2.經營技術

羅定之農業經營者全爲小農及貧農經營，已如前述，至於農業經營之技術，亦隨其經營面積之過少及資金之缺乏而仍株守着其祖先遺下來之經營習慣，農業機械之未能引用，耕畜之缺少，固是農業經營技術落後之徵象，而耕作法之蠢笨守舊，化學肥料之未經引用，諸如此類，皆足以影响於農業之發展；以栽種水稻而言，在各村中，當春水起之時，乃用畜力將田犂起，再將田耙熟；如無耕畜者，即以人力將田鋤起，用小鐵耙將坭團弄成糊狀，此種耕作法每人每日僅能將七，八分之田弄好，即一人弄一畝之田需要三或四日始能竣工，若在雨水幾微之時，等至第四日則田水又告涸矣，無耕畜無機械，其工作效率之遲緩，於此可見！稻田弄好後乃用人工分秧，中耕除草全靠手足耕耘，收割禾稻亦是用人力爲之，其工作效率皆甚低微，排水灌溉更無設備，遇雨時，則水積而不去，抗旱時，則禾田任其龜裂，稻作之生長皆聽其天命雖間有用人力以行灌溉，但「杯水車薪」，何能濟事！病蟲害之防除更談不到，如有此種現象發現，亦惟有聽其天命！至於肥料，則多用堆肥，厩肥及人糞尿等，化學肥料固少人引用，即豆麩牛骨亦僅限於較富之農戶才有資格購用，其他貧農則無力施用矣，種子亦是沿用歷祖用開之種子，固未知改良，亦不知採用優良品種，對於水稻是如此，對於他種作物之耕作法，亦是同一現象，由此觀之，足徵羅定農業經營技術之低下與落後也

3.農具及耕畜

農業機械之未能引用，耕畜之缺少，前已略言之，茲再分別申述於下：因爲羅定之土地過於細分，不適於引用新式農業機械，此種論調，固「言之成理，持之有故」，而其主要之原因，則在于羅定農民之購買力薄弱，無力購用新式農具，羅定農民殆全爲貧農，前已屢述，其每年收入之數甚微，而一副新式農具之價值動輒百數十元，甚至千元以上，以微少之收入，何能購此高價之農具，故新式農具之不能爲羅定農民所引用，其主因即在于此，新農具已不能購用而其普通所用者爲何？據三十二村之調查，整田皆用土製之犂耙，及钊鎌鋤頭等物。灌溉則多用木製脚踏之「龍骨車」或用「調桶」；在近河之處，則多用「自動水車」，該車因流速而轉動，遂

將河水撥於河堤之上，此種「水車」以作者眼光觀之，在羅定所有各種農具中，算是最進步而最有價值之農具，但「水車」之成本頗貴，每造一個，輒需數百元，此非一二農戶所能做到，必須合一村或數十農戶之力始能爲之；然蓄水在近山之處，間有行之；此外則無別項設備矣，其灌溉用具之缺乏，與灌溉方法之低下，莫過於此，至於選種用風，施肥用手，收割用鐮刀等，此更爲普遍之現象。

農具之概況，已如上述，而與農業經營有最密切關係之耕畜，在羅定各村中亦頗成問題，據三十二村之調查，在八，五五四農戶中，無耕牛者五，一一六戶，占總農戶百分之六十弱，有一頭耕牛者三，一二六，佔總戶數百分之三十六強，有二頭者二九四戶，占總戶數百分之三強，有三頭者爲數甚少僅十八戶而已約占總戶數百分之〇．二一，合計八，五九四戶共有耕牛三，七六八頭，平均起來不特一家農戶得不到一頭耕牛，即兩家農戶合攏計算，亦得不到一頭耕牛，可見在使用上之耕畜，不特不發達，而且還在十分缺乏，在革命前之俄國有一頭耕畜者，已被列爲貧農，然則羅定農民如此缺乏耕畜，其殆爲貧農，又是一鐵証：

羅定三十二村八，五五四戶耕畜之分配　（表十九）

類別	無耕牛	一耕牛	二耕牛	三耕牛	合計
戶數	5116	3126	294	18	8554
百分比	59·81	36·54	3·44	0·21	100·00
牛數	—	3126	588	54	3768
百分比	—	82·96	15·61	1·43	100·00

上表中無耕牛之人家，殆全爲貧苦農民，而有二耕牛以上之人家則多爲富農；後者不但占有較多之耕畜，而且佔有較好之耕畜：在各村中有二頭耕牛以上之農戶，其耕牛殆全爲大水牛，而貧農所有者大多爲較劣之黃牛。

近年來農村經濟破產日益加甚，無耕畜之農戶亦隨着而增加，貧苦農民既失去耕畜，因之其對於地主富戶之依賴乃愈深，耕牛租借之燎原在羅定已在漸蔓延起來；無牛農戶租牛一年除負飼養之責外，仍要納谷一．二百斤或納銀六．七元或替牛主工作二．三天，亦有租牛一天須還人力二．三天者，凡此種種牛主們皆藉牛力而加深貧苦農民之剝削。

4．作物及副業

羅定之農業經營殆全爲細小經營，已如上述，細小經營亦即自給自足之家庭經營，其收穫物除繳納租稅外，餘皆以供給家庭消費爲主。因此其所經營之作物亦以視家庭之需要與否而定去取，故在羅定各種之作物，最多者爲稻，次爲豆、麥、薯、芋及落花生，再次則爲甘蔗及玉蜀黍、高粱，粟等雜糧；特用作物如烟麻等在羅定各地已不多見；桑樹栽培，在民國十一．二年曾盛極一時，但現在已盡化桑園爲稻田矣。果樹園藝，除沿河邊之處，間有栽植外，則無人專以此種作物爲經營之目的者也。

至於副業，普通說來，耕地愈狹小之地方，則其農民對於副業之依賴亦愈切，在羅定亦有同樣之現象，羅定各村之副業雖不甚發達，但各農戶之小心經營，可見其對於副業期望之殷！據查各農家之副業，最普遍者則爲猪雞，此二種家畜，無家無之；手工業除日用必需品間有些農家製造供給外，餘則少見，紡麻織布，在各村雖多有行之，但純爲自織自衣，非商品性質，故農家副業，在羅定各村中祇爲求自給而經營，非有大批之物品出售也。

綜上所述，羅定農業之不發達，甚或轉於落後，究其原因乃由於經營面積過小，農業技術落後，與及農具陳舊耕畜缺乏等而致；同時亦因帝國主義之種種侵略，及受封建殘餘勢力之壓迫過甚，致令農業經濟無法抬頭，在此種種情況之下，不特新的農業不能興起，即舊有之農業，恐無法維持：結果羅定之農業，惟有用典型的細小經營方式在先資本主義之下蠕動，其發展猛進之機會，是微乎其微！

七、農村金融

1、金融流通之種類

關於羅定農村金融流通之種類，據調查所得約有下列數種；

a.信用貸款：以借款人平時之信實行為聲望等為資金之担保。而無須實物為之担保也。此項貸款又可細分為借錢還錢，借錢還谷，借谷還錢，穀還穀諸類，而以借錢還錢為最普遍，在調查各村中幾乎無村無之。借錢還錢須加付利息，利息是以月利計算。高低不一，普通以二至三分為最多，但亦有高至四分以上者，借錢還谷者其利息亦以谷清償之。借谷還錢此亦為極普通之事，農民每於青黃不接之際，輒向富戶們借谷，於收割時乃忍痛將谷物平沽換取現金清還富戶。所還之本，乃按借時之谷價計算，并酌加利息以清償之。借穀還谷亦為羅定各村所常有者，普通於三，四月借谷一石、在六、七有清還時，則須繳過一石五斗，或一石八斗。

b保證貸款：借款人除自身之信用外，尚須有人証或物証；物証；物証則以單據保証為通行，但在單據中仍須覓中人簽名担保，此種借貸多行之於佃農，蓋佃農缺乏土地等為貸款之抵押品之故也。

c.質物貸款：此種貸款法，簡而易行，為羅定鄉村中極普遍之貸款方式。其所質之物，以衣服被褥手飾及農具（如耙鋤）等物為主。

d.抵押貸款：農民如需較大量之款項時，輒以土地房屋等為抵押品而向富戶商人們舉貸。

e.賒賬質賣：在平時農民因缺乏資金輒向附近之商店，賒賣貨物。至收穫期店主即派伴携帶量衡到各欠戶家中，農民即以穀物清還店賬，賒予農民之貨物，店主必將其價格抬高，新穀登場時其價格必跌。在此對比上，商人與農民之得失各為如何？可想而知！

2.金融機關

新式金融機關在羅定仍未有發生長成。現所有之金融機關，殆全為舊式者。據見聞所及，約有典當、合會、商店、私人借貸等種，茲分別述之如下：

a.典當：羅定農民殆全為貧苦農民。此等農民其收入固微，在豐年或可免飢餒。一遇災荒歉收，或遭外事件，即須告貸以濟眉急，於告貸無門時，即以衣服等物典當抵款，故當舖之在羅定，實為融通羅定農村金融之唯一機關。當舖之戶數 雖未經調查，但通常在城市及人烟稠密之鄉村中，皆有當舖之設立。如在羅城有仁成當，福安當，福裕當；在泗綸有永裕當；在素龍有協和當，永和當，永益當；在羅鏡有萬福當；在第五區之潭井鄉有興福當等。但近五年來，因受世界經濟恐慌之影响，同時亦因餉捐抽剝過重，不但新當舖不能組織開設，即原有當舖先後歇業者為數亦不少。如羅城之萬益當，人和當，潭井鄉之興福當等，皆於前數年歇業者也。當舖歇業愈多，則農民貸款之門徑愈少，而受高利貸者之剝削亦愈深！

典當之利息，在三年前皆為月利二分，但近因餉捐過重，已增至月息三分矣。官廳向典當業主人課以重餉苛捐，彼輩斷不肯自願吃虧，乃將此種重量餉捐轉嫁於貧苦農民之身上，如月利增高便是餉捐轉嫁之例証。典當之期限全為三年，如到期不贖，該當舖即有權將過期質物拍賣。

b.合會：合會在我國舊式農業金融機關組織中是一種比較合理之辦法，因為合會設立之手續簡單又無抵押品；會費較少農民易籌，利息又較借貸典當為低，故農民皆樂行之，是以在羅定各村皆有合會之組。設小者合十數會友為一會，此即如有農民因某項急需時，乃邀集叔侄戚友十數人湊成一會，每人聚款若干元（多為五元至十元），該款即為邀會者先得，以後則標收之；此種小組織幾乎無村無之；大者合千數百會友為一會（（內分若干組每組若干人），此種大合會之邀集，多為公共團體發起邀集之，其首次所集得之款，即為謀該團體事業之發展。如潭井鄉興福當大會，每次邀會輒在千份左右，在此一千份會友當中，則分為三十餘組，每組約為三十餘人，其首次集得之款即充作該當舖之基金；又如六區大人廟之合會，其會份之多，亦不亞於再福當之大會，上述各合會皆為搖會，年開二次，於六，十月收割完畢後行之，其收會款之方式乃採取標會法，以出利息高者得之（即如百元之會以願收會款少者得之），收款之時期，在六月標得者則十月收，十月標得者，則明年六月收之。開會時，會首輒備酒餚以供會友飲食，其費用則在收會款者之款項內按照會份之多少而扣除，此即所謂「扣東」也。

合會之利息較低而又無須抵押，上已言之，但天下事，不能十全其美，有利亦有弊；合會之弊乃在時間太長，會員間之關係不易維持，一旦瓦解，毫無保障，或因會首執帑（會費）不力而中途廢止，致令未得會之會友，血本無歸；同時，合會在性質上，僅為少數較豐裕而有信用之農戶，可以利用，至於大多數之貧農，則被擯於此種組織之外，前潭井鄉興福當大會當其集會之日，有一貧農遣其子弟持款前往請求加入，但卒被拒絕，於此可以證明合會祗為少數較為富有農戶之金融機關而非一般貧苦農民大眾之金融機關也。

c、商店：在交通不便，僻鄉小鎮，典當業不易伸展其勢力之地方，除合會為其唯一之金融機關外，尚有商店亦為其融通金融機關之一，此種店商，除經營其本身固有之業務外，乃兼營放款事業；農民於需款或缺糧缺肥之時，常以農產品作抵押而向普通商店借錢或賒糧賒肥，或賒買其他貨物，此種現象，在羅定各村皆甚普遍，但商人所取之利甚高，農民雖無可奈何之中，不得不忍受其慘酷之剝削！

d. 私人借貸：此種借貸在羅定之農業金融融通上，極為普遍。凡有叔伍戚友之關係，或有相當之熟識者，皆可互相借貸，但須有相當之抵押品及保人，同時並須寫立契約及揭單，至其利率通常甚高，最低者亦須月利二分左右（關於高利貸情形待下章再為詳述）；至於借糧亦須納利，其利率常比現金借貸為高；借牛借農具亦須納租，總之農民不提「借貸」二字則已，如一提則「借貸」二字，則須忍受種種之剝削也！

3、金融恐慌之成因

近數年來，羅定之農業金融已陷於極度恐慌之狀態，其所以致此者，乃由於出入貿易之不能均衡，羅定之出口貨甚少，本不足以言均衡，但在五年前每年尚有華僑匯數百萬元回羅，稍可補出口貨收入之不足，近年來因受世界經濟變動之影響，華僑款項匯回者固少，經民國二十五年連旱三造，其時向外購買之糧食不下千數百萬元，同時外貨又充斥市場，計每年所付出之貨款亦不少，在此收入與付出之對比上，統計每年須要出超百數十萬元。羅定之農村經濟，本已是先天不足，對于後天若不加以調理，任此貧血症，恐其命運在不久之將來，必有急劇之變化！其次農村副業之不振，賦稅之繁重，田租及高利貸之剝削，都市資金之集中等，亦為農業金融枯竭之要因也

今後補救羅定農村金融之途徑，有以積極或消極之法反抗資本主義者之經濟侵略及掃除封建殘餘勢力之種種剝削；其次宜提倡副業，再次則為改善舊有農業金融機關 或籌設農民銀行，農業信用合作社與新式農業金融機關，以利貧農借貸，若能如是 則羅定之農業金融或能甦生也。

八、剝削作用

1、農產品貿易之損失

在資本家與資本家之間或小生產者與小生產者之間，其商品交換普通乃以等價交換之原則，在羅定縣內雖無較大之資本家或帝國主義者之代理人——買辦階級，但富戶商人仍擁有相當大之勢力，彼等利用其經濟上之優越地位，利用農民之貧困，乃採用不等價之交換方式獲得超額之利潤，故羅定農民在農產品貿易過程中，所蒙到之損失，頗為可觀！

農民出售農產品，每須經過數重中間剝削，因此市集與農村中之農產物價格，常有極大之差異，普通在交通不便或離市集過遠之偏僻鄉村中，其農產物價格落顯甚大，富戶商人乃利用此弱點，每在鄉村中以廉價收買農產物而運往商業繁盛或交通方便之市鎮發售

，在秋冬收穫期間或三四月青黃不接之際，商人常在各村或小市集收買谷粮運往鬱南屬之連灘及都城發沽，在此一轉運上，商人便可得到肥厚之利潤。

農產物價格除在地域上有差異外，而在時間上亦有極大之差異，普通大多數之貧苦農民，因急於還債完粮，常在收穫後，出賣大部或全部農產物，富戶商人即利用此弱點，每到收割時候，故意將農產物價格壓低，農民們明知此時出售農產是吃虧，但被債主稅吏追迫，不得不忍痛求售，故羅定之米粮價格，在收穫前後相差甚大；近兩年，在收穫後每石谷價約四元，但在青黃不接之春荒時期，則爲七元或八元不等；前者爲農民所出售，後者則爲富戶商人所出售而爲貧苦農民所必需，前後不過數月，便在貧苦農民身上掠奪倍價之厚利，轉瞬間，農民之損失爲何，可想而知！

其次在度量衡方面亦有極大參差，此亦爲富戶商人之剝削貧苦農民之唯一辦法。如第五區素龍墟之米。農民担來求售時米商即以大升糴入，及至賣給另一農民時，則以小升糶出，兩升之差異約在百分之廿左右，同時其賣出時之價格亦異爲提高，在量器及價格之差異上商人定獲到大利。又如該墟之猪秤，亦大小不等，農民賣猪時商人即以大秤（每百斤約大十餘斤）秤入，鷄秤亦爲包二五秤即每斤大四兩，其他各市集亦多有同樣現象，在此量衡不統一之社會下，農民實蒙受損失不少。

從上述各事觀之，羅定之富戶商人，亦與中國其他各地農村之富戶商人一樣的不根據利潤平均法則而來取得資本主義性之商業利潤，而憑藉其在鄉村市集上之特殊地位，破壞價值法則而對貧苦農民實行最殘酷之剝搾！

2·賦稅之繁重

「中國財政制度——尤其是地方財政——之特色，在收入方面絕大部份是從農民身上得來。」羅定農民除受高額地租及農產市場之剝削外，繁重之田賦及苛雜之捐稅，亦是該縣農民肩背上重大之枷鎖！就田賦而言：經民國二十三年清丈田畝，一再復評後，現評定全縣爲一二〇，二八五元（見羅定督征處田畝册），羅定共有七五，七三六戶平均每戶負担田賦爲一·五九元，共有耕地三三九，八三二·九六畝，平均每畝耕地須繳付地稅〇·三六元，此數字雖不算大；但在田畝清丈陳報時，地主富戶們，藉其潛勢力勾結辦理田畝清丈人員，水田當旱地報，肥田當瘠土報，於無形中，其田賦大爲減少，而所減少之田賦，則移於貧苦農民之身上，即貧農之貧地，甚少得到合理之賦率，肥田之賦率，因高於地主富戶所有者，即瘠田旱田之賦稅，有時亦當肥田計，從此種關係中推算，則貧農每畝之田賦當不祇三角六分。如第五區潭井鄉每畝田賦多評定爲五角及八角，查該鄉之田地，多半爲岡田，梯田，垌田甚少，其賦率竟有如此之高。貧農之田賦增加，在其相反方面，則佔有優良田地之地主富戶們之田賦必然減少。此即愈貧者其所担負田賦之比重亦愈大，除正賦外，仍有附加稅，如前數年之縣署建築費，公路建築費，及最近之救國公債，國防公債，自衛團訓練經費等，皆按照田賦分配征收，統計此種附加約佔正賦百分之六十以上，即納賦一元須繳附加費六角餘。田賦如是之重，貧苦農民忙碌終年之所得，除生產成本及繳付賦稅外，尚餘幾何?!

此外苛捐雜稅，在羅定甚活躍：其最大者有營業稅，印花稅，菸酒稅，鹽稅，各種貨物捐等，此種捐稅雖爲對商人而設，其實商人不過居間人而已，彼輩斷不肯本計稅項而將貨物照本賣給農民，必將成本加上利息，再加上稅款然後另訂新價發售，轉瞬間，所有捐稅便由商人身上而轉嫁於貧苦農民大衆之身上；此爲農民間接所受到之苛捐什稅。至於直接向農民身上剝取者：有戶口捐，稅契附加捐；出賣農產品時，則有猪捐，如屬劏賣者則每頭猪須納屠猪捐三角；買賣耕牛亦要起票，每票費用約爲四角，如不起票則當偷買偷賣論，一經查出，須受極大之處分，該票爲區公所所發，所得之款亦歸區公所；至於出賣谷物，亦須繳納稱錢，每石谷須交三、四分等；稱錢及猪捐等項款亦是歸區公所。總之農民不出賣農產物則已，一經出賣，必寓有捐稅於其中！

農民在繁重田賦苛什捐稅重重壓榨之下，欲求反身，不啻「緣木求魚」！此種情形恐不祇羅定一縣是如此，其他各縣各省甚至全中國想亦有同一之現象，故今後爲解除農民痛苦，調整全國經濟機構，中央當局非有最大決心最大計劃去「減輕田賦」及「廢除苛雜」不爲功！

3·高利貸之剝削

收租放債爲地主富戶之兩條生財大道，而在他方面則是貧農頸項上兩之條大鐵鍊。羅定田租額之高，田賦捐稅之重，農產物不等價之交易，諸凡此類無一不使農民日益困苦者，農民既受封建式地租之剝削，又受繁重賦稅之搾取，而終年勤勞所得之農產物又維持復遭富戶商人所操縱，在此重重剝取之下，其不走高利貸之途以其生活者幾希！據六區三十二村之調查：負債最多者爲第六區之農民，在調查之四二九農戶中，負債者有二六八戶，佔總戶數百分之六三·〇六；最少者爲三區，在四四四農戶中，亦有一九五戶，佔總戶數百分四三·九二；總計六區三十二村八五五四農戶中，負債者四·七五八戶，佔總戶數百分之五五·六二：

六區三十二村農戶負債統計表 （表二十）

區別	一區	二區	三區	四區	五區	六區	總計
調查村數	2	4	4	5	12	5	32
農戶總數	160	1242	444	4701	1582	425	8554
負債戶數	87	683	195	2542	981	268	4758
負債戶數對總戶數之百分比	54·38	55·15	43·92	54·08	62·01	63·06	55·62

從上表觀之，農民負債者竟在半數以上，於此足見羅定農民經濟狀況之困難矣！農民之經濟愈困難，則其受高利貸者之剝削亦愈劇烈。羅定現行之借制度中，糧食借貸幾乎仍與貨幣借貸佔着同樣之重要地位，自然，此種落後之借貸形態，常常伴着最殘酷之剝削方式，例如時期之短，利息之重，凡此皆爲糧食借貸之特色。據三十二村之調查，糧食借貸無村無之，其借糧時期多在青黃不接之谷荒時，向富戶們舉貸，於秋收後即行還之，其中時日僅三，四個月而已，至其利率，普通比貨幣借貸爲高，如借穀一石，還時須付利穀三斗，此爲最低者，但以繳付五斗或六斗爲最普遍，亦有高至八斗或一石者，在此短速期內而竟須納利穀五，六斗，其利息之高於此可見，據三十二村之調查，其借穀利率高度之分佈有如下表：

六區三十二村借穀利率高度之分佈表（表廿一）

百分數	30%	40%	50%	60%	70%	80%	90%	100%
村數	1	7	12	9	1	2	—	—

羅定農村中貧苦農民之多，前已述及，彼輩爲着種種之需要，每在收割後出賣全部或大部份之谷物，輪到谷荒無法維持生活時，迫得向地主富戶商人們借穀渡日，因此糧食借貸在貧農階層中，特別來得普遍。

貨幣借貸普通可分爲長期短期兩種：長期者須用土地或房屋爲抵押品，數額較大，每年繳利一次，如不欠利，借期可延至十年以上，如屢欠利者，經過若干年後，本利累積，無力償還，債主便可以沒收其抵押之土地或房屋，或添幾塊錢變成絕賣，如此買來之土地或房屋，其所出之代價，常比普通之地價或屋價爲大抵而特低，貧苦農民於無可奈何之際，祇得忍痛割愛，復有何言！短期借貸不一定要有物品抵押，但數額較小，利率較高，此種短貸，在羅定則不若長期貸之盛行。至於利息，無論長短期貸，普通月利皆在二分以上，但近受世界經濟恐慌之影響及經民國二十五年大旱後，農村金融達到極度之枯竭「於是富戶商人乃乘」機將利息提高，據三十二村之調查，近五年來之利息皆已起至三分以上，甚或有超過四分而至五分者，於此足見高利貸資本剝削之慘酷矣！但高利貸者之剝削作用，并不止於此，而仍有更甚之搾取者，此乃貨幣作用在其中作祟也。關於此點王宜昌先生曾有痛切之論及：借貸時如果是用貨幣，則在向市場購買時爲實物商人所剝削，如果是用實物折價計算時，便爲債主提高了物價；還債時，如果用貨幣、則用賣農產物，此時須受買物商人所剝削。如果用實物時，則又爲債主抑抵物價以便折算。借貸時農民是非貨幣所有者，債主則是貨幣所有者。貨幣在一轉移間，甚至未有實際的轉移而是名義上的轉移便榨取了農民。故無論其爲貨幣或穀物，祇要有借貸動作之表現，農民即被高利貸者慘酷之剝削！

此外農村商人之賒賬在羅地各村亦極盛行，其變相利率之高，亦不亞於貨幣谷物借貸之利息；其利用農民無錢購買肥料種子或春荒缺糧等機會，乃實行將肥料種子糧食鹽油等物賒賣，約定收獲以後，將農產品賣給債主，此時農產物價格自不免要受店主們操縱，此種商人除壓價收買農產品外，同時又故意抬高賒賣商品之價格，此種高利貸比貨幣或谷物之高利貸更來得黑暗而慘酷！蓋後者爲有形有影之高利貸，而後者，則在不知不覺之中，被農村商人剝奪極大之利潤也。

因爲羅定農村金融機關之缺乏與不良，故使羅定農民常屈伏於高利貸之下而喪失其土地；長期借款須以土地爲抵押，已如上述，但近農村經濟崩潰之影响，耕地價格已大爲跌落：如一區在民國二十三年，平均每畝爲一四五元之稻田，現在祇值九十元，即以全縣平均計算，在民國二十三年每畝爲一一五·一七，而現在祇值九六·〇四元（見表九）。據六區三十二村之調查；每畝稻田之押價，四區爲最高，平均每畝一一六元之稻田，其押價爲七八·九元，佔田價百分之六八·〇一；六區爲最低，祇佔田價百分之三四·六三；而全縣總平均每畝押價亦不過佔田價百分之四八·九九而已；

六區三十二村每畝田價押價比較表　（表廿二）

區別	一區	二區	三區	四區	五區	六區	總平均
每畝田價（元）	90·00	77·50	92·50	116·00	86·25	114·00	96·40
每畝押價（元）	35·00	43·75	45·64	78·9[illegible]	39·54	39·48	47·05
押價對田價之百分比	38·88	56·45	49·34	68·01	45·84	34·63	48·99

田地爲農民唯一之生產手段，若失掉田地，農民之家庭生命便告終結！羅定本爲缺田之區，若不設法防止土地之喪失，則農民便無立錐之地！是以在農民方面，其自身亦竭力設法避免或減少上述現象之發生；因此在羅定各村中，皆有「合會」之組織，足見羅定農民是如何在掙脫高利貸之剝削，如何在設法避免其唯一之生產手段——耕地之喪失！

九、結論

中國是以農業立國，故農業經濟實佔中國經濟之重要地位，今日中國經濟問題之難於解答，亦即農村經濟問題繁複之表徵。羅定農村爲廣東農村之一區，爲中國農村經濟之一小部，諺云：「麻雀雖小，肝臟俱全」，其情形之錯綜，因果之維繫，實中國農村經濟問題具體而微者也，據此次調查分析之結果，對於羅定農村經濟底特質可概括述之如下：

1.人口過密與耕地不足，農民失地失業爲近年各地之普遍現象；羅定全縣耕地面積共約三三九，八三二·九六畝，而全縣人口則爲三五二，〇六六名，若以人口總數除耕地面積總數，則每人所得之耕地不及一畝，僅九分六厘而已；即以每畝每造能收穀三石計算，全年統計亦不過五石餘而已，是項出產，其能維持一人之生活乎!?

2.耕地之細分：羅定村戶合計每戶平均使用耕地僅爲四·五畝，在第五區之登榴鄉七八農戶調查中，由五分五厘至二畝五分五厘老農戶，佔絕對多數，二十畝以上者僅得一戶；且地塊之分劃亦甚碎小，每塊多者爲三分至一畝左右；此種情形，於農業生產發達之前途，實多障礙！

3.公有田之被操縱：羅定所有公有田不論爲廟產，學田，族田，皆爲封建之殘餘勢力——土豪劣紳等所侵佔，貧苦農民不得其實惠。

4.地租之苛重：羅定之租額無論爲錢租或穀租，其額度皆超過正產額百分之四十以上，農民終歲勤勞所得，，除成本與繳付地租外，便一無所有。

5.農業雇傭勞動工資數量之低微：據三十二村調查所得，在農忙時，男工每日之工資僅爲三角一分，女工爲二角；農閑時，男工爲一角九分，女工爲一角一分；至於長工每年則多爲二十元至五十元；工資如是之低微，則貧苦農民終爲貧苦農民，永無反身之日！

6.經營技術之落後：羅定農民對於農業耕作法，皆繩守舊法其操作固爲簡陋，然此祇爲簡單手藝之熟悉，其離科學技術實甚遠，故其農業之不能發展，非無因也。

7.耕畜之缺乏：據三十二村之調查，在八，五五四農戶中，共有耕牛三，七六八頭 平均計算每戶得不到一頭耕牛，可知耕牛之缺乏 在羅定各村中 實爲極普遍之現象。

8.副業之不振：在羅定各村中，農民除耕作外，祇養些豬雞鴨及紡麻織布等，此外便無別項小手工業，副業之不興，影響於農家之收入甚大。

9.灌溉設備之缺乏：除二，三，四，六各區稻田 有些河水可以供灌溉之用外，其一，五兩區及離河較遠之地域，皆「望天搵食」苟天雨偶爾不匀，便成歉收。

10舊有農村金融機關之崩潰：農家窮困，農村破產，終至農村金融機關崩潰，無論是借貸典當或合會等機關，現在皆是停止者停止，破壞者破壞，因此農村金融更無法流通，益見枯竭，終使農民愈益困苦！

11借貸利率之過高：羅定農戶經營農業，其所獲利不足者甚屢，故貧農欲求維持生活祇有出於借貸之一途；但借貸之利率，無借錢或借穀，其月利皆在三分以上，在錢借中甚而有高至五分或借中有高至八分者，而農業生產實不堪受如此之盤剝；因此到還債時而不能償還者便祇得「借債還債」，由是債台高築，利上加利，農民之經濟乃愈趨貧困，破產！

12農產買賣之不公：羅定農民，每於收穫後，將大部份之農產出售，以便還債完糧等之用，而農村商人則利用農民貧困之弱點，抑低價格，操縱農產市場，及至春荒農民需糧時，又抬高價格賣給農民，此種不公平不等價之買賣，便是農民直接所受到之莫大損失，本來經濟已不充裕，今又復遭此種剝削，貧苦農民，可謂苦上加苦矣！

13賦稅之繁重：目前羅定所徵之田賦不均每戶約爲一元六角有奇，而附加稅則占正賦半數以上；至其他捐稅項目又甚繁多；總之每戶每年所負賦稅，總在數十元，我國政府素以「重農」自詡，但征收田賦及其他捐稅則不顧農民之困苦，偶遇需要錢糧，即隨意加征，此種行爲 殆爲摧殘農業者 又何有「注重農業」之有．

14帝國主義者之經濟侵略：羅定全邑，不但羅城爲外貨傾銷之場，即鄉村小鎮亦洋貨充斥 故羅定近年來，每年漏出之資金，總在百數十萬元以上 以一先天不足之小縣，每年竟放了如此多之血，若不設法醫治，則其前途殊爲悲觀！

羅定農村經濟之特質及其結構，既如上述，今後如不救濟羅定農村則已，如欲救濟羅定農村，非對症施藥不可！以管見所及，挽救或建設羅定農村，宜根據其病原，而採取「治本」及「治標」二法，此在各章中，已略有言及，茲再提要分述之：

1.屬於治本者有：

a.釐定最高地租，

b.減免賦稅，

c.規定最高利率，

d.獎勵移殖，

e.平均分派公有田，

f.規定農產最高及最低價格，

2.屬於治標者有：

a,設立各種合作社，如農業信用合作社，農產運銷合作社等，

b,提倡副業，

c,發展農業教育，

d,籌設農事試驗場，

c,推廣優良種子及農耕技術，

f,興辦水利，如在一 五兩區及無河流經過之處，宜整理灉田及利用山坡築蓄水，以便蓄水，此爲因陋就簡之辦法；如求永久無半計，宜在靈費山嶺築蓄水池，以抽水機提取該區河流之水，然後導引於各地，但此工程甚大，非朝夕所能辦到。

羅定農村經濟本已極度破產，但現在仍急劇地繼續崩潰，其將來之命運如何？殊難逆料。至於救濟，若祇求其表面上之繁榮者，則「治標急於治本」若圖澈底挽救或進而建設新農村者，則「治本重於治標。」蓋封建殘餘勢力之各種剝削作用不除，則改進生產之所得，未足以應剝削者之剝削，其於貧苦農民何補？譬之佃農因引用優良品種而致產額增加 此在表面看來，佃農似乎得到實益，但業主因佃農所耕之田，生產增加，隨亦提高其租額（因是分租，其租額之高低隨豐歉而定），故實際上 增加生產之結果，祇益了地主，佃農所得者，微乎其微。胡適先生 在其批評復興中國農村一文中有言：「今日復興中國農村之道，「除弊急於救濟。」所謂「除弊」者，乃指鏟除各種剝削的作用而言，特此種作用在未澈底消滅以前，而欲救濟農村或繁榮農村，始徒勞而無功，但以目前羅定農村環境觀之，則宜「治標」「本」兼治，蓋此一方面可逐漸消滅各種剝削作用，減[illegible]，而他方面則可以逐漸增加生產，加厚農民之資[illegible]是則羅定之農村經濟，或能得到相當之出路也，願政府當局注意及之。

參考文獻

羅定縣誌

廣東地政季刊第一期 廣東地政局

中國農村社會學大綱 馮和法著 黎明書局

中國農村經濟問題 古楳編 中華書局

中國農村經濟常識 [illegible]著 新知書店

農村經濟底基礎智識 [illegible]著 新知書店

廣西省農村調查 行政院 商務印書館

雲南省農村調查 行政院 商務印書館

嘉興縣農村調查 馮紫崗編 浙大農院

農村社會調查 張錫昌著 黎明書局

瓊崖農村 林纘春著 瓊崖農村研究會

中國土地問題 王效文著 商務印書館

中國田賦問題 劉世仁著 商務印書館

農業金融論 侯厚培編 商務印書館

廣東農村生產關係與生產力 陳翰笙著 中山文化教育館發行

中國農村第一卷二期，四期

中國經濟二卷十一期，三卷二期

中山文化教育館季刊一卷一期

（出自《农声》二二四期，一九四二年）

畢業論文

湛江市北月調羅木蘭等村農村經濟調查報告

陳學水

學生陳學水畢業論文評定書

本論文准作領受本大學　農　學院
農藝學系　　學組農學士學位
必修課程之一部

學院院長　李沛文
學系主任　邵堯年
指導教授　譚自昌

中華民國叁拾柒年壹月　　日

湛江市北月調羅木蘭等村農村經濟調查報告

目録

湛江市北月調羅木蘭莓村農村經濟調查報告

第一章 概論

第一節 調查目的及其方法

近年我國農村社會凋敝，經濟枯竭，技術拙劣，生產減退，生活困難，顛沛流離，面臨破產之危機，影响整個國家之安全至為嚴重。夫農業在任何國情之下，均佔最重要位置，生產原料之供給與人民生活之豐歉，均繫於農業之興替。所以一國農業生産之豐嗇，實為全體國民經濟之盛衰前奏。縱使以工業為國民生計中心之國家，農業亦為其經濟重心之一。故凡國家社會秩序之安定，經濟之繁榮，全視乎其農村社會之情形而定。我國戰後社會秩序不安，人民生活之困苦，天災人禍交相侵迫，農村情形尤為悽慘。為使社會明瞭農村生活狀況，以為解決國家問題之參攷，故有農村調查之舉。作者以個人能力所限，調查範圍為北月及鄰近之調羅，木蘭等村，雖區區彈丸之地，然舉其一亦可以窺其餘矣。今將調查之標目及其調查方法臚列如下：

(一)農村經濟狀況　農村經濟狀況，係就每家農民總收入，及其支出之數字計算其生活水準。其收入者包含其各種農作品之收入，家禽家畜之收入，副業之收入，勞工之工值收入，牛租之收入，田租，地租等之收入之和成為其總收入。至支出方面，則包括其日常之食用，衣服，肥料，農具，地租，家畜購買，工資，家庭雜用，賦稅，捐項，投資，利息，折舊，應酬，娛樂，教育等之總和而核計其勞働應得工值·

此項調查頗感棘手，因農民素無記賬習慣，祇憑記憶。故調查所得數字多由農民之記憶，及估計所得來，當然不能視為絕對準確之統計。

(二)土地利用與農產　土地利用及農產調查之目的，係欲明瞭其農田面積之大小，與其種植面積之多寡及人口之多少，與乎其生產能率及作物種類等之互聯關係，是否土地之利用，已達其最高之效率，勞力，土地，及作物三者之配合，是否已達最完善之方法。

此項調查，係就各户本年所經營之作物，及其兼營之副業，與其勞力之使用，核算其結果而成。

（三）工作效率之研究　工作效率與其經濟狀况，有密切關係。農民工作效率高，則其生活豐富，經濟充裕，反而言之，其資金充裕，設備完善，則工作效率增加，故工作效率與經濟狀况，互為因果，而影响整個農村之經濟及其發展。

本篇調查之目的，係根據各户成年人口之多寡，農村面積，及耕作面積，與其生產總量核算其工作效率，而研究其經濟之現况。

第二節 調查區域之自然環境

一、氣候

調查區域，係北月，調羅，及木蘭三鄉人口總數約萬餘人面積約九千餘畝，該村等位於湛江市，屬於亞熱帶區域，春秋季節，氣候溫和，夏季酷熱，冬季並無寒冷，為海洋氣候。每年平均雨量，在一四〇〇公厘左右，與廣州雨量相差不遠。五月至九月為雨水季節，作物生長特別繁茂。為優良農業區之一。

（氣候表）

月份	氣溫(C) 最高	氣溫(C) 最低	氣溫(C) 平均	雨量(公厘) 總雨量	雨量(公厘) 下雨日數
一月	29	1	16	16	6
二月	31	3	15	29	8
三月	31	5	18	43	10
四月	36	9	24	77	11
五月	37	16	28	171	13
六月	36	19	28	251	14
七月	37	21	29	220	14
八月	36	19	28	311	16
九月	37	17	28	186	13
十月	39	11	25	60	6
十一月	32	8	21	53	6
十二月	28	4	17	29	7
總計				1407	123
平均				117.2	
冬季				73	21
春季				291	33
夏季				745	44
秋季				298	26

二、地勢與土壤

該村等前臨海，後背山，為玄武岩噴出區，北約廿餘里有湖光岩，即昔日火山口之遺迹，沿海一帶為沙灘上昇所形成。

土色有棕紅，黃，黑數種。棕紅色土分佈於山嶺一帶，為玄武岩殘積土。黃色沙土分佈於山麓一帶。沿海平原區，土色墨黑，大概為洪積統之淺海灣沉積物，後海岸上昇，而成今日之陸地。土力中庸，若遇礫土層，則屬磽瘠。

三、交通

該村等位於湛江市西營之西約廿餘里，有公路橫貫而過，直達海康，並至徐聞之海安。又從該地乘木船可抵海口。南面臨海，風帆可達西營，吳川，梅菉等地。

第二章 調查方法及其過程

第一節 調查方法及其範圍

本調查方法係採選樣調查法，就調查各村中選擇富有代表性之地帶與農户而實地調查。製定調查綱要，及調查表格，與農民直接談話。但因農田沒有真確的測量，田賦的繁重，分配的不公平，大地主可以利用種種的手段，逃避或少納賦稅，而一般自耕小農，反要納很重的稅，故一般的農民對於農村各種之調查均存有恐懼的心理，諱莫如深，極難獲其正確結果，加以通貨的澎漲，價格朝夕變更，對農户生活經濟的調查困難亦多。所以調查結果，除實際情形外，其他認為不實不盡者均體察當時環境加以糾正，務求其結果能與事實相符。

第二節 調查結果

一，人口概况

a，每家人口概况

農村人口，為研究農村問題所須明瞭。本調查之農户共九十一家，現列表如下以分析之：

家庭人口概况調查表

表（二）

村名	户數	人口總數	每家人口			成年人數			孩童%
			最多	最少	普通	男%	女%	總計%	
北月	37	200	15	2	5	39%	26%	65%	35%
調羅	32	164	10	2	5	38%	23%	61%	39%
木蘭	22	98	8	2	4	36%	28%	64%	36%
總計	91	462							
比率		100%				37%	25%	62%	38%

就上表中，調查農户九十一家，普通每家人口五人。最多之農户有十五人，最少二人。就一般情形言之，家庭人口並不眾多，成年而能任農作者，約為五分之三，其不能自立而須仰給於父兄之撫育者，約為五分之二。故成年人對於家庭經濟的負担並不嚴重。

6.農户類別

農户通常分為三類，即(一)自耕農(二)半自耕農(三)佃農。第一類農户是耕者有其田的農民，自己耕種自己的田地，第二類除耕種自己的田地外，還向他人租種少許田地，第三類農户多屬貧農，所耕之地完全向地主租賃，每年支出鉅額之田租。

自耕農數不多，約為全農户五分之一，半自耕農佔全農户之半數，佃農約佔十分之三。概括言之，自耕農

農户類別調查表

表（三）

村名	户數	自耕農	自耕農%	半自耕農	半自耕農%	佃農	佃農%
北月	37	7	18.9	21	56.75	9	24.35
調羅	32	5	15.6	13	40.6	14	43.8
木蘭	22	5	22.7	11	50	6	27.3
總計	91	17	19.1%	45	49.2%	45	32.7%

僅佔五分之一，而半佃農或完全佃農則佔五分之四。是則農户之田地仍大部份為大地主所佔有。欲能達到耕者有其田之目的距離尚遠也。

二. 農場面積及其利用

a. 農場面積

耕地面積之闊狹，關係於農業經營至大，地廣人稀之區，其經營常較粗放，反之在人口稠密之地，感於耕地之缺乏，地價因而增高，農作之種類亦每趨於過度之集約耕作，投資亦大，其農村經濟之情形亦迴異於普通一般之農村也。該村等每户耕地面積之多少，列表如下：

農場面積調查表

（表四）

畝數 / 户數 / 鄉村	1-2	2-3	3-4	4-5	5-6	6-7	7-8	8-9	9-10	10-12	12-14	14-16	16-20	20-25	25-30	30-35	户數總計
北月			6	16	5	2	2			2	1	1		1		1	37
調羅	6	3	7	8	2	1		2			2		1				32
木蘭		2	4	9	3	1		2				1					22
户數總計	6	5	17	33	10	4	2	4	0	2	3	2	1	1	0	1	91

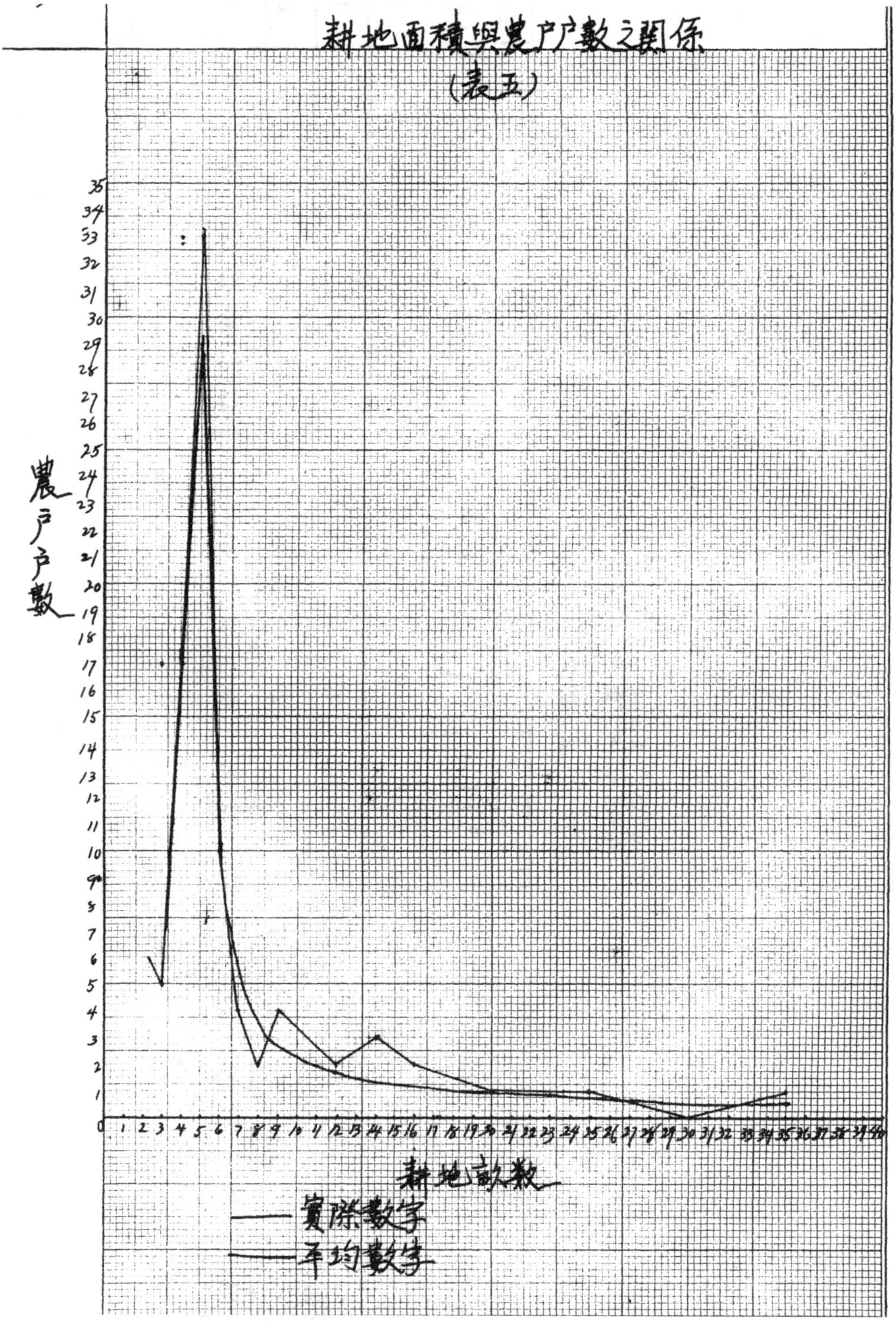
耕地面積與農户户數之關係
(表五)
農户户數
耕地畝數
實際數字
平均數字

由上表可見各村大多數農戶，所有耕地之面積，多由四至五畝，七畝以上者極少，其面積最大者亦祇不過三十五畝，然祇一戶而已耳。

b. 農場距離

本省農田之過於分割，實為農作上一大障阻。各戶所耕之農田，大都均星羅棋佈，仟陌毗連，聚合一處者，殊不多見。據北月村某老農所說：其所耕種之田祇為五畝半，而竟分為六塊，散佈各方。對於工作效率之影响甚多，而勞力之浪費尤大。據調查所得，最近者在村邊，其距離祇有數丈。而遠者則達二里餘。據老農口述：村邊農田與最遠農田，其工作效率之差達一倍。

C，農田利用

作物栽種種類及其配合，各鄉不同。多數的農田每年耕種兩造作物。但亦有年種三造者，惟種三造者必須農田肥沃，水源充足。因灌溉設備缺乏，故年種三造者很少。通常種植之作物有：稻，甘藷，花生三種，蓋其需要最為迫切也。至稻之副產品為稻草，其用途亦廣，通常用作燃料，及蓋搭房屋之用。甘藷之籐均用為牲畜之飼料。

上述各項作物之中，以稻作所佔之面積為最廣，甘藷次之。但近年因油價高漲，多數農戶皆種植花生，惟花生需用勞力太多，且勞力供給困難，所以每戶雖有種植，惟面積不廣耳。

該村等之農家，對作物栽種之次序可分三種。

(一)花生，水稻及甘藷　二三月間栽種花生，七月收穫。繼種晚稻，十一月下旬至十二月上旬收穫。隨即墾地，栽種甘藷，至明年三四月收穫。

(二)水稻及甘藷　早晚兩造，皆種稻作。於十二月收穫後隨植甘藷。

(三)甘藷或水稻　每年祇栽種作物兩造，早造栽種花生或水稻，晚造則植水稻。

上述種植之程序，視乎灌溉水源之供給，及勞力之充足與不足而定。

三.農村副業

試觀每户耕田畝數在十畝以下者，佔百分之八十以上。根據本章第二節，第一，第二兩項調查所得之結果。人口普通為四至五人，耕地亦為四至五畝。是則各人平均祇得耕地一畝。縱其耕種技術，十分精巧，且耕作達到最高度之集約程度，亦不足以維持其日常之粮食所需，如非另營副業則無以應付。

農民所經營之副業可分為三種：(一)為飼養禽畜，(二)為手工業，(三)為捕魚業。飼養事業各村大致相同，捕魚則以調羅為最盛。其餘各村農民亦每乘農暇結隊出海捕魚，亦復不少。茲將各種副業分別述之：

禽畜飼養副業

禽畜飼養，為副業中之最重要者，而其對於家庭經濟上之價值，僅畧遜於農產品而耳。遍查各村農家，數户即有一豬，其飼養上之目的，除耕牛外，一則利用家畜，消耗剩餘之農產，且藉以充足家計之收入。再則利用畜舍墊草，以作肥料，故農民對於家畜，異常重視。

(一)家畜數目百分比

家畜數目之多少，因其種類而不同，茲將各種所示分別列后：

各種家畜頭數百分比（表六）

區域	種類／百分率	牛	豬	雞	鴨	鵝
北月	數頭	9	20	238	45	8
	%	2.8	6.2	74.4	14	2.6
調羅	數頭	6	12	196	87	5
	%	2	3.9	64.1	28.4	2.4
木蘭	數頭	5	8	37	126	2
	%	2.9	4.5	20.8	70.7	1.1

（二）飼養之農家

各種家畜，非每家均飼養，茲將其飼養之農家，對農户總數之百分比，列之如下：

（表七）

區域 \ 百分比 \ 種類	牛	豬	雞	鴨	鵝
北月	24.3	54	100	24.3	10.8
調羅	18.8	37.4	100	50	6.3
木蘭	22.3	33.6	100	45.4	13.6

家禽畜數量及其耕種面積表

（表八）

村名	農田面積（畝）	耕種面積（畝）	人口	户數	牛			豬		雞		鴨		鵝	
					頭數	每頭平均負担面積（畝）	每頭牛平均負担耕種面積（畝）	頭數	每户平均	頭數	每户平均	頭數	每户平均	頭數	每户平均
北月	254.3	507.1	200	37	9	28.7	56.4	20	0.54	238	6.43	45	1.24	8	0.24
調羅	155.0	308.8	164	32	6	25.8	51.5	12	3.15	196	6.12	87	2.12	5	0.15
木蘭	105.5	209.0	98	22	5	21.1	41.8	8	0.36	37	1.70	126	5.73	2	0.09
總計	514.8	1025.7	462	91	20	75.6	149.1	40	4.65	471	14.25	258	9.69	15	0.48
平均	171.6					25.2	44.9		1.55		4.15		3.28		0.16

據上表所示，平均每牛負担農田面積由二一·一至二八·七畝，耕種面積四一·八至五六·四畝。在小心管理及時間能妥善分配下，牛力尚可免強敷用，惟飼養牛隻者，多為自耕農之比較富有農户。畜力之支配往往不均，故佃農及半自耕農之畜力，仍感缺乏也。

豬畜之飼育，除調羅外，各村農户飼育者少，尤其投資過鉅及飼料缺乏，能勝任飼育豬者甚少也。是以農田需用之肥料，極度缺乏。故地力無法維持，生產自然減退。

家禽飼養，比較正常，但不能作為副業之經營也。

捕魚副業

該村瀕臨於大海，天原之富源為魚利，農民恒於耕餘之暇，結隊出海捕魚，獲利甚厚。魚業所得，足補其農産之缺乏，日常生活賴以維持。茲將其以捕魚為副業之農家，對農户總數之百分比，及捕魚農家全年之平均收入，列表如下：

（表九）

調查區域	捕魚農户	調查總農户	%	全年總收入	每户全年平均收入
北月	17	37	45.95	430萬	25.3萬
調羅	20	32	62.5	2740萬	137萬
木蘭	6	22	27.27	340萬	56.67萬

其他副業

除以上兩種主要副業外，利用農餘之暇，作各種手工業，如竹器，木器，果樹等。但其數量甚微。茲將其他副業之農户，對農户總數之百分率，及其全年平均之收入。列表如下：

農家副業調查表

北月村（表十）

副業種類	其他副業之農户數目	調查户數	%	全年總收入	每户全年平均收入
竹器及木器	7	37	18.92	150萬	21.43萬
果樹	2	37	5.4	30萬	15萬

农家副业调查表

调罗村（表十）

副业种类	其他副业农户数目	调查户数	%	全年总收入	每户全年平均收入
竹器及木器	6	32	18.75	150万	25万
果树	2	32	6.3	30万	15万

农家副业调查表

木兰村（表十）

副业种类	其他副业农户数目	调查户数	%	全年总收入	每户全年平均收入
竹器及木器	3	22	13.64	150万	50万
果树	3	22	13.64	30万	10万

四、農家經濟

農家經濟調查之主要目的，固然在研究農場之組織如何？以求其成功失敗之因素。

農家之經濟調查困難甚多，蓋農家均無部記習慣，收支數目與乎產品數量，均憑記憶．故每多錯漏，加以通貨澎漲，因物價過於波盪，不易求得其準確。

農家經濟，因農户類別及其經營之性質不同而異。現將各類農户之收支項目分配表列如下：

a 農家收入

自耕農全年之收入及其各項之分配

(份量以一担計算，價值以一萬元為單位計算)

(表十一)

調查區域	農戶姓名	人口	農田面積(畝)	全年耕種面積(畝)	作物收入						副業收入			耕牛收入	田租收入	總收入
					穀類		甘藷		花生		家畜	海產	其他			
					份量担	價值萬	份量担	價值萬	份量担	價值萬						
北月村	陳得如	5	7.1	14.2	20.5	307.5	49	196	/	/	60	/	/	55	/	618.5
	陳方英	4	5.3	10.3	13	195	/	/	18.5	214.5	80	/	/	/	/	489.5
	陳正仁	7	15	30	24	360	/	/	44.5	756.5	120	/	/	35	/	1271.5
	陳世賢	15	32.5	65	102	1530	69	276	26.3	447	220	/	/	/	/	2673
	陳榮華	5	5.6	11.2	16.5	247.5	14	56	14.4	244.5	150	/	/	/	/	698.0
	陳祖康	3	3.8	7.6	13.5	202.5	63	252	6	102	30	/	/	/	/	586.5
	陳春茉	6	23.6	47.2	52.7	894.5	88	352	34.5	586.5	180	/	/	60	150	2223
	總計	45	242.2		242.2	3137	283	1132	144.2	2351	840	/	/	150	150	8360
	百分率					44.7		13.6		28.1	10	/	/	1.8	1.8	

註：稻穀每担15萬，花生每担17萬，甘藷每畝4萬。(民國卅六年九月湛江市市價)

* 種植面積：以一年種植次數乘其面積，即為種植面積。例如1½畝之地第一造種花生，第二造種水稻，第三造種甘藷，其種植面積為1½×3=4½畝，而農田之面積僅為1½畝。

自耕農全年之收入及其各項之分配

（份量以一担計算，價值以一萬元為單位計算）

（表十一）

調查區域	農戶姓名	人口	農田面積（畝）	全年耕種面積（畝）	作物收入						副業收入			耕牛收入	田租收入	總收入
					穀類		甘藷		花生							
					份量（担）	價值（萬）	份量（担）	價值（萬）	份量（担）	價值（萬）	家畜	海產	其他			
調羅村	陳克平	8	6.2	12.4	19	285	17.5	70	4.5	76.5	60	30	/	/	/	521.5
	陳秀芝	8	16.5	33	41	615	/	/	4.0	68	190	/	/	40	230	112.5
	陳堯敬	9	13	26	35	525	68	272	8.5	144.5	110	/	/	50	210	1311.5
	陳仁義	4	4.3	8.6	15.5	232.5	14.5	58	2.9	49.5	80	/	/	/	/	420
	陳友仁	5	4.1	8.2	14.5	227.5	/	/	6.6	112.5	35	/	60	/	/	435.0
	總計				125	1885	100	400	26.5	451	475	30	60	90	440	3831.5
	百分率							10.45		11.8	12.4	0.7	1.6	2.3	11.5	

自耕農全年之收入及其各項之分配

（份量以一担計算，價值以一萬元為單位計算）

（表十一）

調查區域	農戶姓名	人口	農田面積（畝）	全年耕種面積（畝）	作物收入						副業收入			耕牛收入	田租收入	總收入
					穀類		甘藷		花生		家畜	海産	其他			
					份量（担）	價值（萬元）	份量（担）	價值（萬元）	份量（担）	價值（萬元）						
欗村	陳金	6	6	12	21.5	322.5	14.5	74	2.7	45.5	120	／	／	90	／	652
	陳學君	3	4.8	9.6	17	255	／	／	3.2	54.5	90	／	／	80	／	479.5
	陳永遠	5	4.5	9	16.5	247.5	20	80	3.4	57.5	30	／	／	／	／	415
	陳發	6	5.2	10.4	28	400	15.5	62	6.2	105	20	／	／	30	／	617
	陳學金	7	6.3	12.6	24	360	18.5	74	4.5	76.5	40	／	／	／	／	550.5
	總計	27			107	1585	72.5	290	20	339	300	／	／	200	／	2714
	百分率					58.3		10.5		12.5	11			7.4		

半自耕農全年之收入及各項之分配
（份量以一担計算，價值以一萬元為單位計算）
（表十二）

調查區域	農户姓名	人口	農田面積（畝）	全年種植面積（畝）	作物收入						副業收入			耕牛收入	工資收入	總收入
					穀類		甘藷		花生							
					份量	價值	份量	價值	份量	價值	家畜	海產	其他			
北月村	陳可亥	5	4	8	10	150	/	/	5	85	10	20	10	/	40	315
	陳正庚	6	4.2	8.4	13	195	19.5	78	/	/	5	30	/	/	90	398
	陳海	5	3.4	6.8	13	195	/	/	/	/	10	20	25	/	70	320
	陳五	3	4.1	8.2	10	150	8.5	34	35	59.5	5	20	20	/	35	323.5
	陳年	4	4.4	8.8	16	240	/	/	5	85	5	20	10	/	20	380
	陳昌賢	3	5.1	10.2	18	290	31	124	4	68	10	/	/	/	/	470
	陳福德	11	13.1	26.2	40	600	33	132	5	85	80	/	/	50	/	947
	陳学副	6	6.6	13.2	24	360	20	80	3	51	110	/	/	30	/	631
	陳不常	4	4.6	9.2	14	210	38	152	/	/	20	/	/	/	/	382
	陳大年	4	8	16	24	360	35	140	6	102	10	/	/	/	/	612
	陳学則	5	5	10	11	165	31	124	5.5	93.5	90	/	/	/	/	472.5
	陳正金	5	8	16	43	645	/	/	12	204	80	/	/	/	35	964
	陳村德	7	6	12	16	240	30	120	5	85	60	/	/	/	/	505
	陳貴	15	10.8	21.6	32	480	48	192	6	102	130	/	/	80	/	984
	陳天佑	7	10.3	20.6	30	450	48	192	6	102	60	/	/	/	/	804

半自耕農全年之收入及各項分配表
（份量以一担計算價值以一萬元為单位計算）
（表十二）

調查區域	農户姓名	人口	農田面積（畝）	全年種植面積（畝）	作物收入						副業收入			耕牛收入	工資收入	總收入
					穀類		甘藷		花生							
					份量	價值	份量	價值	份量	價值	家畜	海產	其他			
北月村	陳德	6	5	10	13	195	46	184	/	/	5	/	/	/	/	384
	陳学鏖	2	4.3	8.6	15.5	232.5	/	/	4.5	76.5	10	/	10	/	/	329
	陳福木	5	4.1	8.2	12	180	22	88	3.5	59.5	5	20	10	/	/	362.5
	陳阿五	7	5.7	11.4	16	240	/	/	10	170	20	50	/	/	90	570
	陳学德	4	3.3	6.6	8	120	22	88	1.5	25.5	10	20	/	/	40	303.5
	陳正平	5	3.8	7.6	13.5	202.5	13	52	/	/	130	30	/	/	20	434.5
	總計	119			392	5880	445	1780	85	1453	865	230	8.5	160	440	1089.3
	百分率					53.9				13.4	7.9	2.1	0.8	1.5	4	
調羅村	陳天一	5	4.6	4.2	15	225	16	64	3	51	20	30	25	/	10	425
	陳華雄	7	13	26	36	540	38	152	11	187	80	/	10	60	/	1029
	陳子揚	10	8.5	17	30	450	/	/	5.5	93.5	34	/	/	80	20	677.5
	陳敎中	6	4.2	8.3	11	165	35	140	2.5	42.5	90	40	/	/	/	377.5
	陳俊	5	5.9	12	14	285	32	128	/	/	30	20	10	/	30	503
	陳家槐	4	3.2	6.4	10	150	14	56	/	/	10	25	40	/	50	331

半自耕農全年之收入及各項分配表
(份量以一担計算價值以一萬元為單位計算)
(表十二)

調查區域	農戶姓名	人口	農田面積(畝)	全年種植面積(畝)	作物收入						副業收入			耕牛收入	工資收入	總收入
					穀類		甘藷		花生							
					份量	價值	份量	價值	份量	價值	家畜	海產	其他			
調羅村	陳斌武	4	4.1	8.2	16.5	247.5	/	/	/	/	30	20	10	/	30	337.5
	陳思	7	4.5	9	15.5	232.5	10	40	3	51	20	/	20	/	30	413.5
	陳之	4	4.2	8.4	17	255	16	64	/	/	50	/	30	/	20	419
	陳有幸	8	8.5	17	31	265	17	68	3	51	30	/	20	50	/	684
	陳宗英	6	4.8	9.6	15	225	18	72	2.5	42.5	60	20	10	/	30	459.5
	陳尚平	5	8	17	36	540	/	/	12	204	40	/	20	/	/	804
	陳華英	5	6.2	10.4	13	195	/	/	6	102	50	60	/	40	25	472
	總計	76				3975	167	784	495	824.5	544	215	195	230	245	7014
	百分率					56.7		11.2		12	7.7	3.0	2.7	3.3	3.4	
木蘭村	陳德拟	6	3.8	7.6	10	150	23	72	2	34	60	/	/	70	/	406
	陳華	8	8.5	17	25	375	24	96	4	68	60	/	/	40	/	639
	陳福德	5	4.7	9.4	15	225	18	72	4	68	40	/	/	50	/	455
	陳炳南	5	8.5	17	30	450	/	/	6.5	110.5	40	/	/	/	/	600.5
	陳廷芝	4	5.1	10.2	15	225	/	/	3	51	5	30	/	/	30	341

半自耕農全年之收入及各項分配表
（份量以一担計算，價值以一萬元為單位計算）
（表十二）

調查區域	農户姓名	人口	農田面積（畝）	全年種植面積（畝）	作物收入 穀類 份量	穀類 價值	甘藷 份量	甘藷 價值	花生 份量	花生 價值	副業收入 家畜	海產	其他	耕牛收入	工資收入	總收入
木蘭村	陳柏	2	3.2	6.4	21	315	/	/	3.5	59.5	5	45	/	/	40	464.5
	陳觀海	5	3.1	6.2	12	180	28	112	6.5	110.5	10	/	30	/	20	462.5
	陳定堅	6	5.3	10.3	24	360	38	152	3.5	59.5	10	/	45	/	15	641.5
	陳觀	2	4.5	9	8	120	11	44	4	68	5	/	/	/	/	237
	陳定南	3	3.5	7	10	150	10	40	3	51	5	/	/	/	15	261
	陳裕貴	4	4.1	8.2	15	225	13	52	4	68	10	/	/	70	/	425
	總計	50			185	2170	165	660	44	748	250	75	75	230	120	4933
	百分率					56.2		13.4		15.1	5.1	1.5	1.5	4.7	2.4	

佃農全年之收入及各項之分配

（作物份量以担為單位計算，價值以毫元為單位計算，副業收入及工資均以毫元為單位計算）

（表十三）

調查區域	農戶姓名	人口	農田面積（畝）	全年種植面積（畝）	作物收入						副業收入			工資收入	總收入
					穀類		甘藷		花生						
					份量	價值	份量	價值	份量	價值	家畜	海産	其他		
北月村	陳昌伯	4	4.5	9	9	135	17	68	/	/	10	15	10	30	268
	陳健	4	4.3	8.6	16	240	/	/	/	/	5	25	8	40	318
	陳昌慶	3	4.5	9	16	240	22	88	/	/	20	15	/	20	383
	陳紹高	3	4.2	8.4	18	270	/	/	/	/	15	30	/	30	345
	陳慶	4	3.8	7.6	13	195	17	68	3	51	20	30	/	40	404
	陳森	5	4.4	8.8	20	300	9	36	3.5	59.5	5	20	/	/	420.5
	陳動	3	3.2	6.4	13	195	14	56	/	/	10	20	/	50	331
	陳天	5	4.7	9.4	14	210	15	60	3	51	90	/	/	/	411
	陳五	5	4.3	8.6	14	210	18	72	/	/	10	40	/	60	392
	總計	36			133	1995	109	448	9.5	161.5	185	195	18	270	3272.5
	百分率					61		13.6		4.8	5.9	6.0	0.5	8.2	

佃農全年之收入及各项分配表

（作物份量以担為單位計算，價值以萬元為單位計算，副業及工資均以萬元為單位計算）

（表十三）

調查區域	農戶姓名	人口	農田面積（畝）	全年種植面積（畝）	作物收入 穀類 份量	穀類 價值	甘藷 份量	甘藷 價值	花生 份量	花生 價值	副業收入 家畜	海產	其他	工資收入	總收入
調羅村	陳同芳	5	2.8	5.6	11	165	15	60	/	/	/	280	/	/	505
	陳建華	4	1.5	4	5	75	8	32	/	/	30	300	/	/	437
	陳中一	3	3.4	6.8	9	135	/	/	5	85	/	190	/	/	410
	陳尚平	3	1.5	3	4	60	4	16	/	/	60	120	/	/	256
	陳家倫	4	3.4	6.8	11	165	21	84	/	/	/	150	/	/	399
	陳治德	3	2.3	4.6	9	135	6	24	/	/	40	120	/	/	319
	陳阿保	6	1.6	3.2	4	60	5	20	/	/	/	250	/	/	330
	陳玉麟	3	1.3	2.6	2.5	37.5	7	28	/	/	/	250	/	/	315.5
	陳青	4	1.2	2.4	4.5	67.5	6	24	/	/	/	180	/	/	271.5
	陳家恩	4	3.2	6.4	11	165	26	104	/	/	/	180	/	/	449
	陳高	6	2.3	4.6	7.5	112.5	18	72	/	/	30	340	/	/	554.5
	陳槐	3	3.7	7.4	10	150	28	112	3	51	/	/	/	10	323
	陳健君	4	3.5	7	11	165	21	84	/	/	/	/	/	20	269
	陳叔發	2	3.5	7	11	165	26	104	2	34	/	/	/	/	303
	總計	52				1657.5	191	764	10	170	160	2360		30	5141.5
	百分率					32.2		14.8		3.3	3.1	46		0.6	

佃農全年之收入及各項分配表

（作物份量以担為單位計算，價值以萬元為單位計算，副業業入及工资以萬元為單位計算）

（表十三）

調查區域	農户姓名	人口	農田面積(畝)	全年種植面積(畝)	作物收入						副業收入			工資收入	總收入
					穀類		甘藷		花生						
					份量	價值	份量	價值	份量	價值	家畜	海產	其他		
欄村	陳東	4	4.2	8.4	16	240	／	／	／	／	15	40	／	60	355
	陳玉明	3	4.4	8.8	18	270	／	／	／	／	30	20	／	30	350
	陳海福	3	2.8	5.6	9.5	142.5	22	88	／	／	10	／	／	30	270.5
	陳林	4	3	6	11	165	／	／	3	51	40	50	／	46	346
	陳愛仁	3	5	8	14	210	22	88	4.5	76.5	50	／	／	／	424.5
	陳宗仁	4	4.6	9.2	15.5	232.5	20	80	／	／	60	20	／	20	412.5
	總計	21			83	1260	64	256	7.5	127.5	205	130		180	2158.5
	百分率					58.4		12		5.9	9.5	6		8.2	

農户收入總調查表

以百分率表示

（以產品價值計算）

（表十四）

農户類别	村名	稻	甘藷	花生	作物總收入	禽畜	海產	其他	牛工	田租	工資
自耕農	北月村	44.7	13.6	28.1	86.4	10	-	-	1.8	1.8	
	調羅村	49.3	10.4	11.8	71.5	12.5	0.7	1.6	2.3	11.5	
	木蘭村	58.3	10.5	12.5	81.4	11.0	-	-	7.7	-	
半自耕農	北月村	53.9	16.4	13.4	83.7	7.9	2.1	0.8	1.5		4
	調羅村	56.7	11.2	12	79.9	7.7	3.0	2.7	3.3		3.4
	木蘭村	56.2	13.4	15.1	84.7	6.0	1.5	1.5	4.6		2.4
佃農	北月村	61	13.6	4.8	79.4	5.5	5.7	0.5			8.2
	調羅村	32.2	14.7	3.3	50.2	3.2	46.0				0.6
	木蘭村	58.3	12.1	5.9	76.3	9.3	6.2				8.2

從上諸表所示，自耕農全年之收入，以北月村為最多，達一一九五・七萬元。調羅村次之，七六六萬元，最少為木蘭村，五四二・八萬元。

半自耕農全年之收入，以調羅村為最多，五三九萬元。北月村次之，五一八・七萬元。木蘭村最少，三五九・三元。

佃農全年之收入，以調羅村為最多，三六七・三萬元。北月村次之，三六三・六萬元。木蘭村最少，三五九・三萬元。

農户全年之收入，以農作物之收入為最重要。就農作物生產方面觀之（見表十四），其全年收入最大宗者（以價值表示），首推稻欵，佔總值五二%以上。其他如甘藷，花生等亦為主要農作物之收入。連稻米總計約達八〇%，其他二〇%，則為副業之經營，如飼養禽畜，捕魚等。至於牛租，田租等之收入為數甚微，且祇限於少數比較富有之自耕農而已耳。

農民糧食自給及其實際狀況如何？農村每口每年米糧之盈虧情形如何？列表如下分析之：

農民糧食自給狀況表

（表十五）

農户類别	村名	人口	主要農作物產量			每口糧食供給狀況				
			稻（斤）	甘藷（斤）	花生（斤）	（註一）每口平均得米（斤）	（註二）盈米糧	缺米糧	（註三）以五斤甘藷折合食米一斤 盈	缺
自耕農	北月村	45	24220	28300	14420	349.8	79.8	/	62.4	/
	調羅村	34	12500	10000	2650	239.0	/	31	27.8	/
	木蘭村	27	10700	7250	2000	257.6	/	12.4	41.3	/
半自耕農	北月村	119	39200	44500	8500	214.1	/	55.9	18.9	/
	調羅村	76	26500	16900	4950	226.6	/	43.4	1.0	/
	木蘭村	50	18500	16500	4400	240.5	/	29.5	36.5	/
佃農	北月村	36	13300	10900	950	245.1	/	24.9	35.1	/
	調羅村	54	11050	19100	1000	133.0	/	137.0	/	99.8
	木蘭村	21	8300	6400	750	257.0	/	13.0	48.0	/

〔註一〕 米量條以穀65%折合計算，以人口數分之，即每年每人實得米糧數量。
〔註二〕 以平均每年每人需食米270斤計算。
〔註三〕 以甘藷五斤折合食米一斤計算。

農民糧食自給之實際情形（表十六）

（以一人口為單位計算）

農戶類別	村名	人口	(註一)不用稻穀繳納田租時糧食供應情形 以每口年度計算		用以繳納田稅田租之米（斤）	繳納田租後每人每年糧食供應情形	
			餘（米斤）	缺（米斤）		餘（米斤）	缺（米斤）
自耕農	北湖村	45	62.4	／	92.9	／	30.5
	調羅村	34	27.8	／	17.6	10.2	／
	欄村	27	41.8	／	37.7	3.6	／
半自耕農	北湖村	119	18.9	／	101.3	／	82.4
	調羅村	76	1.0	／	35.6	／	34.6
	欄村	50	36.5	／	122.1	／	85.6
佃農	北湖村	36	35.1	／	133.6	／	98.5
	調羅村	54	／	99.8	81.7	／	181.5
	欄村	21	48.0	／	145.5	／	97.5

〔註一〕見表十五，每口糧食供給狀況。

農民食糧分配表（表十七）

農户類别	村名	食糧總產量		繳納田租賦税總量		存餘總量	
		[註]重量（穀斤）	%	重量（穀斤）	%	重量（穀斤）	%
自耕農	北月村	33036.2	100	6433.3	19.47	26602.9	80.63
	調羅村	15577.0	100	920.0	5.91	14657.0	94.09
	木蘭村	12930.8	100	1566.6	12.11	11364.2	87.89
半自耕農	北月村	42892.3	100	18533.3	43.22	24359.0	56.78
	調羅村	31700.0	100	4166.6	13.14	27533.4	86.86
	木蘭村	23577.0	100	9393.3	39.41	14183.7	60.59
佃農	北月村	16653.8	100	7400.0	44.43	9253.8	55.57
	調羅村	16926.9	100	6786.6	40.09	10140.3	59.91
	木蘭村	10269.0	100	4700.0	45.77	5569.0	53.23

[註] 食糧總產量為稻穀，及甘藷之和，以每3.25斤甘藷折合稻穀一斤。

就上諸表農民糧食自給情形觀之，其自用米糧之供給，似感不足。每口年缺米糧由一二斤至一三七斤不等。就普通情形言之，每口年缺食米約為四〇斤（見表十五），其唯一補救之途，則以甘藷代替食米之一部，倘以五斤甘藷折合食米一斤計算，則除極少數例外者外，大致均應能糧食自給，無飢饉之虞。其餘如花生之生產，副業之收益，可以免強補家庭之雜用。苟無其他意外之捐稅，加諸於農民，則彼等之生活，當能免強支持。

但從實際情形之觀察，農民食糧每不能自給，終日辛勞不易得一飽，蓋其大部收穫所得之稻穀，均用以繳交於地主之田租，及政府之賦稅。故除少數自耕農外，其餘半自耕農及佃農均不足以自給（見表十五）。

從副業經營觀之，自耕農多經營禽畜，其收入佔總收入一一•八%至一四•八%。蓋其所存糧食，除賦稅以外，尚略有盈餘以供飼料之用。半自耕農對於禽畜之經營，略為減少，而對於其他，如海產等，則努力以付經營（禽畜經營佔總數收入七•五%至一一•○%，其他之經營佔二•九%至五•七%）蓋其糧食缺乏，不能不經營其他不需要飼養之副業。佃農對於糧食自給之情形，至為惡劣，蓋彼等所耕種之田地，皆向地主租賃也。而田租及政府之賦稅，均須繳納穀糧。故其食糧之不敷數，恆達三分之一至二分之一。是則每年僅得六個月至八個月之糧食。其餘均須賴捕魚，或工資以為彌補。故所經營之副業，均為避免使用飼料者也。

农民對於賦稅及田租，所負責任甚重，倘以貨幣計算，其支出雖僅為其總支出之五・九一%至四五・七七%。然所有賦稅及田租，均須交繳稻穀。故終年辛勞所得之糧食強半為地主及政府所得。尤以佃農為甚。自耕農因其本身為地主，故地租無須繳納，祇須負担賦稅，其所得糧食，全部祇損失約為一二%（見表十七）。半自耕農因仍有一部份田地為其私有，所負担者約為其全部糧食三分之一。負担雖重，然較之佃農，遠勝多矣。佃農對地主及政府之負担為其全部糧食四四%強。

農民既缺乏賴以為生之糧食，則其趨勢，不能不以其他農產品以賤價求售，而以高價購買糧食，以應日常之需，甚且將青苗（註二）出賣，以維生計，該項無形之損失，更甚於政府之苛稅與地主階級之剝削也。是故貧農永為貧苦，世世代代永為農奴也。

總括上文言之，根據調查所得各項，清楚指出農民之收入強半來自雜糧，而少數則仰給於副業之經營。收穫之數量，本可足以維持生活。但其所得之四○%以上均為地主及政府賦稅所抽收。而發生糧荒，故農民必須以高價從商人手中購入糧食，以為補充。而糧食之生產者，反受饑饉之苦。

副業經營，以自耕農稍為穩健。蓋其畧有餘糧作牲畜之飼料也。其他如半自耕農及佃農，則多靠捕魚與出外庸工以為生。

b.農家支出

自耕農支出及其各項之分配

（表十八）

（各項支出以一萬元為單位計算）

調查區域	農戶姓名	人口	糧食支出	工資或耕牛支出	農具購買	種籽購買	家畜購買	肥料	日用品	人情費	醫藥費	燈油	教育	壯丁費	保甲費	田賦	其他	總收出
北月村	陳德如	5	300	/	70	30	15	10	50	10	5	5	10	1	4	50	20	580
	陳方英	4	250	80	/	20	5	5	20	5	8	3	5	0.5	4	45	10	460.5
	陳正卜	7	350	/	30	40	25	/	60	20	/	10	20	2.6	15	180	30	782.6
	陳世賢	15	650	/	50	50	30	10	70	40	10	10	60	4.2	1.5	300	50	1349.2
	陳蒂華	5	220	60	/	30	10	10	50	/	/	5	/	2	4.5	45	20	456.5
	陳祖奎	3	220	45	/	35	15	10	20	/	5	5	/	3	0.6	30	10	398.6
	陳春棠	6	350	20	80	40	30	5	55	20	/	15	10	1.6	12	315	30	983.6
	總計	45	2340	205	230	245	130	50	325	95	28	53	105	14.9	55.1	965	170	5011
	百分率		46.6	4.1	4.6	4.9	2.6	1	6.5	1.9	0.6	1.1	2.1	0.3	1.1	19.2	3.4	

自耕農支出及其各項之分配

（表十八）

（各項支出以一萬元為單位計算）

調查區域	農戶姓名	人口	糧食支出	工資或耕牛支出	農具購買	種籽購買	家畜購買	肥料	日用品	人情費	醫藥費	燈油	教育	壯丁費	保甲費	田賦	其他	總支出
調羅村	陳春平	8	270	60	5	50	5	5	20	5	2	5	10	1.4	6	5	15	464.4
	陳秀芝	8	550	/	350	30	20	5	45	20	5	10	15	2	17	30	20	1119
	陳亮敬	9	460	30	50	40	15	10	50	10	1	7	15	1.8	10	23	20	742.8
	陳仁義	4	280	45	/	20	10	10	15	40	5	5	10	0.8	4	40	10	494.8
	陳友仁	5	330	/	/	20	5	5	10	/	/	2	/	0.6	3	40	10	425.6
	總計	34	1890	135	405	160	55	35	140	75	13	29	50	6.6	40	138	75	3246.6
	百分率		58.2	4.1	12.5	5	1.7	1	4.3	2.4	0.4	0.9	1.5	0.2	1.2	4.3	2.3	

自耕農支出及其各項之分配

表十八)

(各項支出以一萬元為單位計算)

調查區域	農户姓名	人口	糧食支出	工資或耕牛支出	農具購買	種籽購買	家畜購買	肥料	日用品	人情費	醫藥費	燈油	教育	壯丁費	保甲費	田賦	其他	總支出
木蘭村	陳金	6	300	—	15	30	20	10	40	10	2	3	15	1.6	6	50	15	517.6
	陳守仁	3	260	—	30	20	25	10	30	10	5	5	5	0.6	5	40	20	465.6
	陳志遠	5	160	50	—	20	5	5	20	—	—	3	—	1.4	4	40	10	318.4
	陳發	6	230	60	10	30	15	—	10	20	—	5	—	2	5	45	15	447
	陳茂金	7	240	—	40	40	30	—	20	5	2	3	5	1.6	6	60	10	462.6
	總計	27	1190	110	95	140	95	25	120	45	9	19	25	7.2	26	235	70	2211
	百分率		53.8	4.9	4.3	6.4	4.3	1.1	5.4	2	0.4	0.9	1.1	0.4	1.2	10.7	3.1	—

半自耕農支出及其各項之分配表

（各項支出以萬元為單位計算）

（表十九）

調查區域	農戶姓名	人口	粮食支出	工資或耕牛支出	農具購買	種籽購買	家畜購買	肥料	日用品	人情費	醫葯費	燈油	教育	壯丁費	保甲費	田賦	田租	其他	總支出
北月村	陳可亥	5	100	55	/	20	2	5	10	/	/	1	/	1	0.6	12	90	10	306.6
	陳瑛	6	210	40	/	20	5	5	/	/	/	5	/	1.6	0.6	12	90	10	399.2
	陳海	5	160	36	/	10	3	/	10	5	/	2	5	1.4	0.3	7	55	10	304.7
	陳五	3	140	30	/	15	7	10	5	/	/	1	/	1	1	1.5	90	/	301.0
	陳午	4	180	40	/	15	10	/	10	20	/	3	/	0.8	1	1.2	120	/	411.8
	陳昌賢	3	130	25	/	20	5	10	20	5	1	2	/	0.6	1	9	120	10	358.6
	陳福德	11	300	/	/	15	25	/	50	15	3	10	20	2.6	2	5.5	28	15	491.1
	陳学剑	6	250	/	/	30	30	/	40	30	10	5	5	1.6	1.5	30	100	10	543.1
	陳不常	4	130	50	/	15	/	10	20	5	5	2	/	0.8	0.9	16	100	10	364.7
	陳大年	4	160	45	/	20	/	/	15	5	/	2	/	0.8	0.7	6	220	10	484.5
	陳学則	5	180	46	/	15	/	/	10	/	/	2	10	1	0.8	15	110	/	388.8
	陳正金	5	230	65	/	20	/	10	20	10	/	5	15	1	/	15	120	/	511
	陳德	7	210	55	/	10	/	/	30	5	/	5	10	1.8	1.5	30	130	/	488.3
	陳貴	15	320	100	25	10	/	5	50	20	5	10	25	4.2	1.2	22	250	10	857.
	陳天佑	7	210	110	/	15	/	/	40	20	3	10	20	1.8	2	40	220	10	701.8

半自耕農支出及其各項之分配表

（各項支出以萬元為單位計算）

（表十九）

調查區域	農戶姓名	人口	粮食支出	工資或耕牛支出	農具購買	種籽購買	家畜購買	肥料	日用品	人情費	醫藥費	燈油	教育	壯丁費	保甲費	田賦	田租	其他	總支出
北月村	陳德	6	110	45	/	20	/	/	20	5	/	5	10	1.2	1	20	120	10	367.2
	陳学廣	2	100	35	/	15	5	10	5	/	/	1	/	0.4	0.8	45	140	5	331.7
	陳福	5	120	40	/	10	/	/	5	/	/	2	/	/	4.5	15	100	/	296.5
	陳立	7	200	50	/	10	5	/	10	30	5	5	5	1.6	5	6	110	10	492.6
	陳学德	4	100	/	/	20	5	10	10	/	/	2	/	0.8	0.3	45	70	5	227.6
	陳正平	5	150	/	/	30	10	/	20	/	/	5	5	1.4	0.6	15	60	10	307
	總計	119	3640	866	25	355	112	75	400	185	32	85	130	27.4	27.3	298	2483	145	8935.7
	百分率		41.3	9.7	0.3	3.9	1.2	0.8	4.4	2.2	0.4	1	1.5	0.3	0.3	3.3	27.8	1.6	

半自耕農支出及其各項之分配表
（各項支出均以萬元為單位計算）
（表十九）

調查區域	農戶姓名	人口	糧食支出	工資或耕牛支出	農具購買	種籽購買	家畜購買	肥料	日用品	人情費	醫藥費	燈油	教育	壯丁費	保甲費	田賦	田租	其他	總支出
調羅村	陳天一	5	250	50	30	10	35	5	20	/	3	5	/	1.4	0.7	23	90	10	333.1
	陳夢雄	7	260	/	20	20	30	4	50	20	5	10	10	1.8	8	160	80	30	708.8
	陳紹揚	10	300	/	20	10	25	5	50	20	5	10	15	2.8	4	90	80	5	641.8
	陳敬中	6	160	40	/	10	15	7	15	5	2	5	/	1	0.6	8	120	10	398.6
	陳俊	5	150	60	/	20	2	/	10	/	1	2	/	1	0.5	/	150	5	401.5
	陳家槐	4	130	33	/	10	1	7	/	/	/	1	/	0.8	0.8	14	75	5	277.6
	陳文武	4	150	57	/	20	3	/	10	/	/	3	/	0.8	0.3	14	80	5	343.1
	陳恩	7	200	45	/	10	25	/	20	10	/	5	/	/	1.5	/	45	10	371.5
	陳三	4	170	55	/	10	15	7	20	/	/	3	/	/	1	34	80	10	405
	陳有章	8	300	/	10	20	20	6	30	20	3	6	10	2.4	2	50	150	20	649.4
	陳宗英	6	160	45	/	10	5	7	10	20	/	2	/	1.5	1	22	120	5	408.5
	陳啟英	5	130	30	/	15	/	/	10	/	/	2	/	1.2	1	15	90	10	304.2
	陳華英	5	150	25	/	10	5	5	30	/	/	3	/	1.6	2	30	50	20	331.6
	總計	75	2410	440	80	175	181	53	275	95	19	57	35	16.3	23.4	460	1210	145	5674.7
	百分率		42.5	8	1.4	3.1	3.3	0.9	4.9	1.6	0.3	1.1	0.7	0.4	0.5	8.2	20.4	2.6	

半自耕農支出及其各項之分配表

（各項支出以萬元為單位計算）

（表十九）

調查區域	農戶姓名	人口	糧食支出	工資或耕牛支出	農具購買	種籽購買	家畜購買	肥料	日用品	人情費	醫藥費	燈油	教育	壯丁費	保甲費	田賦	田租	其他	總支出
木蘭村	陳德如	6	220	／	／	10	15	／	30	5	／	5	10	1.6	1	15	70	10	392.6
	陳華	8	200	／	60	15	25	15	／	／	／	10	10	2	2	45	180	15	579
	陳福得	5	180	／	／	25	20	／	20	50	5	8	／	1	2.5	37	75	10	433.5
	陳炳南	5	210	96	／	20	15	5	20	10	／	4	／	1	1.2	30	210	10	632.2
	陳鍵芸	4	140	40	／	10	／	／	10	／	／	1	／	0.8	1.5	22	90	10	325.3
	陳柏	2	160	15	／	15	／	5	20	5	／	1	／	0.8	1.5	15	60	10	308.3
	陳興強	5	170	30	／	20	／	／	20	10	2	3	5	1	0.8	15	80	10	366.8
	陳定堅	6	190	50	／	15	20	／	20	20	／	3	／	1.6	2	50	100	5	476.6
	陳視	2	130	30	／	10	／	／	10	／	／	1	／	0.8	1	10	70	10	272.8
	陳光甫	3	220	40	／	15	5	5	20	10	／	5	／	0.8	1	20	90	10	441.8
	陳能黃	4	230	20	／	20	10	／	20	5	／	3	／	1.4	1.5	15	110	5	440.9
	總計	50	2050	321	60	175	110	30	190	115	7	44	25	12.8	16	274	1135	105	4669.8
	百分率		44	6.9	1.3	3.9	2.4	0.7	4.1	2.5	0.2	1	0.5	0.3	0.4	5.1	24.3	2.4	

佃農支出及其各項之分配(表二十)

(各項支出以一萬元為單位計算)

調查區域	農戶姓名	人口	糧食支出	牛工支出	種籽購置	家畜購置	肥料	日用品	人情費	醫藥費	燈油	教育	排丁費	田租	其他	總支出
北月村	陳昌伯	4	180	48	20	/	/	10	/	2	1	/	0.8	90	15	366.8
	陳 健	4	150	55	10	/	/	5	/	/	1	/	0.8	120	10	351.8
	陳 天	5	160	50	15	15	/	20	30	/	3	5	1.4	150	10	459.4
	陳昌慶	3	120	45	7	/	10	5	/	/	1	/	0.6	135	5	328.6
	陳学高	3	160	60	5	/	10	10	/	2	1	/	0.6	120	10	378.6
	陳 慶	4	140	35	12	/	10	5	5	/	1	/	0.8	105	5	318.8
	陳 森	5	180	45	15	15	/	5	30	/	3	/	1	150	/	444
	陳正力	3	110	70	10	/	5	5	40	1	2	/	0.6	100	/	293.6
	陳 五	5	120	40	8	2	/	10	5	/	1	/	1	140	5	332
	總計	36	1320	348	102	32	35	75	110	5	14	5	1.6	1110	60	3273.6
	百分率		40.6	12.1	3.1	1	1.1	2	3.6	0.1	0.4	0.1	0.2	33.9	1.8	

佃農支出及其各項之分配（表二十）

（各項支出以一萬元為単位計算）

調查區域	農户姓名	人口	糧食支出	牛工支出	種籽購買	家畜購買	肥料	日用品	人情費	醫藥費	燈油	教育	雜債	田租	其他	總支出
調羅村	陳清生	5	260	30	10	/	5	20	/	/	3	10	1	90	35	464
	陳同芽	4	250	16	8	20	/	20	6	4	5	/	0.8	45	50	424.8
	陳建華	3	230	36	15	5	/	20	/	/	3	/	0.6	90	35	434.6
	陳中一	3	140	17	7	5	/	5	10	2	2	/	1	45	20	254
	陳宇倫	4	130	39	10	2	5	10	5	1	1	/	0.4	100	25	328.4
	陳紹達	3	120	28	12	/	/	10	5	/	1	/	0.6	75	25	276.6
	陳阿保	6	200	14	5	2	5	15	10	2	3	/	0.6	45	35	336.6
	陳玉麟	3	220	9	13	/	/	25	/	/	2	/	0.6	23	30	322.6
	陳 青	4	210	14	10	/	/	10	5	/	1	/	0.4	30	20	300.4
	陳家恩	4	190	33	7	2	/	5	/	2	2	/	0.8	100	25	366.8
	陳 高	6	320	25	9	5	/	5	/	/	1	/	1.2	45	57	448.2
	陳 槐	3	120	35	12	10	/	5	/	/	2	/	0.6	110	/	294.6
	陳健君	4	100	40	15	5	5	5	/	/	1	/	0.8	100	5	276.8
	陳毅發	2	130	30	10	2	/	5	5	2	1	/	0.8	120	10	315.8
	總計	54	2620	366	143	58	20	160	46	13	28	10	10.2	1018	352	4844.2
	百分率		54.1	7.5	3	1.2	0.4	3.3	0.9	0.3	0.6	0.2	0.2	21	7.3	

佃農支出及其各項之分配(表二十)

(各項支出以一萬元為單位計算)

調查區域	農户姓名	人口	糧食支出	牛工支出	種籽購買	家畜購買	肥料	日用品	人情費	醫藥費	燈油	教育	壯丁費	田租	其他	總支出
木蘭村	陳東	4	180	56	10	5	5	10	/	/	1	/	1	130	10	408
	陳玉明	3	150	56	12	2	5	/	/	/	1	/	0.6	120	10	356.6
	陳海福	3	135	25	16	/	5	5	/	/	1	/	0.6	105	10	302.6
	陳林	4	140	30	14	/	/	5	5	2	1	/	0.8	90	/	287.8
	陳愛仁	3	120	30	15	/	5	10	5	/	3	/	0.6	140	5	333.6
	陳宇仁	4	130	40	10	/	5	5	30	/	2	/	0.6	120	10	352.6
	總計	21	855	237	77	7	25	35	40	2	9	/	4.2	705	45	2041.2
	百分率		41.9	11.6	3.7	0.3	1.3	1.8	1.9	0.1	0.4	/	0.2	34.6	2.2	

農户全年支出總表（表二十一）

（以百分率計算）
（以支出價值計算）

農户類別	村名	糧食	租稅	各項什捐	日用品	種籽肥料	什工牛工	農具等	其他
自耕農	北月村	46.6	19.2	1.4	6.5	5.9	4.1	4.6	11.7
	調羅村	58.2	4.3	1.2	4.3	6.0	4.1	12.5	9.4
	木蘭村	53.8	10.7	1.6	5.4	7.5	4.9	4.3	11.8
半自耕農	北月村	41.3	31.1	0.6	4.4	4.7	9.7	0.3	7.9
	調羅村	42.5	10.8	0.9	4.9	4.0	8.0	1.4	*27.5
	木蘭村	44.0	29.4	0.7	4.1	4.6	6.9	1.3	9.0
佃農	北月村	40.6	33.9	0.2	2.0	4.2	12.1	—	7.0
	調羅村	54.1	21.0	0.2	3.3	3.4	7.5	—	10.5
	木蘭村	41.9	34.6	0.2	1.8	5.0	11.6	—	4.9

農家之支出以糧食為主要，約佔全部支出之半數，其次則為賦稅與地租，約佔全部支出三分之一。其餘二○%，則為衣服，種籽，肥料，牛租，醫藥費及子女教育費等（見表廿二）。由此觀之，農民之生活至為慘苦。除食用與租稅以外，幾絕無其他可用之錢。

擁有土地之自耕農，因田租無須支銷，故其用之於糧食及零雜費用畧增（由四六·六%至五·八%），同時多能自行工作，於農忙時無須租用耕牛及僱日工。其生活雖苦，但尚可以支持。

半自耕農雖擁有一部份土地，但仍有一部份土地須向大地主方面租入，除土地賦稅須繳納外，仍須繳納地主之田租，故負担較重·且農忙時候，耕牛及日工又須臨時僱用，其支出亦較之自耕農為多（由六·九%至九·七%），所以食用及其他一切雜支不能不極力節省，以資應付。日常生活較之自耕農困苦多矣。

佃農之情形至為可憐。食糧之支銷已減至無可再減之程度，而同時租稅方面則增加至最高峯。並因無自育之耕牛，故農忙時畜力及工資之支銷甚大。合糧食，租稅及勞力之支銷，約為八八·二%，其餘如衣服，種籽，肥料，日常雜用之必須支銷者，不及一二%。故佃農之經濟情形，祇掙扎於死亡線上也。

總括言之，由農戶支出數字研究，可知除繳納政府之賦稅，地主之田租，及維持生命決不能少之糧食外，幾無其餘之支銷。如此則土地之改善，增產，及農民之健康，兒女之教育，實無法改進。是則農村經濟之崩潰，農村生產之落後，亦當意料中之事也。

第三章 農業問題之研究

第一節 農場面積與其收入

農民耕種田地不同，投資各異，勤勞有別，收穫豐歉，農場面積與其收入有何關係？我們宜作一分析之研究。現先就所調查之農家，其耕種畝數及種植各種作物之面積，以稻穀表示其每畝之收入。列表如下：

農場面積與其生產率比較表（表二十二）

村名	農戶姓名	農田面積（畝）	家庭成年人數	生產能力（以稻穀為計算單位）					每人負責面積（畝）
				稻穀米（斤）	甘薯折合稻穀（註一）	花生折合稻穀（註二）	合共產量折合稻穀（註三）	每畝之平均生產能力折合稻穀量（斤）	
北月村	陳德如	7.1	3	2050	892	/	2942	414.2	2.7
	陳才英	5.3	2	1300	/	1542	2842	536.2	2.65
	陳正仁	15	5	2400	/	3708	6108	406.6	3
	陳世賢	32.5	10	10200	1255	2191	13646	419.8	3.25
	陳蒂華	5.6	3	1650	255	1200	3105	553.5	1.86
	陳祖康	3.8	2	1350	1145	500	2995	788.1	1.9
	陳春榮	23.6	4	5270	1600	279	7149	302.9	5.9
	陳可嘉	4	3	1000	/	416	1416	353.2	1.33
	陳玉庚	4.2	4	1300	282	/	1582	376.2	1.05
	陳瀚	3.4	3	1300	/	/	1300	382.4	1.13
	陳玉	4.1	2	1000	154	291	1445	352.4	2.05
	陳平	4.4	3	1600	/	416	2016	458.2	1.46
	陳昌賢	5.1	2	1800	563	333	2693	527.4	2.55
	陳福德	13.1	8	4000	600	416	5016	375.3	1.63
	陳學劉	6.6	4	2400	363	250	3013	456.5	1.65
	陳永常	4.6	2	1400	691	/	2091	454.5	2.3
	陳大年	8	2	2400	636	500	3536	442	4
	陳學則	5	3	1100	563	457	2120	424	1.66
	陳正金	8	3	4300	/	849	5149	643.5	2.66
	陳林德	6	4	1600	545	416	2561	426.8	1.5
	陳貴	10.8	11	3200	872	500	4572	423.1	0.98
	陳天佑	10.3	4	3000	872	500	4372	424.4	2.57
	陳德	5	3	1300	836	/	2136	427.2	1.67

農場面積與其生產率比較表

（表二十二）

村名	農户姓名	農田面積(畝)	家庭成年人數	生產能力（以穀為計算單位）					每人負責面積(畝)
				稻穀米(斤)	甘藷折合穀〔註一〕	花生折合穀〔註二〕	合共產量折合穀〔註三〕	每畝之平均生產能力(折合穀莫)(斤)	
北月村	陳學廣	4.3	2	1550	/	375	1925	447.7	2.1
	陳福才	4.1	3	1200	400	290	1890	460.9	2.15
	陳河五	5.7	4	1600	/	833	2433	426.8	1.42
	陳學德	3.3	3	800	400	125	1325	401.5	1.1
	陳正平	3.8	3	1350	236	/	1586	417.4	1.27
	陳昌伯	4.5	2	900	309	/	1209	268.6	2.25
	陳健	4.3	2	1600	/	/	1600	372.1	2.15
	陳天	4.7	3	1400	273	250	1923	409.1	1.57
	陳昌慶	4.5	3	1600	400	/	2000	444.4	1.5
	陳學高	4.2	2	1800	/	/	1800	428.5	2.1
	陳慶	3.8	3	1300	309	250	1859	489.2	1.27
	陳森	4.4	4	2000	164	290	2454	557.7	1.1
	陳上力	3.2	2	1300	255	/	1555	484.4	1.6
	陳五	4.3	4	1400	327	/	1727	401.6	1.08
	總計	254.6	190	76720	15195	17177	109092	15869.3	7251
	平均							428.9	1.96
調羅村	陳克平	6.2	4	1900	318	375	2583	416.6	1.55
	陳秀芝	16.5	5	4100	/	333	4433	268.7	3.3
	陳堯敬	13	6	3500	1236	708	5444	418.8	2.17
	陳仁義	4.3	2	1550	263	241	2054	476.7	2.15
	陳[illegible]仁	4.1	3	1450	/	550	2000	487.8	1.37
	陳天一	4.6	3	1500	291	250	2707	587.9	1.53
	陳華雄	13	5	3600	691	916	5207	400.6	2.6
	陳子揚	8.5	6	3000	/	457	3457	406.7	1.41

農場面積與其生產率比較表

（表二十二）

村名	農户姓名	農田面積（畝）	家庭成年人數	生產能力（以穀為計算單位）稻穀米（斤）	甘蔗折合穀〔註一〕	花生折合穀〔註二〕	合共產量折穀〔註三〕	每畝平均生產能力（斤）（折合穀算）	每人員責面積（畝）
調羅村	陳敬中	4.2	3	1100	636	208	1944	461.1	1.4
	陳俊	5.9	3	1900	581	/	2481	420.3	1.97
	陳家穗	3.2	2	1000	255	/	1255	391.5	1.6
	陳文武	4.1	2	1650	/	/	1650	402.4	2.05
	陳恩	4.5	6	1550	182	250	1982	440.4	0.75
	陳之	4.2	2	1700	291	/	1991	474	2.1
	陳有才	8.5	6	3100	309	250	3659	429.4	1.41
	陳宗英	4.8	4	1500	327	208	2027	422.3	1.2
	陳尚平	8	3	3600	/	999	4599	574.8	2.67
	陳華英	5.2	2	1300	/	500	1800	346.1	2.6
	陳清生	2.8	3	1100	273	/	1373	454.6	0.93
	陳同芳	1.5	2	500	145	/	645	430	0.75
	陳建華	3.4	2	900	/	416	1316	386.9	1.7
	陳中一	1.5	2	400	73	/	473	315.3	0.75
	陳家倫	3.4	2	1100	/	/	1100	324.7	1.7
	陳昭德	2.3	2	900	382	/	1282	557.4	1.15
	陳河保	1.6	2	400	109	/	509	318.1	0.8
	陳玉麟	1.3	2	250	127	/	377	290	0.68
	陳青	1.2	3	450	109	/	559	465.9	0.4
	陳家恩	3.2	3	1100	511	/	1611	503.4	1.07
	陳高	2.3	4	750	327	/	1077	468.3	0.57
	陳槐	3.7	2	1000	509	250	1759	475.4	1.85
	陳健君	3.5	2	1100	382	/	1482	423.4	1.75
	陳校發	3.5	2	1100	473	166	1739	496.9	1.75
	總計	158	100	50050	8807	7077	65934	13216	250.5
	平均							413	1.58

農場面積與其生產率比較表（表二十二）

村名	農户姓名	農田面積（畝）	家庭成年人數	生產能力（以穀為計算單位）					每人負責面積（畝）
				稻穀米（斤）	甘藷折合穀〔註一〕	花生折合穀〔註二〕	合共產量折合穀〔註三〕	每畝平均生產能力（斤）（折合穀算）	
楠村	陳金	6	3	2150	264	225	3639	606.5	2
	陳守忠	4.8	2	1700	/	166	1866	388.8	2.4
	陳孝遠	4.5	3	1650	363	238	2296	510.2	1.5
	陳發	5.2	4	2800	281	516	2597	499.4	1.3
	陳詮	6.3	6	2400	274	374	3048	484.4	1.05
	陳德如	3.8	3	1000	418	166	1584	416.8	1.27
	陳華	8.5	5	2500	436	333	3269	384.6	1.7
	陳福得	4.7	3	1500	327	333	2160	459.6	1.57
	陳炳南	8.5	3	3000	/	541	3541	416.6	2.83
	陳迷芝	5.1	2	1500	/	250	1750	343.1	2.55
	陳柏	3.2	2	2100	/	666	2766	864.4	1.6
	陳觀海	3.1	3	1200	509	541	2250	725.8	1.33
	陳定堅	5.3	4	2400	700	291	3391	639.8	1.32
	陳觀	4.5	2	800	190	333	1323	294	2.25
	陳定南	3.5	2	1000	182	/	1182	337.7	1.75
	陳拔貴	4.1	2	1500	236	333	2069	504.6	2.05
	陳東	4.2	2	1600	/	/	1600	380.1	2.1
	陳玉明	4.4	2	1800	/	/	1800	409.1	2.2
	陳海福	2.8	2	950	400	/	1350	482.1	1.4
	陳林	3	3	1100	/	250	1350	450.	1
	陳贊仁	5	2	1400	400	375	2175	435	2.05
	陳守仁	4.6	3	1550	363	/	1913	415.1	1.53
	總計	105.1	63	37600	5343	5976	48914	1023.8	36.7
	平均							465.45	1.67

*根據本調查所得結果平均每畝每造產穀201.8斤，甘藷1116斤，花生253.1斤，所以產生一斤稻谷約能產生5½斤甘藷或1.2斤花生.

[註一] 甘藷5½斤折合谷1斤

[註二] 花生1.2斤折合谷1斤

[註三] 合共產量均折合稻穀計算，即其生產總量以面積除之，即為每畝生產能力.

观察上表，每亩平均之生产能力，以木兰村为最高，达四六五．四五斤稻谷。北月村次之，四二八．九斤稻谷。调罗村最少。四一三斤稻谷。

就大体上言之，农场面积越大，则其收入亦越大，但耕种相等面积之农田，因田地肥瘦关系，栽培作物之种类不同，亦有差异。而其差异并无显著。

农田面积以四亩至四．五亩为普通。占农户二一家，平均每亩之收入为四二七．七斤稻谷。如下表所示：

农户农田面积与每亩平均收入表

（表二十三）

農場面積(畝)	每畝平均收入(斤)	農户數目
1—1.5	372.9斤穀	2
1.5—2	354.4	3
2—2.5	512.8	2
2.5—3	462.2	3
3—3.5	407.5	12
3.5—4	409	6
4—4.5	427.7	22
4.5—5	442.3	10
5—5.5	482.	6
5.5—6	486.7	5
6—6.5	450.5	2
6.5—7	456.5	1
7—7.5	414.2	1
7.5—8	553.4	3
8—8.5	409.3	4
10—10.5	424.4	1
10.5—11	423.1	1
12.5—13	409.6	2
13—13.5	375.3	1
14.5—15	406.6	1
16.5—17	268.7	1
23.5—24	419.8	1
32.5—33	302.9	1

註：農場面積以畝為單位計算，每畝平均收入以穀斤為單為計算。

第二節　家庭大小與農場大小之關係

設將農場面積，按大小而分類，即可看出家庭之增大，與農場之增大，適成正比例。現根據農場之大小，分為若干組？列表如下：

農場面積與家庭大小關係表（表二十四）

農場面積	農戶數目	農戶總人口	每農戶平均人口
1-2畝	6	19	3.16
2-3	5	20	4
3-4	18	66	3.7
4-5	31	134	4.32
5-6	10	54	5.4
6-7	4	27	6.7
7-8	2	9	4.5
8-9	5	37	7.4
9-10			11
10-12	2	22	11
12-14	3	27	9.0
14-16	2	17	8.5
16-20	1	9	9
25-30	1	6	6
30-35	1	15	15

觀察上表，家庭大小與農場大小成正比例。而熟因誰果，不易確定。一方面農場大小，能影响所能養活的人口多寡。另一方面，家庭人口多寡，同時能影响於農場所能供給之人工數目。

第三節　農作物經營種類與利潤

農業生產，受制於天時，限於地利，乏於人需。故其技術亦因天之時，分地之利，合天之需。舉凡當地氣候之寒冷，土質之肥瘠，作物之種類，勞工之分配，栽培之狀況，皆可直接影响作物之收穫數量，間接影响其利潤。

該村等所栽培之作物，以稻作，甘藷，花生為主要。而何種作物所獲之利潤最大，茲將調查之結果，分析如下：

作物利润表

項目	收入	支出
稻穀		
每畝每造平均收穫2.5担（15萬）	38.5萬	
每畝支出		
支犂田，耙田（二牛工）		60,000
插秧（二工）		30,000
中耕除草四次（四工）		60,000
收穫（二工）		30,000
谷種七斤		10,000
肥料		50,000
田租		120,000
總支出		36萬
比對尚餘	25,000	
甘藷		
每畝每造平均收穫13担（4萬）	52萬	
每畝支出		
支犂田（一牛工）		30,000
起畦（五工）		75,000
中耕除草五次（五工）		75,000
收穫（三工）		45,000
藷苗		8,000
肥料		4,000
田租		120,000
總支出		46.5萬
比對尚餘	55,000	
花生		
每畝每造平均收入2.6担（17萬）	46.8萬	
每畝支出		
支犂田（一牛工）		30,000
起畦（四工）		60,000
中耕除草（三工）		45,000
收穫（四工）		60,000
肥料		30,000
田租		120,000
總支出		34.5萬
比對尚餘	123,000	

觀看上表，該村等所栽培之三種主要作物，以花生所獲利潤最大。次為甘藷，稻作所獲利潤最低。究其主要原因：為生油價高影响花生價值，土壤適於種植甘藷，收成良好，而谷價上升慢，故其利潤低。

第四節　工作效率

我國之農業，除土地外，人工為農業生產之主要因素。而勞工之工作效率、每因農田之面積，栽培作物種類及耕作方法之不同而異。

據表廿三所示，每一成年勞工，平均工作之畝數，以北月村為最多。祇佔一．九六畝．木蘭村次之，一．六七畝。調羅村最少，一•五八畝。究其原因，乃由於人口過密，農田面積稀少，故勞工工作效率，不能盡量利用。

而耕種之效率，以木蘭村為最高。平均每畝全年收入，四六五•四五斤稻穀。次為北月村，每畝全年收入，四二八•九斤稻穀。最低為調羅村，每畝全年收入，四一三斤稻穀。

第五節　農場之利潤

農場之利潤，因其類別之不同而異。現得每農户之收入，及其各項之分配，分為自耕農，半自耕農，佃農列表如下：

農場之收入及各項目分配表

(表廿五)

(各項之收入以一萬元為單位計算)

農户類別	調查區域	穀類	甘藷	花生	家畜及其產物	總收入
自耕農	北月村	520萬	155萬	350萬	120萬	1145萬
	調羅村	375	80	90	95	640
	木蘭村	320	250	65	80	515
	總計	1215	285	505	295	2300
	平均	405	95	168	98	766
半自耕農	北月村	280	85	70	40	475
	調羅村	300	60	65	35	460
	木蘭村	255	60	70	20	405
	總計	835	205	205	95	1340
	平均	278	68	68	31	440
佃農	北月村	225	50	18	20	313
	調羅村	115	55	15	15	185
	木蘭村	210	40	20	15	285
	總計	540	145	53	60	783
	平均	180	48	18	20	261

農場支出及其各項之分配（表廿六）

（各項支出以萬元為單位計算）

農戶類別	村名	現款支出							非現款支出			總支出
		雇工或帮工	農具購買	肥料	種籽購買	田賦	田租	家畜購買	家屬勞工	肥料	田租	
自耕農	北月	40萬	34萬	4萬	40萬	115萬	／	15萬	350萬	91萬	310萬	999萬
	調羅	22	25	4	35	40	／	12	210	41	190	579
	木蘭	28	15	8	28	42	／	10	175	42	130	479
	總計	90	74	16	103	197	／	37	735	174	630	2057
	平均	30	24.6	5.3	34.3	65.6	／	12.3	245	54.6	210	685.5
半自耕農	北月	50	10	4	15	25	125	12	170	46	20	477
	調羅	35	40	3	12	25	95	15	160	42	30	457
	木蘭	30	15	3	10	20	81	10	145	37	54	405
	總計	115	65	10	37	70	301	37	475	125	104	1339
	平均	38.3	21.6	3.3	12.3	23.3	100	12.3	158.3	41.6	31.3	446.3
佃農	北月	44	5	4.0	6	／	122	5	105	26	／	317
	調羅	23	2	1	4	／	70	5	60	19	／	184
	木蘭	35	5	3	5	／	104	5	100	20	／	277
	總計	102	12	8	15	／	296	15	275	65	／	778
	平均	94	4	2.6	5	／	98.6	5	91.6	21.6	／	254.3

據以上諸表所示，自耕農之收入，為七六六萬元，支出為六八六・三萬元，得利七九・七萬元。半自耕農之收入，為四四六萬元，支出為四四六・三萬元，虧本三千元。佃農之收入，為二六一萬元，支出為二五〇萬元。得利一一萬元。依上看來，自耕農獲利較多，因其無須繳納田租也。半自耕農及佃農，得利甚微或甚至虧本，為其須納很重之田租及賦稅，故不但不能擴大生產，且在半饑餓狀態中度活。此實為農業中，最嚴重之問題也。

第四章　結論

中國整個社會，可稱為農業社會。中國社會問題之難解答，亦即農村問題繁雜之表徵也。湛江市之農村，為中國農村之一部，諺云：「麻雀雖小，肝臟俱全」，其情形之錯綜，因果之維繫，實中國社會之具體而微者。據前列各章研究結果，可見其有待於積極改進，與建設頗多。茲畧陳如次：

一、租佃問題

調查各村之農民，大部為佃農與半自耕農。農民終歲胼手胝足，呻吟於半封建性超經濟剝削之下，溫飽不足。自耕農之創設與維護，為解決租佃問題之根本方法。而主佃之權利義務，應明確規定。地主不得隨意剝削，而爲意外需索，以撤佃要挾。蓋田地改良費用未得補償，培養地方未遑計及。故欲求土地爲最有利之生產，租額首須能根據主佃雙方所投之資本多寡，而爲合理之分配。

二、土地問題

農民失地失業，爲近年到處彌漫之呼聲。調查之九十一家農戶，共總面積五一七畝，每農戶約得五·六畝，如以每家有五口，則每人有耕地一·一二畝。以此區區之田地，許能供給一年之所需。加以農田零碎，往返費時。因而對工作之效率，及成本增加，影响甚多。故宜提倡開墾荒地，並農田之重劃及分配，以提高工作效率。開發水利，提倡冬耕，以增加耕種面積。

三、副業問題

各村因農田之缺乏，是以農作物之收入，不足供給庭所需要。因此，必須設法擴大副業經營。以提高生產，增加農民利潤。各村副業種類不多，除家禽之飼養比較正常外，牛隻及豬畜之飼養，因飼料及資金缺乏，加以飼養不得其法，而恆受損失。故飼養者甚少，極宜設指導機構，以資指導。使其減少損失。此外，提倡海產，設立合作機構，實行魚業貸款，以收合作之效。

四、家庭經濟

農家生活程度，遠離安舒之下，此乃我國農村一般現象。實無法掩飾者。其主要原因，由於家庭之收入微薄，農村文化低落 凡此又與農場面積零碎，農業技術幼稚，農場經營不善，農民所得及所付物價，差額過鉅。此外租稅繁重，諸端皆有關係。故今後生活改進之方案，應針對以上諸點，以求解決。並應改善農業金融，增加農貸種類與數量。注意監督與指導，免受不良分子操縱，壟斷。而貸款次數或時間方面，以農民實際需要和適合於農民之期望為依歸。

參考文獻

第一章 概論

問題 廣東之氣候
書名 廣東土壤提要
作者 鄧植儀
頁數 一七—二四

問題 南區土壤與農林業
書名 廣東土壤提要
頁數 一〇八—一一一

第二章 調查方法及其過程

問題 每家人口
書名 中國農村經濟問題
作者 古棋
頁數 四—八

問題 農户之類別
書名 中國農村經濟問題
作者 古棋
頁數 八—十二

問題　中國農家經濟狀況
書名　中國農村經濟問題
作者　古楳
頁數　一五五—一八〇

第三章　農業問題之研究

問題　大小最適宜的田場
書名　中國農家經濟
作者　卜凱
頁數　一九一—一九二

問題　農場收入與支出數量的種類及分配

書名　中國農家經濟
作者　卜凱
頁數　八三—一一三

問題　家庭大小與田場大小之關係
書名　中國農家經濟
作者　卜凱
頁數　四四八—四四九

問題　利潤多寡和計算法
書名　中國農家經濟
作者　卜凱

頁數

一一三—一三二

檢查目錄（字劃分類）

（出自岭南大学农学院毕业论文，一九四八年）

瓊崖農村經濟崩潰中一小農村的實況

一　緒言

橫在我們目前的是蕭條疲敝的農村，鑽進我們耳鼓的是農民苦叫的喊聲。由此，農村復興的聲浪，農民救濟的叫喊，就隨着客觀的現象而直達雲霄！

固然，理論是緊要，但是僅靠理論，離開事實而侈談復興農村，救濟農民，這是易流爲形而上的玄學；所以農村問題的解決，不是一二政治家的個人坐在「象牙之塔」中的意志可以解决的。

這一篇稿子，是用客觀的事實，描寫瓊崖農村經濟崩潰中一個小農村的實況的。雖然這一個小小的農村，不能夠代表整個瓊崖的農村，但這是一個外表是外國式的形式化，內質是中國式的封建制而又具有瓊崖農村各種特色的農村，故可爲我們研究中一個好好的「模特兒」。

遠處天南的瓊崖，煢然孤懸在大海的中心，因爲路途的跋涉，向來許多人都是卻步不前的地方。李德裕詩云：「一去一萬里，千之不千還；瓊州在何處？生度鬼門關！」由此就可窺見其

一斑了○因之，牠那蘊藏的豐富，氣候的適宜，農，礦，漁，鹽的饒衍，以及牠近來農村經濟總崩潰的情態，就很少有人注意了○

但是，現在的瓊崖，不但在地理上是中國極南的扼要地點，而且在經濟上也是中國蘊藏最富，特產熱帶作物的唯一島嶼○今日我們斷不能如昔日之「以爲無足煩其一日之慮者」那樣觀念去看待牠了；所以對於牠那百分之九十以上的農民的生活，和全爲農業經濟所支配的農村，不能不加以深切的探討和研究！

這是一個過去可以使人羨慕，現在可以使人嗟悼的農村呵！也是值得細心去分析的農村呵！

二　崩潰的過去

這個村叫做石頭村，是在樂會縣之南六里，一個由林梁馮三大姓和王吳李三小姓組成而有九十餘戶，五百餘口，複雜細小的農村○村中的屋宇，因地勢的關係，向着一個不大平坦的丘陵環繞而建築着○丘陵之上，有新落成的校舍，高大壯麗，巍然獨立○村之南有溪，由東蜿蜒沿田而西，村的東北有山，不高；村中的農田都是環着村的四圍，而大小雜佈○朝陽晚日，登東北山縱目遊覽，倒是一個景緻美麗的農村！

村中的農家，大小倒不十分懸殊○以人口計；大概最多的不過有十人，最小的有二人，普通四人至六人的最多○以代數計，一家之中，四代以上的沒有，普通多是兩代○兄弟大了能夠有獨立的時候，就行鬧着分家，與他處各村以大家庭爲榮譽的習慣不同○村中的房屋，都是磚瓦造成，新式有樓的洋，式也不少○村民中男的多衣洋裝；女的，年輕則白布衣服或白衣黑褲，年老則全黑或藍色的衣裳，無論誰家，均是如此○所以在全賴婦女耕種的這村，在耕種的時候，若縱步田間，則犂田的，鋤地的，耘草的，挑糞的，盡是粥粥羣雌，黑白雜佈田間○眞足令人驚爲仙女世界了！

全村的農田不過有四百畝；但是每家總有多少○最多的有二十五畝，最少的有一畝，普通多是三畝左右○農田少的農家，多是租耕祖田，或出洋經商以維生計○祖田的田租很少，只要每年拿出多少錢來做冬蒸秋嘗就可以；外洋經商本是不難，錢亦易賺○所以村中租耕祖田的和出洋經商的，人數很多○計男子之中，出洋的十有八九，每年由外面付回的金錢，平均約在萬元以上○在這一個雖然苦於農田缺乏的農村，但因男商女耕和村中絕無貧富十分的懸殊，所以農民的生活，倒也家家溫飽而處於一個幾乎均一的共產社會當中○

村中全無副業，人民除耕作少少的田地外，本可休閒；但因田地的少，生活又要賴它來維持，田地的地段多是只有一畝左右的面積，而且又多分散，很少有二塊以上連在一起歸於一家所有的；所以農民胼手胝足，一年要作兩造，而早造種下的時候，適値炎烈久苦無雨的夏天，要逆逆之聲的踏「龍骨車」灌田，收穫的時候，則値秋雨淫淫，要趕快地收割以免水患，這樣子，眞是勞苦至極了○幸當時地方安寧，他們「我朋幫你」「你朋幫我」的互助幫工的精神，並不感到若何的辛苦不快○

這個小小農村，有很多男子出洋經商，濡染歐風，居住多半是洋式的房屋，日常採用的多半是洋貨，表面上雖然好像是已經洋化了；但是究其內質，則風俗，習慣，迷信，思想等，仍是傳統的封建的方式，這種表面洋化，內質土化的農村，可是矛盾得很了○

總之：這過去的農村，是個景緻優美，生活溫飽，男商女耕，互助樂業，貧富不很懸殊，外有歐化之風，內具固有之俗，頗足令人羨慕的了。

三 崩潰的原因

1. 赤匪之蹂躪

赤匪二字，談起來令人何等的驚恨！一個好好的農村，竟不幸於民十四、五年為村中三數在外讀書受人利用變成共產黨的青年種下了共毒。他們因為想達到被人誑為有官可做的迷夢，竟不辭勞苦，出盡「二虎九牛」之力，以餌村中一般無知的青年男女。那素來頭腦單簡而歷來束縛於封建思想下的這一般青年男女們，一旦受了這種甜蜜語言，便驚喜萬分！他們男女的行動可以自由，更可借團體之力威脅干涉他們一切行動的父母。互相性交，結群橫行，雖有識者，亦莫敢言。一個安寧純粹的農村，遂由此而陷入混亂黑暗的境地了。

毒既種下，爆發終必有日。他們時時開會，鼓動大衆，冀圖造反作亂。民十六年，縣府就遵上峯命令，乘他們組織尚未成熟之時，大舉清黨，一面令迫各村從速辦鄉團，一面着令已辦的鄉團及縣兵速行清鄉。全村的禍患，就由此爆發了。查當時死於團兵縣兵之手和逃入深山中的男女青年，約有二十餘名，全村財產損失約千餘圓。民十七年，赤匪勢力漸大，時乘團軍不備，大行焚掠殺人，凡有反對而不加入者，即置死地，并掠奪其財產。計當時因此而死者數人，財產損失亦不少。自此之後，赤匪之禍，就由此而亙綿了數年之久。全村的秩序於是愈陷于混亂，村民的生命財產於是亦愈形危急了。當時村中避難南洋的男女老幼不下五十餘人。這村向來不出洋的女子和那一生不願出洋的男子，這時也迫得奔命了。

後來，赤匪的猖獗，雖因官兵之力剿而稍斂跡，但其時出時沒，擾亂村中，仍不稍減。村民時遭掠殺，不安於耕種，使全村變成了一個恐慌悽涼的境地。

民廿年，是赤匪禍害全瓊最烈的時期，不獨這村慘遭不幸，就是全瓊也入於悲慘之境○是年十月廿三夜，是赤匪數百名攻陷這村大舉焚掠殺人的一夜○是夜村中被刼者數家，被擄者數人（因村中灰色很多），由外村請來之小學教員也被擄去○同時村中那新成的小學校，也竟被其縱火一炬，可憐焦土！刼後數日，除該教員因無錢取贖被匪弄死外，餘者均出重金才贖回○是夜全村損失共約二萬圓，以一小小的農村而遭此重創，眞可謂千古未有之浩刼也！

赤匪去後，鄉團縣兵來剿，結果，只有無辜的村民受其蹂躪魚肉而已，慘狀曷勝言哉！

2. 貪吏的摧殘

赤匪的禍害，固屬可怕；而貪吏的層層剝削，更屬慘烈○民國以來，要找一潔身自好，奉公守法的官吏，眞是有如「鳳毛麟角」○這村所受貪吏的剝削，摧殘，竟有甚於赤匪者○記得民十六年，鄉團和縣兵藉詞來村清鄉者，凡十餘次○每次來時必在凌晨，且必於未入村前先行放槍叫囂，使一般無辜村民從夢中驚醒，狼狽奔走；（走者則指爲共匪，這胆小如鼠的村民，那有聞槍聲而不走者，故墮其計矣○）然後乘機焚掠强姦，擄人拉牛○計第一次清鄉，全村損失：財產失數千元，牛被拉去數隻，屋焚了二間，女子被姦者數人，男子被逮者十餘人○其被逮之男子，每人必被指爲共匪，監禁一月或半載○有錢者要五百元取贖，無錢者要百元○這款子都是縣長和團董的分肥東西○其他第二，第三，第四次清鄉，亦無不橫行亂搶，如餓虎之爭食○不消說，全村的財產已是好像大水洗去般空了○噫！赤匪和縣兵鄉團兩者，爲害孰甚？孰甚？

3. 苛捐雜稅的搾取

民國以來，歲無寧日○苛捐雜稅的繁重，也可說是因此而生的○關於正式的田賦，這村是與隣村較他處爲輕；但是那花名的捐稅，就比較他處多了○赤匪亂後辦鄉團，第一次買槍枝，每家富者要出三十元，貧者十元○第二次買槍，枝富者出十元，貧者數元○團費分甲、乙、丙、丁數等，甲等每家每月出一元，乙等八角，丙等六角，以下照此類推○現在團費已改名爲警衞隊費，每月仍照數徵收，且現在又有區公所費，也分甲、乙、丙數等徵收，甲等每家每月四角半，乙等四角，丙等三角半，以下亦照此類推○查村中負担甲等月費（因團費與區公所費按月徵收故名）者無一家，乙等者約有十餘家，丙等者最多，丁等者次之○此外，還有所謂後備隊費及婚姻費○後備隊費是近來加設的，亦是分甲乙丙等級徵收，但不按月○費額與警衞隊費差不多○婚姻費是補助縣中學的經費，已實行了十餘年○分再醮定婚二種辦法○再醮又按年齡的多少分爲數種○娶再醮婦由廿歲至廿五歲的十元，廿五至三十五歲的七元○ 定婚費每名二元六角 ○ 近日又因區公所之設，經費的維持也由婚姻費中附加，按再醮定婚而定數元幾角不等○被赤匪鄉團蹂躪後的這村，不消說，這種繁重的月費已是不能繳納了，還有什麽餘力來繳納這筆婚姻費而娶老婆呢？所以，村中因拖欠月費而被禁監或捱打的，大不乏人，記得村中某家因積欠了僅二月的月費，就被送到縣裏去 ○ 後來這人不但身受重傷，而且還多枉費了數十元始能回家○「無飯食還可以，月費若拖欠，還了得？」這是村中一般農民互相戒懼的說話呵！

4. 災害的環攻

這村的田地，多半是土壤磽薄而且離水源又遠的○每年雖可做兩造，但所獲得的仍是不多，而且早造多半又是收穫無望○因爲早造下種的時期是正在少雨的夏天○水稻缺水是不成的○所以假使連續十多天沒有雨，卽令拼命想法灌溉(因水源缺乏)，也是無補○到早造收穫的時候，又是正在秋天多雨的時期，假使八月初不趕快收割，就要被大水冲浸而使收穫無望 ○ 所以這村的田畝，每年在秋季必受大小水患十餘次，大的浸滿全田間，房屋低地的也被浸到數尺之高，這種大的水，每年至少也必有一次○

去年八月間，大家都知道是瓊崖受颶風損失最大的○當時這村也損失不少○查全村屋舍被風吹塌重的有十餘家，輕的有三十餘家○素來稱抗風最强的老樹，也被其連根吹起○當時幸稻多收穫，損失不大○但房屋財產的損失，據八十餘歲的村中父老說，他一生未曾見過有這樣的大風，由此可見得村中的損失如何了○(雖然沒有精確統計，但據作者所知，約有二萬元○)

自八月間大風發生後，於該年十月十一月又連續作了數次的大小颶風○當時正值晚稻生長茂盛的時期，來了這數場的颶風，不消說，是被打得七零八落了○今年無一家不患食粮恐荒，米價由一元二斗而昇到一元斗餘○「米珠薪桂」，如何了得？

5. 南洋經濟恐荒的影响

這村的生活，可以說大半是依賴南洋維持的，這由於村中出洋男子之多和村中洋化的普及，便可以知其然○以人數言，過去村中出洋的男子約有一百五十餘人，現在則只有六十四人；以付回的金錢言 ，過去村中每年約有萬元滙回 ，現在只有二千餘元了○一方面失業歸來的逐漸增加，一方面外資滙回的日見減少○在這田地缺乏而又遭災禍連綿侵襲的農村，他們雖有餘力亦無地可耕，許多重捐又無力担負，生又要食，死又難死，究將如何？

四　崩潰中的新危機

1. 農家經濟的破產

在上述各種原因之下，這個農村的崩潰已達到不可收拾的境地，自不俟言。現在，這種崩潰的進行，還是依然繼續着，而赤匪的禍患，貪吏的舞弊，灾害的頻發，苛捐雜稅的加重，也不停地進行。漫漫長夜何時旦？荒涼悽慘的農村，鳩形鵠面的農民，眞令人心腸欲裂，慘不忍睹了。

茲將這村崩潰中二十八戶農家的耕作農田畝數列表如下：

（田畝以担數計算，十二担稻田等於一畝。）

戶數	畝數	担數
2	.83	10
4	1.7	20
4	2.5	30
1	3.3	40
7	4.2	50
1	2.1	25
3	5.0	60
1	6.7	80
1	7.1	110
1	10.0	120
2	12.5	150
1	23.3	280
28	145.8	1750

據上表，很顯明的洞悉耕作四·二畝者佔數最多，十畝以上者僅佔四家。這樣，依照中國土地制度研究一書內一段云：「即使在中國中部及南部產米的地方，亦須十畝上下的收穫，才能維持一家五口的生計。」那末，照上表則十畝以下的農家竟佔有十分之八·六，農家生活窮苦，於此可見一斑了。

茲再舉這村崩潰中的八十九戶收支狀況來看：

收　入

米	六十元	（以平均五畝計，每年二次收穫，每畝平均得穀二担，作爲白米約得十二斗。每斗五角，共計得如上數）
雜作	五十元	（養猪、蔬菜、薯、芋等）

支出		
食費	一一〇元	（內米，蔬菜，魚肉，調味等）
衣服費	二〇元	
婚葬費	三〇元	（平均十年一次，婚姻每次二百元，死喪每次百元。）
交際費	一〇元	（親友各種應酬用費）
家屋費	一〇元	（修理費添置費）
農具修補費	一〇元	
教育費	六元	（兒童教育費）
地方警衛隊費	六元	
區公所費	二元	
醫藥費	一〇元	
錢糧	一元	
合計	二一五元	
扣除不足	一〇五元	

由上表看，每年每家不敷一百零五元，幾佔總收入之全數，這樣大的差異，不消說，農家的生活，是不能維持了！雖然，在現況之下，南洋匯回的錢平均每家每年還有五十餘元，以資彌補不足；但是依此扣除，不足尚有五十五元。這樣，農家的生活，仍然不能維持，是很明白的了。況且現在南洋膠錫跌價，在外謀生的只有五十戶，計全村八十九戶中，還有三十九戶是受不着這種補充的，那末，他們究怎樣能夠維持呢？村民生活之前途，眞不堪設想了。噫！哀哀村民，其何以度此歲月？

2. 人口的減少

計全村戶數，未崩潰前有九十餘戶，人口有五百餘人；現在只有八十九戶，人口四百餘人。溯自災禍迄今，屈指不及六載，而全村戶數則減少十餘戶，人口減少百餘人；若果如此全村陷入崩潰到不可收拾的狀況，而不加以挽救，則不消十載恐怕全村將陷入雜草叢生，杳無人烟的狀態了！

3. 農田的荒蕪和集中

軍匪蹂躪後的農村，發生田地的荒蕪和集中，是人們意料中事。這村的農田，本來只有四百餘畝耕作於九十餘戶，每戶平均只有四畝，已經是不足維持他們每家五人最低限度的生活；現在又因家散人亡或死於軍匪之下而遺下的，或不能耕種的，約有三十多畝荒蕪的田疇，因取贖被擄者或生計困難而典賣於外村，或村中的約有百餘集中於富者。田地的缺乏愈甚，農民的生活亦愈形窮窘，他們的生活，不消說是不能維持其最低限度了！

4. 教育的不振

因爲村民多商於外洋，感覺到教育需要的這村，只從他們很踴躍的捐下八千餘元來建築一間鄉村小學看來，便可知他們對於教育的努力和村中教育的發達了。在過去，除了少數兒童跟父兄赴南洋各地就學外，在村中就學的子弟還有男女生百餘人。這可以說，無一家子弟不入學讀書的了。但是，在現在，這間學校已被焚成焦土了，村中的人民亦窮窘到不能生活了，在這軍匪蹂躪連綿數年之下曾經停辦了數次的村中學校，現在怎能夠開辦呢？可是在這熱心教育的村民，他們雖受着這種的摧殘，困苦，仍是暫時借村中馮姓的祠堂來開辦，對於這零星菜色的二十餘個小學生，並不加一點的消極和灰心！

五 結語

這一個小小的農村，竟引起我寫了六千餘字。牠崩潰的速，好似「水流春夢」，牠崩潰的甚，好似江西災區，作者恨不能盡致淋漓地將牠這一場慘劇，如李白杜甫托爾斯泰等，以之爲詩歌爲小說，令讀者讀之痛哭流涕哩！

這村崩潰的原因，本是很多，但其中最大的原因，莫如鄉團。鄉團是村民的保衛者，是村民飼養的。狗有時出於不得已而噬主人，過後猶且搖尾表示懊悔，團董團兵竟殺人不眨眼，姦人不稍愧，眞是人不如畜矣！

這村的崩潰，正在繼續着，赤匪的爲患並未稍減，貪吏的摧殘日見其熾，苛捐雜稅，旱災水災亦在加甚，這樣，這村的命運可想而知了。雖然一村之滅，本不足惜，但是星星之火，足以燎原，今日全瓊的農村幾乎都是如此？願當局者加以注意吧！

（出自《琼农》第一、二期，一九三四年）

瓊山西區農業之概况

王世燕

瓊山爲海南島之首縣，其西南區之農林業，頗爲富饒，茲略紀之如次，以資調査農林者之一助焉。

（一）瓊山西區之拖北方，地勢平坦，多沙泥土壤，各種農產，極爲富裕，作物以米穀，番薯，甘蔗，芝蔴，花生等爲大宗，家畜以牛，猪，羊等，家禽雞，鴨，魚等爲大宗，該地氣候，極爲溫暖，全年夏令最熱，華氏表不過八十五度，冬令最冷，不過五十六度，一切農工，皆男女老幼共同工作，極爲勤勉，可謂無棄地，人無棄材，故每年所出之蔗糖，蔴白，蘿蔔乾，花生油，鹽海魚，以及牛羊猪雞鴨等，售於外洋者，動以百萬元計，爲全縣各區冠，誠該邑富庶之區也。

（二）瓊山西區之拖南偏，地勢高巖，多半土石山，各樣農產，亦甚豐富，唯以荔枝，龍眼，石榴，楊梅，桔，柑，橙，包密，香蕉等爲最盛，該地氣候，因地高林多之關係，故比較區北偏夏令更爲涼爽，冬令尤爲溫暖，一切林工，亦係男女共同工作，惟生性好閒，不如區北偏之勤勉，然每年所出之荔枝，乾龍眼肉販售港澳，石榴，楊梅，柑，桔，橙，以及包密香蕉等之售在島內各埠，每年在四五十萬元左右，且該地人口及面積，均比較區北方約鬆流一半，誠不失爲富庶之區，以上所述其中關於瓊山西區農業之概况，己粗具大觀，容後再作詳細調査以報告之也。

（出自《农声》第十九期，一九二四年）

后　记

近二十年来，在华南农业大学中国农业历史遗产研究所农史特藏书库、中山大学图书馆、广东省立中山图书馆，以及广东省内外其他图书馆和档案馆查阅文献资料时，不时见到民国时期遗留下来的农业调查报告。这些农业调查报告或独立成册，或登载报刊，或以手稿、油印稿、毕业论文的形式存世。它们体量庞大、涉及面广、内容丰富，具有重要的史料价值，是我们研究民国农业史、乡村社会史非常珍贵的一手文献。然而，这些农业调查报告多散落于各公藏机构，少量由民间收藏，不易查阅，有的根本没有著录，遗弃于尘架黑柜里。鉴于此，我们开始有心关注，收集、整理这些农业调查报告。

一路走来，有幸得到许多学者和朋友的关心和帮助。中山大学刘志伟教授对民国广东农业调查报告的高度评价增强了我们做好相关工作的信心；中国人民大学夏明方教授和他的导师李文海教授主编的《民国时期社会调查丛编》不仅给我们树立了榜样，而且热情邀请我们参加他主办的民国社会调查研讨会，帮助我们了解民国调查的研究现状；中国农业博物馆曹幸穗研究员亦以他整理和利用满铁调查报告的实践和经验给予了我们不少有益的教导。中国社会科学院李根蟠教授多年来一直关心、支持华南农业大学农史学科的发展，关心、支持我们这一工作。正是大家的鼓励，给了我们坚持下去的勇气和信心。

在本书即将付梓之际，感谢世界图书出版广东有限公司总经理卢家彬，正是在他的推动下，本书成功申请到了出版基金，解决了出版资金困难的问题；感谢中山大学吴滔教授，无私分享了部分他收藏的民国农业调查报告，为本套书在内容上“锦上添花”；感谢倪川的辛苦付出，做了大量的前期扫描和整理、编辑工作；感谢华南农业大学中国农业历史遗产研究所杨柳老师为借阅、复印和扫描馆藏农业调查报告提供的方便和帮助；感谢研究生余晚霞、王庆林、周志方、郭心怡、刘安壕在本书的多次校对过程中的付出；最后还要感谢在本书的编辑和排版上付出了大量心血的世界图书出版广东有限公司编辑程静。

编者

2018年11月